中国少数民族设计全集

The Design Collection of Chinese Ethnic Minorities

鄂温克族

中国少数民族设计全集编纂委员会 编

山西人民出版社　人民美术出版社

图书在版编目（CIP）数据

中国少数民族设计全集.鄂温克族/中国少数民族设计全集编纂委员会编；袁晓黎，周安涛，萨兴联著.—太原：山西人民出版社，2019.10
ISBN 978-7-203-11018-7

Ⅰ.①中… Ⅱ.①中…②袁…③周…④萨… Ⅲ.①鄂温克族-民族文化-研究-中国 Ⅳ.①K28

中国版本图书馆CIP数据核字（2019）第223431号

中国少数民族设计全集.鄂温克族

编　　　者：	中国少数民族设计全集编纂委员会
著　　　者：	袁晓黎　周安涛　萨兴联
责任编辑：	任秀芳
复　　审：	吕绘元
终　　审：	阎卫斌
装帧设计：	谢　成

出 版 者：	山西人民出版社　人民美术出版社
地　　址：	太原市建设南路21号
邮　　编：	030012
发行营销：	0351-4922220　4955996　4956039　4922127（传真）
天猫官网：	https://sxrmcbs.tmall.com　电话：0351-4922159
E — mail：	sxskcb@163.com　发行部
	sxskcb@126.com　总编室
网　　址：	www.sxskcb.com

经 销 者：	山西出版传媒集团·山西人民出版社
承 印 者：	山西出版传媒集团·山西新华印业有限公司

开　　本：	889mm×1194mm　1/16
印　　张：	14
字　　数：	165千字
印　　数：	1—1 000册
版　　次：	2019年10月　第1版
印　　次：	2019年10月　第1次印刷
书　　号：	ISBN 978-7-203-11018-7
定　　价：	210.00元

如有印装质量问题请与本社联系调换

中国少数民族设计全集编纂委员会

总 主 编 （按年龄排序）
　　　　　张夫也　王立端　戴晋明　廖　军　王　琥　李豫闽　过伟敏　顾　平
　　　　　王　强　李　岗
执行主编　王　琥
编务统筹　张明山

中国少数民族设计全集编辑工作委员会

主　　任　刘伟冬
编　　委　（排名不分先后）
　　　　　王　琥　王　峰　王　强　王立端　王浩滢　白　波　过伟敏　许　星
　　　　　许边疆　李　岗　李　丽　李豫闽　成光虎　肖　飞　余　强　汪传跃
　　　　　罗　力　杨明朗　陈　述　陈见东　邱　珂　胡万明　顾　平　郑　静
　　　　　郭立忠　姬　莹　张夫也　张泽国　张明山　张秋平　张耀引　梁盛平
　　　　　樊　进　谢　玮　熊　伟　熊　微　熊建新　蔡克中　葛　芳　鞠　斐
　　　　　魏　洁　廖　军　戴晋明

中国少数民族设计全集出版工作委员会

主　　任　胡彦威　周　伟
执行主任　姚　军　欧京海
编务统筹　阎卫斌　周小龙
编　　辑　（排名不分先后）
　　　　　王新斐　史美珍　冯　昭　冯灵芝　吉　昊　吕绘元　刘小玲　任秀芳
　　　　　孙　琳　孙宇欣　李广洁　李建业　李　靖　员荣亮　张小芳　张志杰
　　　　　张书剑　何赵云　陈俞江　吴春华　武　静　周小龙　柳承旭　郝文霞
　　　　　赵　玉　赵晓丽　席　青　秦继华　高　雷　郭向南　阎卫斌　崔人杰
　　　　　傅晓红　蔡咏卉　翟丽娟　樊　中　薛正存　魏　红　魏美荣
整体设计　谢　成

中国少数民族设计全集·鄂温克族

本册著者 袁晓黎　周安涛　萨兴联（鄂温克族）

参 与 撰 写 王　柯　陈　晨　李　淼　张秋平　张杰夫
　　　　　　丁萨音（鄂温克族）

求同存异 和合共荣

刘伟冬

中华民族，是一个由56个民族组成的大家庭。在漫长的文明发展史中，汉族和各少数民族都为中华文明的繁荣发展贡献了自己的聪明才智。纵观中华文明史，其实就是一部各族群之间"求同存异，和合共荣"的文化演进史。

从根子上讲，4000年前的"中国"，仅指北方中原地区，居住在这里的相传是上古时期黄帝部落和炎帝部落的后裔，故而自称"炎黄子孙"。其时的"中国"，不过是黄河中下游（西起陇山，东至泰山）区域。在千年发展与民族融合之后，尤其是晋末"衣冠南渡"，南迁的中原汉族与南方百越民族彻底融合，来自北方的鲜卑等民族融入汉族，使汉族前所未有地壮大发展，逐渐形成后来疆域辽阔、人口众多、物产繁盛、文化昌明的中华民族的主体族群。特别值得强调的是，自从作为一个民族整体之后，中华民族就从未中断过自己的民族发展史——这在世界历史上是硕果仅存、独一无二的。

中华民族具备兼容并蓄、虚心好学的民族天性。仅以设计学范畴的事例讲：在数千年文明发展历史中，中华民族在不断向外输出优秀的文明成果（如烧造之陶瓷砖瓦、营造之榫卯斗拱、织造之丝绸刺绣、锻造之"失蜡"分模等），影响全人类的日

常生活与生产方式的同时，也不断地吸纳域外各民族的优秀文明成果，如汉魏之印度佛教和西域音乐、隋唐之西亚服饰和家具、宋元之东洋印染和漆艺、明清之西洋机器与建筑……在中华民族内部，这样的文化交流更是从未停止过，而且是风生水起、枝繁叶茂，愈发流畅、深入，中华民族各族群之间"求同存异，和合共荣"的文化大演进，共同创造了中华民族极为灿烂辉煌的造物文明历史。仍以设计学范畴为例：原本是匈奴人发明的单足绳圈，被晋代的汉族人设计成铁质双镫；最早是鲜卑人原创的毡毯卷边，被晋代的汉族人改造成"高桥马鞍"，这宗中国式马具设计案例，被誉为"13世纪中国传入欧洲的最重要文化成果"（李约瑟语）。再如，西域（今新疆地区）是全世界最早的皮靴生产地，哈尼族为主的红河地区出现了全世界最早的梯田。再如，全世界最早的"干栏式建筑"和全世界最早的稻米人工育种、栽培，均起源于长江中下游的百越地区；全世界最早的竹藤编结器物起源于闽越地区……由中华民族共同创造、发明，后来又影响了全人类文明进程的优秀造物设计案例很多，不胜枚举。几千年中华民族的文明史，就是各种文化多元融合、共同发展的最好例证。不了解中华民族内部各族群的文明交流史，就无法真正理解中国文化史，也不能理解为什么中华民族总是能在逆境中成长强大。甚至可以说，能否完整地理解中华民族的文化史，是检验每一个当代中国知识分子（特别是文史哲专业的学者）文化立场的"试金石"。

　　随着改革开放的逐渐深入，各民族地区的经济与社会状态已发生了天翻地覆的变化。令人遗憾和担心的是，由于各地区政策执行力度不平衡，保护措施不得力，少数民族的文化特性正在逐步衰退，有些地区的少数民族文化特征甚至已经消失殆尽，仅仅

存在于徒具形式，充满口号、标语的民族文化村旅游景点中。有学者预言，再不加快整理抢救工作，中国的少数民族可能在物质形态和文化内涵的特征上，若干年后将不复存在。

从少数民族地区反映古代中国社会某些面貌的文化遗存看，这些少数民族之所以一直与汉族地区差距巨大，存在多方面的原因，其中历代汉族统治者对少数民族的歧视政策是主要原因。此外这些地区本身就处于偏僻荒地，不是沙漠就是山区，自然条件远不及汉族聚集地区，社会发展水平滞后。20世纪50年代，有相当比例的少数民族在当时仍处于原始农耕社会或奴隶制社会，不要说通电、通水、通汽车，不少人一辈子连铁器长什么样都没见过。部分少数民族聚集地的各种自然条件也较差，缺肥少水，基本生活来源，一靠老天爷恩赐的"望天收"农作物；二靠家庭手工作坊制作些竹藤编结物和土织、土陶等土特产来换取粮食；三靠养猪、兔、羊和鸡、鸭、鹅等家禽来换取日用品，如灯油、农具、衣物和油盐酱醋等；四靠为土司、头人和大户们出卖劳力（社会底层奴隶身份），年老即被抛弃。中华人民共和国成立后，党和政府在这些地区实行社会主义改造，打倒以土司、巫师和头人为首的剥削阶级，将土地和生产资料一律收归集体所有，解放了全体少数民族民众，使他们历史上第一次有了自由劳作和生活的权利。

中华人民共和国成立之初，党和政府就高度关注民族事务问题，为如何保护、关心各少数民族制定了一系列方针、政策，也为当代中国社会处理民族问题、保护民族文化树立了光辉典范。中央人民政府政务院于20世纪50年代初发布了《关于民族事务的几项决定》，为新中国民族政策奠定了最初的思想基础，其主要内容是：一、各大行政区军政委员会（人民政府）须指导各有关

求同存异　和合共荣

省、市、行署人民政府认真推行民族区域自治及民族民主联合政府的政策和制度，并随时向政务院报告推行经验，请示者须事前向政务院请示。二、各大行政区军政委员会（人民政府）须指导各有关省、市、行署人民政府认真并有计划地实行政务院在1950年颁发的《培养少数民族干部试行方案》，并将该项工作进行情况定期加以检查，每半年向政务院报告一次。中央民族学院及西北、西南、中南各军政委员会和新疆省人民政府的民族学院，必须依计划实行，并向政务院报告。三、政务院于1951年下半年适当时间将同时召开有关少数民族的卫生、教育及贸易三个专业会议，责成政务院文教委员会、中财委指导中央卫生部、教育部、贸易部开始筹备，并责成中央民族事务委员会协助进行。有关部门如农业部、文化部也须派人参加。四、责成中央人民政府各委、部、会、院、署、行注意建立有关民族事务的业务。五、在政务院文教委员会内设民族语言文字研究指导委员会，指导和组织少数民族语言文字的研究工作，帮助尚无文字的民族创立文字，帮助文字不完备的民族逐渐充实其文字。六、扩大中央民族事务委员会委员名额，责成中央民族事务委员会提出补充名单的建议，并于1951年下半年召开中央民族事务委员会扩大会议，检查与总结关于推行民族区域自治及民族民主联合政府的经验。

20世纪50年代，中央人民政府和政务院，曾多次组织"中央慰问团""土改工作队"和"普查工作队"等，花费大量人力和物力，深入各少数民族地区，进行了大量较为翔实的社会历史调查。50年代这轮由政府统筹、由中央民委组织行政领导和人类学、社会学专家学者以及民族同志组成工作队与考察队的少数民族大考察活动，1953年正式启动，1956年结束（个别地区延期至1958年才结束）。直接成果之一，就是为1956年国务院公布的55

个少数民族的正式定名和划分，提供了可靠的依据。

从当时考察的资料看，各少数民族的社会发展水平参差不齐，不少民族呈现类似汉族曾经历过的各种历史发展状况，为我们今天考察、了解并研究过去的历史以及各学术分支问题，提供了绝好的活体范本。比如以"设计发生学"研究为例，以山寨（村落）为主的初级社会组织形态，原始手工业在农耕环境中的地位，原始造物的手工技艺与设备、工具等，都是我们极感兴趣的研究对象。

在西北、西南和东北各少数民族聚集地区，有些古时流传下来的本民族手工造物技术，迄今仍保存良好。其吸收了汉族和其他兄弟民族的技术长处之后演变出来的各时段手工造物技术，则印证了各民族互相融合、取长补短的史实。更有些原始手工艺，特别具有艺术和历史研究价值。以维吾尔族人为例，本世纪初，笔者在新疆喀什城艾格孜艾日克老街看到几样手工艺绝活：其一是整条街的维吾尔族乐器店，除了热瓦普、曼陀林和冬不拉等少数维吾尔族知名乐器外，全是些笔者叫不上名来却似曾相识的弹拨乐器和拉弦乐器，于是从心里认可了"西域古乐成就了中国传统民乐"这句话所言不谬。其二是亲眼所见一个拖着鼻涕的不到10岁的维吾尔族小男孩，拿着电砂轮在铜壶上信手飞快地刻着精美细腻的图案，一不要底稿，二没有图纸，真是佩服得五体投地，也相信了"汉族人长于热铸，西域人长于冷锻"这个说法。其三是在喀什近郊著名的大巴扎"金器一条街"上看见近百家金店生意红火，家家门前毡毯上都围坐着一群金店伙计和顾客，正在热烈讨论、共同设计着花样繁多的未来金饰嫁妆，感受到了"中国传统样式的金银首饰工艺，最富有创意的设计和最先进的工艺制作，原来在维吾尔族人手里"这句大实话。还有，笔者

在云南景洪县城集市上，曾亲眼见过景颇族老乡用古老的"焖烧法"烧出的红彤彤的土陶——跟笔者一知半解的仰韶彩陶的烧制工艺几乎一模一样。还有，笔者在大西北甘陕宁各省亲眼所见的回族、保安族、裕固族和东乡族老乡巧手做出的那些花样繁多、样式复杂的面塑造型，真是个个精妙绝伦。这方面的事例实在太多了。

50年代的少数民族地区社会大普查，以及半个多世纪以来社会各界对其丰富而珍贵的考察、研究，意义深远，价值极为重大。这些地区客观上保存的较为完整的、与数千年前中国原始社会最初形态近似的许多社会特征，为我们研究社会的最初形态形成和当时的经济、文化、政治的基本状况以及"设计发生学"的相关课题，提供了珍贵的类型学"活化石"范本，价值非凡。改革开放以来，这些少数民族地区也获得了前所未有的巨大发展，人民生活日新月异；但与此同时，少数民族地区的民族性在不可避免地愈发衰减、退化，甚至消失。如果我们再不采取保护措施，若干年后，各少数民族的许多宝贵民族文化遗产将无法挽救地彻底消亡，这部分同属于全人类精神财富和中华民族集体智慧的宝藏，我们将再也看不到了。

在"设计发生学"问题上，我们一向秉持文化多元论的观点，认为人类文明是全世界人民共同创造的，各国家、地区、民族均做出过大小不一、形态各异的贡献；同理，中华民族的灿烂文明是中国的各族人民共同创造的，每个民族都对中华传统文化做出过贡献，也都应当得到尊敬和肯定。中国的各少数民族在中华文明漫长的演化过程中，都曾经以自己独特而充满智慧的文明成果，补充、完善甚至改良着中华文明。比如，古代西域的龟兹古国各民族创造或引自西亚的弹拨乐器和拉弦乐器以及音律、曲式，彻底改造了中国古代音乐，新创作出代表中国古乐精髓的江南丝竹；南疆的维吾尔族和北疆的哈萨克、塔塔尔、塔吉克等族首创了制革术，并引进古波斯革皮书籍装帧术和制靴术、制毡术、毛衣编结术；海南岛的黎族率先种植棉花并纺织棉布，传入内地后棉织业逐渐形成中国古代手工行业的"天下第一营生"……保护少数民族的民族文化特性，就是保护我们的历史遗产，就是传承我们的文明。我们应进一步发扬文化兼容的优良传统，把振兴中华的百年民族复兴梦，逐步落实为将大中华建设成为中国各民族共同拥有的美好家园。

由上千名来自全国各高等艺术院校的教授、研究生组成的55支团队参与编撰的《中国少数民族设计全集》（55卷），正是有识之士基于对各少数民族的民族文化特性正在快速衰减、消亡的严重现实问题的深切忧虑而进行的抢救、发掘、整理中国少数民族文化遗产的重要文化工程。经过两年精心筹划，六年努力写作，在国家出版基金管理部门的支持下，在山西人民出版社和人民美术出版社的策划和组织下，目前《中国少数民族设计全集》的书稿编撰工作已基本完成，即将付梓。在长达八年的漫长过程中，全国兄弟院校各团队涌现出的各种可歌可泣的事迹经常感动着笔者，并不时鞭策着全体作者克服千难万险，一路向前。有的分卷作者身患绝症仍不眠不休地忘我工作，有的分卷作者遭遇各种意外仍坚持工作。特别是，很多民族同志公而忘私、不计较个人得失，有人不惜将自己赚钱的企业关张歇业，全身心地投入各自所负责分卷的繁重编撰工作中；有人义无反顾地将自己珍藏多年的本民族实物、资料和研究成果无偿提供给相关分卷作者。大家万众一心，克服各种复杂得难以想象的困难，以确保这部凝聚了众人八年心血的巨著，能按计划如期完成。借此机会，笔者谨

代表本丛书编委会全体成员，向领导、编辑和作者们表示衷心的感谢！

作为一项文化创举，笔者深信《中国少数民族设计全集》必将在未来岁月的长期检验中，愈发显现其非凡的、独特的文化价值。

2017年夏季于南京

前言

一、族源与设计

鄂温克族是一个古老的民族。"鄂温克"的含义是"住在大山林中的人们",这一含义说明了鄂温克族文化基因和自然生态系统的关联。鄂温克族历史上经历过多次大迁徙,我国境内的鄂温克族分布地域较广,呈现分散聚居的民族居住地域特点,居住在我国有着丰富森林资源、水草丰美的天然牧场和肥沃耕地的地区。鄂温克族人口较少,根据2010年第六次全国人口普查统计,在我国境内生活的鄂温克族人口有3 0875人。主要分布在内蒙古自治区的呼伦贝尔市及其周围的草原和兴安岭地区,聚居在内蒙古的鄂温克族自治旗的鄂温克族人口近1 0000人。不同区域鄂温克族交通方式、自然条件和社会环境等方面的不同,使其生产生活、经济状况、社会发展也不完全相同,鄂温克族设计和造物文化也多姿多彩,各具特色。

历史上鄂温克族曾被其他民族和同族分别称为索伦、通古斯和雅库特。但无论是称为索伦、通古斯还是雅库特,他们都自称为"鄂温克"。1957年,根据本民族意愿,我国将鄂温克族的不同称谓统一为"鄂温克族"的族称。关于鄂温克族的民族来源,目前有两种代表观点——一种观点基于历史学、考古学及地理学研究,认为鄂温克族起源于贝加尔湖周围及以东地区,直至外兴安岭和黑龙江的上、中游;另一种观点基于鄂温克族的民族语言阿尔泰语系满—通古斯语族通古斯语支语言学分析,提出鄂温克族起源于乌苏里江流域。

我国鄂温克族形成了传统的狩猎业、种植业、畜牧业、农业、

林业、采集业等自然经济文化形态。鄂温克族中从事畜牧业生产的人口较多，草原是他们赖以生存的物资来源。鄂温克族约85%的人口居住在辉河、伊敏河、莫和尔图河、雅鲁河、济沁河、绰尔河、阿伦河、格尼河、诺敏河、甘河、讷漠尔河流域，主要从事农业和畜牧业生产活动；14%左右的人口游牧于呼伦贝尔锡尼河与莫日格勒流域的辽阔牧场，主要经营草原畜牧产业；1%左右的人口居住于额尔古纳河右岸的敖鲁古雅地区，在鄂温克族语中的意思是"杨树林茂密的地方"，历史上这部分鄂温克族以游猎为生，同时也从事山林中牧养驯鹿的传统生产活动，也被称为使鹿鄂温克族。

鄂温克族的桦树皮文化和驯鹿文化，作为非物质文化遗产非常具有代表性。人类用白桦树皮制造器具的时间很悠久，它代表着早期木器文化的形式，鄂温克族至今还会用桦树皮制作很多的器物工具，包括劳动工具、生活器皿、贮存用具、宗教用具等。桦树皮制品涵盖鄂温克族生活的方方面面，打猎、捕鱼、挤奶的用具、餐具、酿酒的容器、居住的"撮罗子"和篱笆，还有用桦树皮做的桦树皮帽、桦树皮鞋等服饰用品。桦树皮器具的丰富还促进了桦树皮制品花纹图案装饰的丰富性。鄂温克族姑娘从七八岁开始学习手口相传的雕刻、压印、绘画、拼贴等桦树皮制作手艺，直至得心应手，可以自由地创作。桦树皮装饰花草、树木、山峰、虫鱼、石崖等图样多源于生产和生活，具有独特的民族风格。鄂温克族现存较完好的桦树皮文化对于环寒温带的白桦树生长区域以及桦树皮文化圈的研究具有实际意义，也可以证明鄂温克族同北方其他少数民族如鄂伦春族、赫哲族、锡伯族、满族等均有族源关系。桦树皮器具的考古及历史线索说明鄂温克族与俄罗斯远东和西伯利亚地区的诸民族、日本的阿伊努人、北欧的萨米人、北美的因纽特人和印第安人等均有以桦树皮文化为联系的关系。鄂温克族也是环北极圈驯鹿文化的一员。从敖鲁古雅使鹿部落的生产生活方式来看，他们和北极圈内的埃文基人、埃文人、那乃人、尤卡基尔人、伊努特人、汉特人、克里亚特人、因纽特人、奥罗奇人、阿六神人、涅涅茨人、涅吉尔人有着类似的生活方式。研究鄂温克族的文化和设计具有交流和发展的价值。鄂温克族在游牧、狩猎、农耕生活中形成的宗教信仰、艺术、设计、工艺、语言、审美情趣、思维模式与社会形态等，都说明鄂温克族的设计和造物文化与其迁徙的环境有着密切的联系，是适应季节、环境、生存变化的设计。

二、信仰与设计

鄂温克族文化信仰、艺术，特别是相关的图形设计与萨满教有很深的渊源。牧区的鄂温克族同时也信仰藏传佛教，居住在陈巴尔虎、敖鲁古雅等地的鄂温克族中也有个别信仰东正教的。

萨满教是鄂温克族的古老宗教信仰，是信仰万物有灵的原始宗教，以多神崇拜为内容，有动物崇拜、图腾崇拜和祖先崇拜等。鄂温克族对自然有一种与生俱来的敬畏，认为自己的祖先来源于某种动物或植物，有亲缘关系，需要以一定的祭祀活动为表现形式。"萨满"在鄂温克族语中有知晓、通晓的意思，也是对神职人员、巫师的称谓。历史上，鄂温克族每一个氏族都有一个巫师——萨满。巫师萨满在从事宗教活动时，要穿上特别的法衣、法帽，敲打神鼓。萨满教推崇灵魂说，鄂温克族萨满教所崇拜的神灵有白那查（山神）、火神、吉雅奇（保护牲畜神）、敖卓勒（祖神）、玛鲁（总神）、奥米（保护婴儿神）、阿隆（驯鹿保护神）、舍卧克神等。陈巴尔虎旗鄂温克族每个氏族都有各自的"嘎勒布勒"，即图腾标志，多为鸟类，如天鹅、水鸭等。他们对自己氏族的图腾鸟非常尊敬，当图腾鸟从头上飞过时，要向空中洒一些牛奶，表示尊敬，绝对禁止杀害或损害图腾鸟的行为。

鄂温克族对火崇拜，对山川、湖海、圣树崇拜，具有崇拜自然、敬畏自然、与自然共存的自然哲学观。鄂温克族敬火如神，在喝酒、吃肉前，先要将切好的第一块肉、倒好的第一杯酒投掷到火里以敬火神，然后才能进食。举行结婚仪式时，新婚夫妇也要敬火神。鄂温克族婚礼仪式是在野外清理过的河滩谷地举行，前来祝贺的族人燃起被称为"欢乐之火"的篝火，然后人们把新郎新娘从撮罗子里簇拥到篝火边，并以火为中心围成一个半圆形，由主持婚礼的长者宣布婚礼开始。主婚人用桦树皮杯斟满两杯酒，交由新郎新娘泼洒在火里，表示对火神的尊敬，接着再向双方父母敬酒，然后手挽手和所有参加婚礼的人拉成一圈，围着篝火载歌载舞，舞姿时而雄健有力，时而轻松舒缓，大家在歌舞中祝福新人，处处都是欢声笑语。这种鄂温克族的歌舞被称为"欢乐之火"舞。鄂温克族对火也还有许多禁忌，比如不许用带尖的铁器捅火，不许用水泼火，不许向火里扔脏东西，小孩不能玩火，不能用脚踩火等。

游猎和定居狩猎的鄂温克族认为山林中的动物都有灵性。鄂温克族对于熊格外尊敬，鄂温克族认为熊作为森林中大型的动物富有特殊灵性，如果鄂温克族因为生计不得不猎杀熊，就必须要有一系列祭祀仪式。杀熊后要说："不是我们杀死你，是你成神的时候到了。"将熊的头、骨和五脏等用桦树条或干草包好挂在树上，进行风葬，并且还为死去的熊守夜、敬烟、说唱故事（尼莫哈西仁）等。杀熊的刀子，要说成是一种割不断东西的钝物。所以打死熊以后，不能说熊死了而只说熊睡了。任何人不得吃熊的肝、肺、心脏、脑子、眼睛等器官，他们认为这些是熊的灵魂所在之处；男人不能吃熊的前肢和尾，认为吃了会被熊夺去猎枪。鄂温克族猎人打到猎物后，一定要把地上的血迹、污物收拾干净，否则将被认为是一种不道德的表现。若不把血迹、污物去掉，别的野兽嗅到以后，就会远远地避开。

生活在敖鲁古雅的使鹿鄂温克人与驯鹿密不可分，驯鹿是一种神奇而顽强的冰原鹿科动物，鄂温克族语称为"索格召""鄂伦"，是唯一的雌雄都长角的鹿，所以也被称为"角鹿"。它们主要生活在欧亚大陆、北半球的极地地区、北美洲的北部等苔原、森林地带，主要是以石蕊、植物的叶子和苔藓为食。即使是冬天大雪覆盖，驯鹿也能将雪层之下的苔藓刨出来食用，额尔古纳河右岸的敖鲁古雅森林中的冻土地苔藓特别适合驯鹿食用。驯鹿性格温顺、喜欢吃盐、载重力好、跟人亲近，敖鲁古雅人根据它们这些特点，以拾林中的苔藓散放饲养驯鹿，使驯鹿生活在半野生状态，敖鲁古雅人与驯鹿自然相伴。由于驯鹿吃的苔藓生长缓慢，需要经常更换驻地给驯鹿提供充足的食物，跟随它们的迁移，这里出现了一道"人跟鹿跑"的奇异景色。驯鹿也是鄂温克族运载的畜力，它们在敖鲁古雅人的心目中被认为具有神力，能够显灵，因而他们害怕失去驯鹿的神力。在这种矛盾心理的影响下，他们精心为驯鹿设计驮具，驯鹿鞍的设计体现了鄂温克族的创造和智慧，驯鹿鞍的装饰上多采用了一种叫做"奥豪尔"的纹饰。这是一种类似于云卷状纹样的植物变形花纹，和鄂温克族拴鹿所使用的藤蔓植物有关，是象征着不让驯鹿跑掉和走失的吉祥纹样。奥豪尔纹饰多呈金字塔构图，适合鞍鞒形态，用桦木或兽骨等制作。奥豪尔纹饰在和驯鹿有关的物件上较常见，皮手套、皮口袋和各种用具上都有奥豪尔纹饰。经常在外打猎的人们还会背一个用桦木做的狩猎板，上面也刻有奥豪尔纹饰。

三、民俗与设计

鄂温克族的传统节日很多，主要有祭敖包、阿涅（春节）、正月十五、正月十六（抹黑灰日）、二月初二、罕希（清明）、五月初五、"米阔鲁"节、"瑟宾"节、祭火日（腊月二十三）等。在

这些节日里要祭神、祭祖，有着吉庆、祥和、祝福的意味，还要改善饮食，举行歌舞等娱乐活动。祭敖包时要宰牛、羊作祭品，祈求人畜平安。每次敖包会上还要举行赛马、摔跤等活动。春节，鄂温克族语叫"阿涅"，是鄂温克族最重要的节日。在春节期间，所有人停止劳动，尽情欢乐，大年初一这天，大家相互拜年，举行盛大的歌舞活动。正月十五，供"托博如坎"（即火神）和"吉雅奇"（畜神），人们串门相聚，举行娱乐活动。正月十六这天，人们清早起来，争相为别人脸上抹锅灰，认为是吉祥的表现。二月二这天，不许用刀、斧这一类有刃的工具，当天需要刀切的食物，都要提前一天准备好。鄂温克族在每年的五月初五这一天日出之前趁露水未干采集艾蒿，也会下河洗浴，他们认为从五月初五这天起，水就有了生命，他们以这种形式企盼健康。

每年五月二十二日举行米阔鲁节，这是牧区鄂温克族最隆重的生产节日，也是鄂温克族牧民的丰收节。此时，忙完接羔保畜的牧民穿戴节庆的服饰，喜气洋洋，欢聚一堂，庆祝一年一度的丰收节日，统计这一年增加了多少牲畜。为过这个节日，牧民头几天就要注意观察天气，邀请客人，准备节日酒席用的东西。米阔鲁节要进行一系列生产活动，这天，牧民起得很早，青壮年按次序，从放牧营各户马圈里把马套出放倒，马主人给牛马的后腿外侧打烙印，烙鱼形的较多，表示希望牛马像鱼那样繁殖，是吉祥之兆。有的人给羔羊剪耳作记号、给羔羊割势，有的人给马剪鬃、尾、除坏牙等，并将剪下的鬃毛、羊耳的部分交给主人保存，主人会用线穿好，挂在牲畜之神"吉雅奇"旁，以祈求繁殖更多的牲畜。畜牧技术的发展，使兽医工具大体定型，手工工具仍广泛使用。生产活动结束以后，大家都到主人的蒙古包参加酒席。牧民的酒席，一般先茶、后酒。一人捧木盘，盘里放两个酒杯，依次敬让；主人敬酒后，拿出一条"哈达"，向帮助割势的人敬礼致谢，并向大家宣布当年产幼畜的数字，受谢人祝贺主人所养的牲畜旺盛，大家为生产丰收而载歌载舞。

鄂温克族勤劳勇敢、纯朴爽快、正直诚实、乐于助人、讲究礼节、尊老爱幼、善待亲朋、非常好客。年轻人见到长辈，要施礼问安，最通常的礼节是屈膝、侧身、拱手作揖。家中来客人被认为是喜事，牧区对客人敬以奶茶，猎区则以猎物的胸口肉以及驯鹿奶待客。鄂温克族待客除饮用白酒外，家家都能自酿野果酒。到鄂温克族家里做客，主人把皮垫摆在哪里，客人就在哪里落座，不得随意挪移皮垫。

四、生活与设计

鄂温克族逐水草而居，鄂温克族语里将"房子""住处""房间"等一般都叫做"柱"。为适应游牧、游猎和农耕的生活，不同区域的鄂温克族的房子是不一样的。农区鄂温克族居住的多为土房，林区鄂温克族住的是圆木房或桦树皮房，牧区主要的住房是蒙古包。不同地区的房子在建筑材料、建造结构与模式、建造手段与方式等方面均有各自约定俗成的内容与形式。鄂温克族在森林中没有固定的住所，根据山林间四处自由迁徙的游牧生活，创造出桦树皮或带毛的兽皮搭建的房子"撮罗子"，他们叫"斜人柱"或"仙人柱"。在密林深处，鄂温克族在撮罗子里繁衍生息，桦树皮的摇篮挂在撮罗子屋架顶柱上，鄂温克族在其中讲述着家园的故事，构筑起精神的家园；而草原牧场上四处自由迁徙时居住的游牧包，叫"乌儒格柱"。这些住处或房屋有极其浓重而鲜明的游牧文化特征，以及迁徙性、携带性、方便性、临时性的特征。鄂温克族虽无固定住所，却有固定建筑，那就是他们的仓库。他们的仓库极为奇特：先将相邻的两棵大树砍去树梢，作为柱子，然后用木头垒成一间悬空的仓库，地上斜竖一根砍有阶梯的木柱为梯。仓库中存放食

品、猎物、衣服、用具等，他们从不上锁，其他猎人可任意取用，事后如数归还即可。

　　鄂温克族聚居生活的区域冬季气候寒冷，这样的气候形成了鄂温克族服饰独有的民族特色。鄂温克族日常的着装具有突出的功能性，是适应自然生态发展的选择。经过岁月的检验、优化，鄂温克族服饰过去的原料主要为兽皮，他们尤其擅长亲手鞣制皮毛制作服饰和用品，他们发现动物的脂肪、脑浆皆具有使动物毛皮软化的作用，遂运用油鞣法加工兽皮。猎区鄂温克族的皮装，具有很强的季节性，他们根据气候和季节的变化更换不同种类的服装鞋帽。在漫长寒冷的冬季，人们多采用冬季猎取的兽皮作服装鞋帽。例如，男人们冬季常穿的狍皮袄（南得苏恩），就是用冬季的狍皮制作的。此时的兽皮，皮板厚重，绒毛较密，抗寒性能好且不易掉毛，狍皮衣服毛朝里穿，贴身暖和。在春秋两季，人们用短毛薄皮作衣服。夏季穿的狍皮衣服（哈拉米），通常用光板没毛的兽皮制作。下身穿狍皮裤子（南德额克）或犴皮裤子（耶什塔姆），正所谓："冬天毛朝里，夏天毛朝外，白天穿上身，夜里身上盖。"鄂温克族猎人狩猎时穿上毛朝外的狍皮衣服和戴上用完整的狍头皮作的帽子，远远地看上去像狍子一样，也是鄂温克族猎人诱猎的伪装，狍皮灰白的颜色也和漫天的大兴安岭雪原凝结成一幅幅自然和谐的画面。牧区鄂温克族的传统服饰，通常用羊皮制作，如羊皮大衣（苏温）、短皮衣（胡儒木）、羊皮裤（苏威）、羊皮袜子（道克陶恩）等。兽皮衣服一般都比较宽松，一方面便于里面添加衣物，另一方面也适应兽皮材料的特征，在生产的过程中，便于身体较大幅度的动作。鄂温克族穿的靴子，种类很多。有用狍腿皮做的靴子（其哈米）、犴腿皮做的靴子（合木楚热）以及用牛皮、羊皮和马皮做的皮靴（温特）。由于受周边民族的影响，鄂温克族也开始用

布做鞋或靴子。不同区域的鄂温克族服饰既有关联也有区分，农区、牧区和林区各自都有特有的标记和特征。在大兴安岭南麓从事农业生产的鄂温克族穿大襟长袍，男袍素雅，女袍装饰华丽，其领、肩、襟、下摆、袖口、开衩等处都饰有花边。生活在额尔古纳左旗敖鲁古雅，以饲养驯鹿著称的鄂温克族服饰较独特：男子穿对襟短皮袍，女子穿大翻领对襟长皮袍，用染色鹿皮镶边，男女皆穿皮筒靴或软靴，女软靴饰有鹿角纹。在陈巴尔虎旗草原上放牧的鄂温克族穿蒙古式长袍，唯纹饰不同，领襟、双肩、前后胸、下摆开衩等处皆饰有卷云纹图案，男袍简练，女袍繁复。男女均系扎宽腰带，登软靴。鄂温克族旗的鄂温克族以畜牧业为主，衣着仍保持着传统的鄂温克族服饰特点，但生活中现代便装已很普遍；服装式样主要有大毛长衣、短皮上衣、羔皮袄、皮裤、皮套裤、皮靴等。大毛长衣斜对襟、衣袖肥大，束长腰带。短皮上衣、羔皮袄，是婚嫁或节日礼服。无论男女衣服，衣边、衣领等处都有用布或羔皮制作的装饰品镶边，穿用时束上腰带。他们喜爱蓝、黑色的衣服。皮套裤制作讲究，外面还绣着各种花纹，既美观大方，又防寒耐磨，天冷时穿在皮裤的外面。男子夏戴布制单帽，冬戴圆锥形皮帽，顶端缀有红缨穗。

在逢年过节、访亲会友、举办婚礼和举行民族重大活动时，鄂温克族喜欢穿戴民族的盛装，其中，最为贵重的礼服当属羊羔皮袄（胡布其苏温）。一件成人穿的羊羔皮袄，通常要用30多张羊羔皮，外面用布或绸缎做面，而且缝制起来费时费力。服饰及生活设计也促进了鄂温克族妇女手工技艺的发展，她们擅长刺绣、雕刻、剪纸等工艺。图样多取材于生产生活，具有独特的民族风格。鄂温克族妇女普遍戴耳环、手镯、戒指或镶饰珊瑚、玛瑙。已婚妇女还要戴上套筒、银牌、银花、银圈等，富有美感，具有吉祥的寓意，增加了服饰的色彩和韵律感。

鄂温克族的饮食结构较为简单，崇尚天然，食物往往就地取材，喜欢奶茶、肉类和奶制品。鄂温克族奶茶很有特色，饮用时根据个人的口味再加炒熟的米、黄油、奶渣等，还可以制作成面茶、肉茶，是鄂温克族每天要多次饮用的饮品。牧区鄂温克族日常饮食以乳、肉、面为主，生活中不能缺少鲜奶，喜欢食用奶制品，包括酸奶、奶干、稀奶油、黄油、奶渣和奶皮子等多种多样。日常的吃法也很方便，常常是将提取的奶油涂在面点上食用，可以和奶茶、奶干一起吃。牛羊肉是鄂温克族冬季抵御寒冷的主要食品，冬季到来之前是鄂温克族大量宰杀牲畜储存肉类的季节。肉食的种类很多，包括手把肉、灌血肠、熬肉米粥和烤肉串等，较少放复杂的调料，常常会清水煮食或直接用火烤食，只放少量盐，喜欢原汁原味。林区鄂温克族则以肉类为日常生活的主食，肉类选择丰富而多元化，除了狩猎所获的犴达罕肉、鹿肉、熊肉、野猪肉、狍子肉、灰鼠肉、飞龙、野鸡、乌鸡等，林区鄂温克族也会逐水捕获鱼类。林区的食肉方法较为讲究，其中犴达罕、鹿、狍子的肝、肾一般都生食，其他部分则要煮食，鱼类多用来清炖，清炖鱼时要加野葱和盐。鄂温克族很少食用蔬菜，会采集一些野葱、野菜，腌制成小菜佐餐。鄂温克族日常使用的餐饮器具多是鄂温克族自己雕刻的桦木杯或桦木碗、鹿角做成的酒盅以及皮制的碗、碟等。

不同地区生活的鄂温克族在长期的实践中积累了丰富的生产生活经验，好学并善于观察和研究。鄂温克族人对于方向、距离、时间、气候、预测年成、度量衡等的判断积累了特有的经验和方法。鄂温克族通过观察星位和太阳的位置来辨别方向，善于利用固定的星位来定位，北斗七星是鄂温克族猎手依赖的"狩猎星"。鄂温克族传统观测天气的方法，主要依据方向、节气及自然界的各种变化，往往用"口传心授"的方式掌握自然的生存技巧。鄂温克族

主要靠按时间段观察太阳和星星来估时，不同区域的鄂温克族表述时间的方式不同，农区和牧区的鄂温克族白天按"天刚亮""太阳出来""太阳到西南""太阳要落了"等来计时，夜里主要通过观测星星将夜分成三段时间："三星出来""三星偏西""三星要落"。狩猎地区的鄂温克族把太阳正南时叫"找狍子时间"，太阳刚出时叫"打鹿时间"，太阳偏西南叫"吃饭的时间"。林区牧区自然现象多变，"夏季白蝶多，冬季雪多"；"夏季小鼠洞多，冬季雪少"；"清明刮风，春天必有大风"；"清明下雪，春季要降大雪"等。如果鄂温克族要预测气候年景好坏，要在阴历十二月二十四的天亮前看南斗星和月亮的位置，月亮在南斗星的左上边，预测来年水大要涝，月亮在南斗星的右上边，来年要旱，月亮要是在南斗星的中间或下边，来年一定是风调雨顺的好年成。

鄂温克族在长期的狩猎实践中，积累了丰富多样的狩猎技术和驯养牲畜的经验。鄂温克族猎手早年使用弓箭、扎枪等，近代开始使用猎枪捕猎，还采用围猎、地箭、陷阱、夹子、叉子、网套等各种捕猎方法。而狩猎知识和经验的传授，早在鄂温克族的孩童时代就已开始，孩子从小就随大人出猎，12岁便可试枪，随父兄狩猎，到十六七岁时便可单独狩猎，到青年时多数已成为优秀猎手。猎刀是鄂温克族日常必备并喜爱佩戴的用具，用途多样，除了日常使用，还用于装饰并具有丰富寓意，其造型、装饰、形制也各有不同。鄂温克族养的马又称索伦马，其特征是：马颈短，头大小适中，额阔耳小，鬃毛蓬短，腿粗壮，毛长色浅，具有光泽，耐力卓著。鄂温克族在生产实践中还发明了各种马具，最初的马镫子从木头制作改进为运用铜和铁制作，放马时用的马绊、马具也是在放牧实践中创造出来的。

鄂温克族猎人是制作桦树皮船的能手，而桦树皮船是鄂温克族

"桦树皮文化"的代表。在大兴安岭的沼泽地区，有一种独特的野生动物叫犴达罕，是兴安岭森林里体形最大的鹿科动物，学名驼鹿，也叫犴。犴不仅可以食用，而且有较高的经济价值，角、脑髓、筋、胎、血、尾、鞭都是珍贵药材。手巧的鄂温克族还会用犴达罕骨做成杯子、筷子，用犴达罕筋缝制兽皮。鄂温克族猎人因为常年奔走于冰天雪地之间打猎，他们穿犴皮靴又保暖、又防滑，还可以减少走路的声音便于捕猎。他们用犴皮和桦树皮做成滑雪板，能自由驰骋在皑皑白雪上。犴达罕日伏夜行，非常机警，极难捕获。但对于猎人来说仍然有一个极好的机会，犴达罕喜欢游泳，它夜半时分经常要游到沼泽深处，吞吃沼泽中的针古草，这时只要猎人悄悄地靠近它，就有机会击中捕获。所以为了在沼泽中轻巧无声地接近犴达罕，他们创造了这种船体轻巧的桦树皮船，可在沼泽中滑行。

鄂温克族有着悠久的历史，漫长的岁月铸就了其独特的民族风情。尽管目前那些曾被人们忽略的有其社会文化价值和民族文化价值的民族产业和民族文化产品，引起了前所未有的关注，从而产生了强大的经济推动力，但是鄂温克族的发展依然面临着强势经济社会的挑战。以鄂温克族特有的民族产业和产品为例，现有的开发设计渠道包括：驯鹿业及其不断产出的新产品，传统民族服饰的产业化加工，桦树文化及其相关产品开发，骨雕、木雕、刺绣艺术产业及相关设计，各种肉、奶制品开发及相关形象设计等，包括具有地方特色的土特产开发。这部分的市场开发已形成了市场销售及需求的平稳关系，但如何将鄂温克族的信仰和生命传承下去，并用一代代的智慧和劳动不断调整、完善和拓展民族经济产品、设计开发和文化认同是值得深思和展望的。

萨兴联
2017年10月

目录

第一章 鄂温克族传统建筑
鄂温克族蒙古包式苇帘穹帐 002
鄂温克族撮罗子 005

第二章 鄂温克族传统服饰
鄂温克族鹿皮男上衣 010
牧区鄂温克族男袍 013
鄂温克族狍皮大哈 017
林区鄂温克族披领镶边女皮袍 020
鄂温克族绣花长坎肩 023
鄂温克族女童袍 026
鄂温克族男童帽 028
鄂温克族妇女头饰 031
鄂温克族狍皮手闷 034
鄂温克族狍皮套裤 036
鄂温克族犴皮高靿靴 039
鄂温克族毡袜 042

第三章 鄂温克族传统餐饮
鄂温克族桦木杯 046
鄂温克族奶茶 048
鄂温克族奶酒 050
鄂温克族奶皮子 053
鄂温克族炸果子 055

第四章 鄂温克族传统生活用具
鄂温克族桦木桶 058

鄂温克族桦木摇篮　061
鄂温克族桦树皮烟盒　064
鄂温克族犴皮火镰袋　066
鄂温克族卷草纹桦树皮盒　068
鄂温克族口弦琴　071
鄂温克族马鞍　074
鄂温克族牛角哺乳器　077
鄂温克族兽医用具　079
鄂温克族针线包　081
鄂温克族木桌　084

第五章　鄂温克族传统生产工具

鄂温克族桦树皮船　088
鄂温克族爬犁　091
鄂温克族地箭　094
鄂温克族骨质压花器　096
鄂温克族桦木背板　098
鄂温克族桦树皮鹿哨　101
鄂温克族桦树皮狍哨　104
鄂温克族猎刀　106
鄂温克族猎夹　109
鄂温克族马绊　111
鄂温克族马棒　113
鄂温克族马汗刮板　115
鄂温克族马印记　117
鄂温克族刨子　119
鄂温克族牛粪叉　121
鄂温克族熟皮环首刀　123

　　鄂温克族双筒猎枪　125
　　鄂温克族铁羊绒挠　127
　　鄂温克族贮火器　129
　　鄂温克族子弹袋　132
　　鄂温克族犴皮袋　134
　　鄂温克族驯鹿笼头、毛甩　137
　　鄂温克族松木鹿哨　140
　　鄂温克族驯鹿驮箱　142
　　鄂温克族驯鹿响板　144
　　鄂温克族弓箭　146

第六章　鄂温克族传统手工艺
　　鄂温克族桦树皮剪贴画　150
　　鄂温克族皮马褡子　152
　　鄂温克族牵鹿图桦皮筒　154
　　鄂温克族彩绘桦树皮包　157
　　鄂温克族鱼形挂饰　159
　　鄂温克族木雕玩具　161
　　鄂温克族驯鹿鞍雕刻　163
　　鄂温克族咬合纹桦树皮筒　166
　　鄂温克族柳木玩具　169
　　鄂温克族木雕五畜　171

第七章　鄂温克族传统民俗和宗教造像
　　鄂温克族嘎拉哈　174
　　鄂温克族围鹿棋　176
　　农区鄂温克族始祖神像　179

鄂温克族玛鲁神　181
林区鄂温克族萨满服饰　183
农区鄂温克族萨满服饰　187
鄂温克族谢考达热勒神　190
鄂温克族舍卧克神　193

第一章 鄂温克族传统建筑

鄂温克族蒙古包式苇帘穹帐

图一　鄂温克族蒙古包式苇帘穹帐主图

蒙古包式苇帘穹帐，也被称为鄂温克包，是鄂温克族牧民居住的一种房子，适于牧业生产和游牧生活的需要，鄂温克族语称"乌儒格柱"，意思是"圈起来的房子"。

牧区的鄂温克族逐水草而居，一年要迁徙数十次，鄂温克包的设计便于组装、搭建、拆卸和搬迁。鄂温克包的骨架结构主要由三部分组成：一是带有天窗的圆顶，鄂温克语称"陶音"，圆顶上开的天窗，鄂温克语称"乌日呼"，天窗直径大约1~1.3米，主要用于采光和排烟，圆顶的边缘开孔；二是构成包壁的可伸缩折叠的构架单元，鄂温克语称"哈那"，每块哈那约由26根至34根柳条交叉用皮钉钉接，一块哈那为一个建造单位，将哈那立起拉开形成网状木格，大约3米长，1.5米高，一般用4~6块哈那连接可以围合成包身，围合好的包内直径4~6米，哈那与哈那的衔接处"阿玛刊"要用皮条系住；三是连接哈那和天窗的是长度2~3米的木椽"特荣"，椽子顶端细头插接进圆顶边缘预留的孔中，椽子底端则用皮绳制成的小圆环与哈那两木条交叉处缚紧，形成伞架状结构，这三部分可以快速搭建出鄂温克包的基本骨架。

鄂温克包包体围护材料要适应季节、天

气和环境变换。夏季时，鄂温克包包顶覆盖苇帘，包身围上细柳条做的帘子"西伊"，苇帘子做的包盖需要有五层，由下而上的错位搭到顶，最下层的叫"道高德勒布热"，第二层叫"吐鲁古德勒布"，第三层叫"阿拉痛"，第四层叫"俄儒和特格热"，第五层叫"胡哈痛"。冬季时，牧区鄂温克族会在包体外部围裹厚厚的羊毛毡"俄勒东"，包顶再覆毡盖"乌额很"，乌额很由两块半圆形的毡子合成，用于南半部的叫"珠勒古乌额很"，北半部的叫"阿麦故乌额很"，以适应冬季严寒的天气。无论夏季还是冬季，鄂温克包搭建围护好之后，都需要把门窗结构与哈那先用上、中、下三道牛毛围绳"和希格"扎好，然后再将柳条帘子或羊毛毡子与包体结构用牛毛围绳捆紧。

鄂温克包门多用松木，一般朝南或稍偏东南，约1.3米高，0.8米宽，常见对开门，门底端距离地面有0.3米左右的框，门顶端和左右还各有0.1米左右的框，由内向外开门。鄂温克包空间陈设和居住布局根据家庭中的尊长、人数设计，包内中心可安灶生火，多用铁炉子和铁皮制烟囱，烟囱从天窗井字形隔板中心或西北口伸到包外。包内家具设计依据日常使用需要、适合勒勒车尺寸、易于迁徙等要求设计演化，色彩明快并富有民族装饰特色。

图片来源

图一　白丽民.鄂温克传统社会与文化.北京：科学出版社，2007：63.

图二　陈玢羽　制图

图三　张杰夫　制图

图四　丁萨音　制图

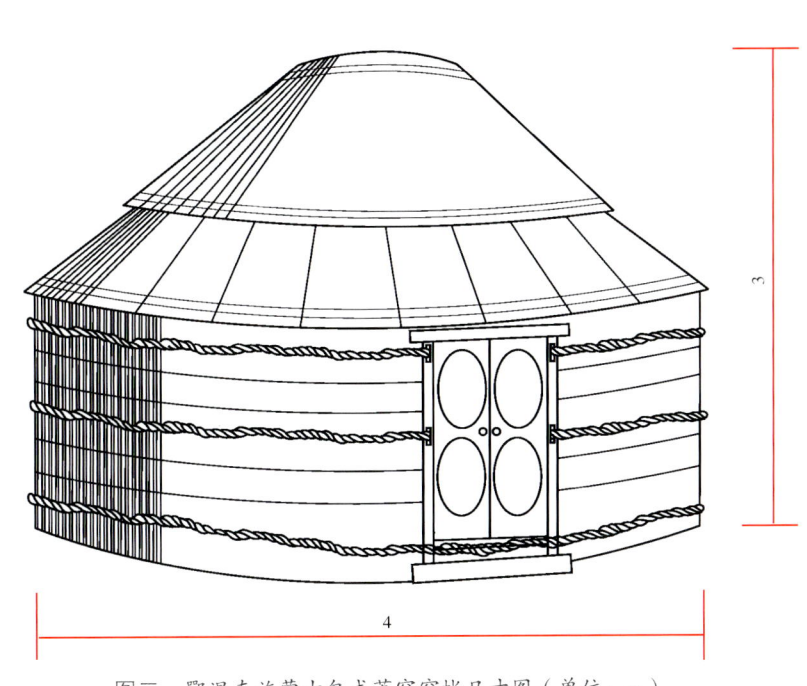

图二　鄂温克族蒙古包式苇帘穹帐尺寸图（单位：m）

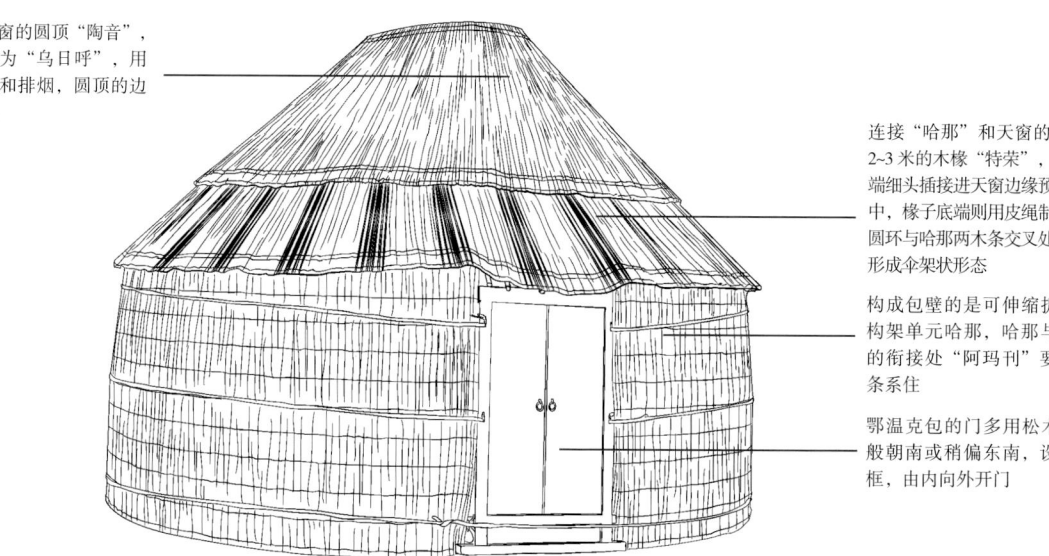

带有天窗的圆顶"陶音",天窗称为"乌日呼",用于采光和排烟,圆顶的边缘有孔

连接"哈那"和天窗的是长度2~3米的木椽"特荣",椽子顶端细头插接进天窗边缘预留的孔中,椽子底端则用皮绳制成的小圆环与哈那两木条交叉处缚紧,形成伞架状形态

构成包壁的是可伸缩折叠的构架单元哈那,哈那与哈那的衔接处"阿玛刊"要用皮条系住

鄂温克包的门多用松木,一般朝南或稍偏东南,设有门框,由内向外开门

图三 鄂温克族蒙古包式苇帘穹帐工艺分析图

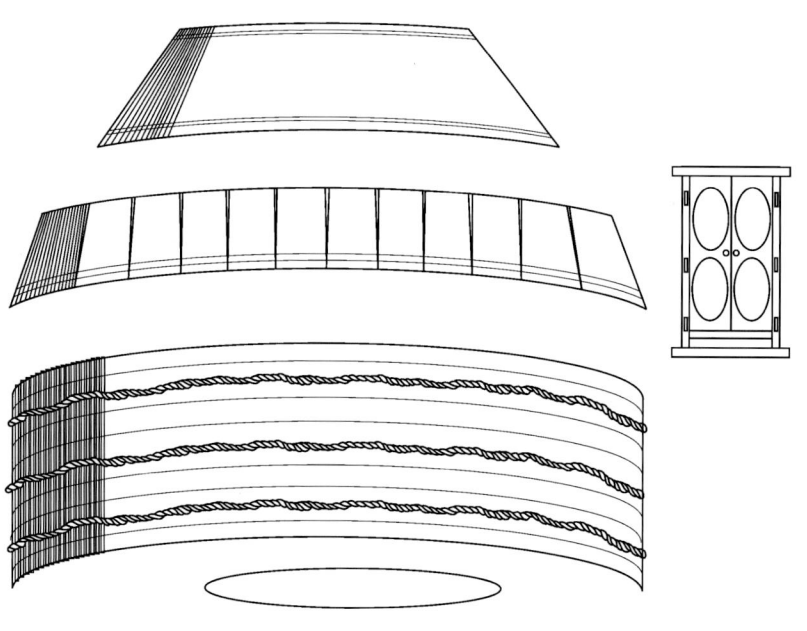

图四 鄂温克族蒙古包式苇帘穹帐细节图

鄂温克族撮罗子

图一　鄂温克族撮罗子主图

　　撮罗子，是林区鄂温克族居住的建筑物，鄂温克族语称"仙人柱"，有"以相接或连接形式搭建的房子"之意，是便于拆迁移动的古老建筑形式之一。撮罗子的造型呈圆锥状，底部为圆形平面，其直径约4米，内部最高处达3米。鄂温克族语中"柱"有"房屋"或"家"的意思，最早的"仙人柱"也叫"敖布海柱"，有的地方叫"阿那格"，后发展为"萨喜格柱"，形似"敖布海柱"，但是有顶孔和定形的门，是鄂温克族定居以前的住房。

　　撮罗子主要由两个部分组成，一部分是用作建筑支架的木杆，另一部分则是木架上的遮盖物。搭建"敖布海柱"时，首先选用三五根10厘米粗的落叶松木杆作为主柱，利用松木杆顶端的枝丫相互搭合成三角锥状骨架，再选用长短粗细均匀的辅助支架木杆在顶端搭聚拢合，底端沿撮罗子圆形的底面圆周插入地面搭起呈伞状，并用皮条绳在顶端和支架之间捆绑固定，连接形成"屋架"。

搭建"萨喜格柱"则在屋顶中间处增加了有穿眼的圆木，先用3根长约4米的木杆，细头向上插进屋顶圆木的穿眼，使其成为基本架子，再用20~30根辅助柱插入圆木的其余穿眼中，形成"屋架"。

根据地区、条件和季节的不同，撮罗子遮盖物的材料也不同，夏季用熟好的桦树皮制作围子覆盖，寒冷季节则是以犴、狍等兽皮作围子覆盖，其他季节多用桦树皮覆盖。每片桦树皮围子宽约1米，长近3米，不使用时卷成卷收放，一间撮罗子一般要盖7块，下部用布围子，也有盖用牛毛细绳编的苇帘，帘上再盖草。撮罗子还有用柳条编帘，再盖苇帘子的。早期的撮罗子没有定型的门，只是在朝南方向的两根支架之间开一个出入小口，高约1.2米，宽约0.7米，并在其上挂兽皮帘遮蔽装饰。撮罗子内部中心近门处会埋一根立杆"窃木卡"，由这立杆向门的相反方向系一横杆"侬嘎布佟"，是为煮食或烧水用的。

鄂温克族在森林中根据从事游猎、轮牧驯鹿或采伐迁徙的活动确定撮罗子的选址位置，一般选在地势高的平坦之处，要求日照充足，逐水草而居。2~6户人家一字排开，每家相隔50米左右。夏季搬迁时，一般桦树皮撮罗子不拆，完整保留在原处。冬季则会将毛皮等覆盖物带走，但不拆木架，将其留在原地。搬迁前，鄂温克族会将撮罗子及周围都打扫干净，并将生活垃圾深埋，经过一段时间，环境就会恢复原样，如果不是看到撮罗子屋架，都不会察觉鄂温克族曾经在这里生活过。

图片来源

图一 白丽民.鄂温克传统社会与文化.北京：科学出版社，2007：59.

图二 陈玢羽 制图

图三 张杰夫 制图

图四 丁萨音 制图

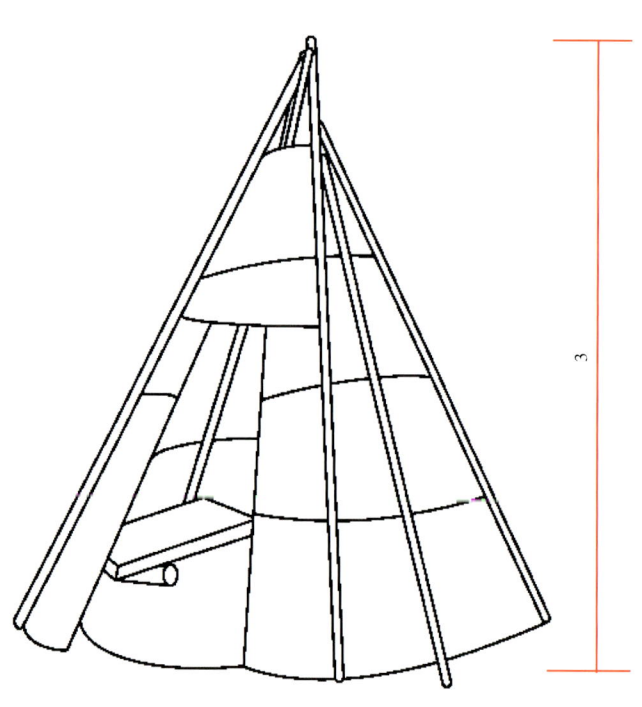

图二 鄂温克族撮罗子尺寸图（单位：m）

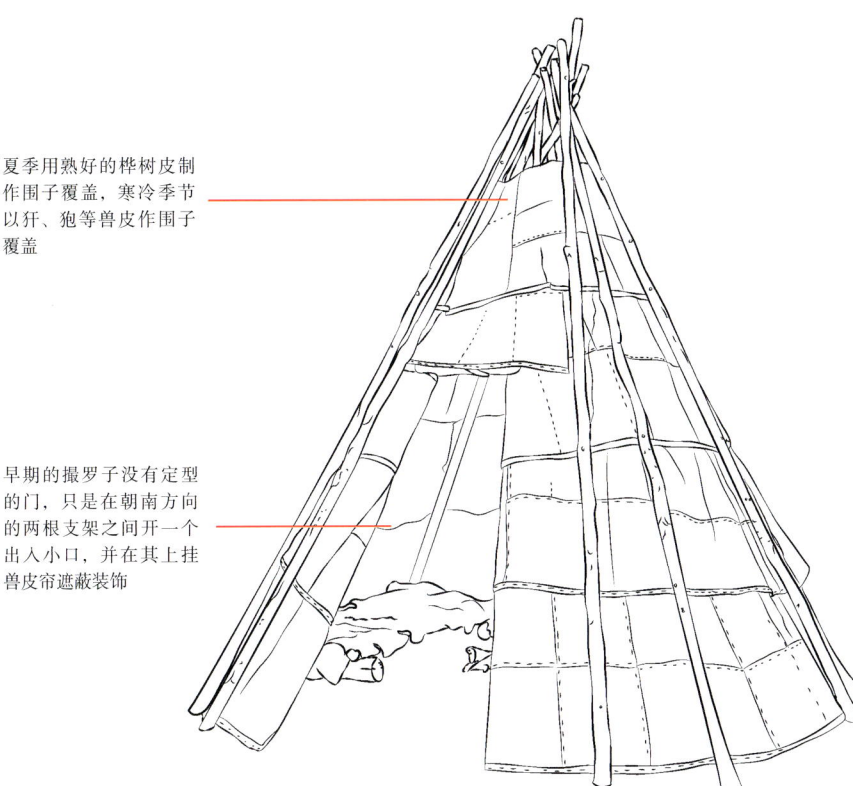

图三　鄂温克族撮罗子工艺分析图

夏季用熟好的桦树皮制作围子覆盖，寒冷季节以犴、狍等兽皮作围子覆盖

早期的撮罗子没有定型的门，只是在朝南方向的两根支架之间开一个出入小口，并在其上挂兽皮帘遮蔽装饰

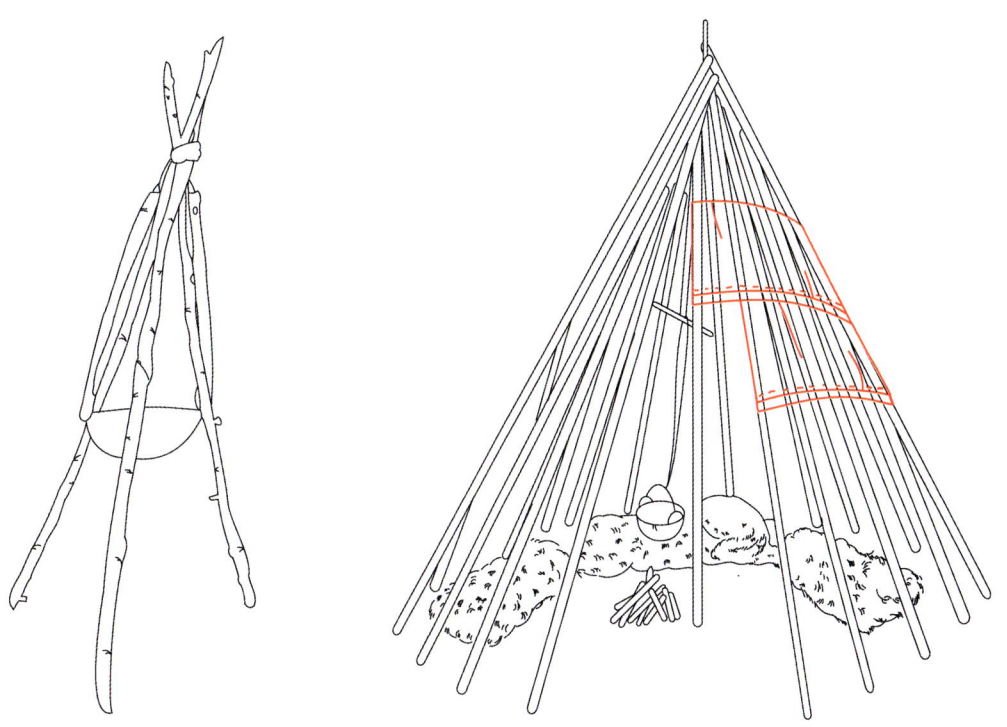

图四　鄂温克族撮罗子细节图

第二章 鄂温克族传统服饰

鄂温克族鹿皮男上衣

图一　鄂温克族鹿皮男上衣主图

鹿皮男上衣是林区鄂温克族现代男装。此款男上衣长度大约78厘米，形制为方领、对襟，前胸一侧有小兜。其为20世纪50年代林区鄂温克族吸收汉族服饰特点而制作，舒适并且实用，具有鲜明的鄂温克族兽皮服饰的特征，保持了天然兽皮的颜色，设计纯朴自然，适应鄂温克族生活的地理环境和气候特征。

鹿皮是林区鄂温克族生产和生活使用的主要材料之一，也是鄂温克族服饰文化中较为重要的一部分。鄂温克族人的毛皮加工是由妇女来承担的，这也是一项工序复杂、劳动量很大的工作。林区鄂温克族将加工鹿、犴等较大型动物的皮子称为"那亚哈"，鄂温克族妇女制作那亚哈的方法是：先将猎物的皮整张剥下，再将皮张上的毛用刀剃刮干净撑起晾晒；晾干后，她们用自制的工具去掉皮张上的油脂，并刮掉皮张的表层；然后用熬好的野兽脑浆浸泡，直到皮张变软；接着将泡软的皮张垫在半圆形木垫上反复刮制去掉皮张中的水分，将其挂在撮罗子里用烟熏烤，直到皮张变成橘黄色；最后再用刮皮工具反复刮制，同时用手反复揉搓，直到皮张非常柔软能用针轻松扎透，可以缝制衣物为止。林区鄂温克族这种古老、独创的熟皮方法，同其他游牧民族的熟皮方法不一样，独具特色。

现当代鄂温克族服饰既保留了鄂温克族传统服装的文化特征，也吸收了汉族、蒙古族、满族等民族服饰的特色，形成了就地取材、风格交融、适应所处生存环境、大方实用的整体服饰特征。

图片来源
图一　吴佳苑　摄影
图二　陈玢羽　制图
图三　张杰夫　制图
图四　丁萨音　制图

图二　鄂温克族鹿皮男上衣尺寸图（单位：cm）

图三　鄂温克族鹿皮男上衣工艺分析图

图四　鄂温克族鹿皮男上衣细节图

牧区鄂温克族男袍

图一 牧区鄂温克族男袍主图

牧区鄂温克族男袍是鄂温克族典型传统服饰，其服饰与北方其他少数民族的服饰功能相似，他们均生活在冬季寒冷的区域，主要从事畜牧业生产，设计长袍可适用于游牧生活需要。牧区鄂温克族男子喜穿用皮毛、绸缎、棉布、丝绵等材料制作的长袍。他们冬季多穿厚毛羊皮袍，皮板朝外，羊毛朝内；春秋季多穿短毛长袍；夏季多穿去毛的夹长袍，也会穿布或绸料的单长袍，服饰随季节变换。

牧区鄂温克族男子年节时穿的礼服长袍称作"胡布其苏翁"，该袍制作考究，用36张羔羊皮作里，多用绸缎吊面，右衽大襟立领，扣子两三排分组并列，多用玉石、玛瑙，盘制精巧，下摆左侧开衩，装饰集中在领口、袖口、襟开衩及下摆处，多镶有与面料色彩配搭协调的宽花边。鄂温克族人用冬季皮毛厚密的狍皮制成的男袍称作"南得苏翁",该袍下摆前后、左右开衩,领围、襟边、袖口、下摆镶饰黑白相间的薄皮质边或云纹边,轻巧暖和。冬季,牧区鄂温克族男袍里面要穿皮毛长裤,长裤外还可穿皮套裤,起到防寒耐磨的作用,夏季多穿去毛的皮套裤。

男袍色彩淡雅素净,多为青、蓝两色。袍身饰有吉祥寓意团花纹样,图案典雅自然。鄂温克族男子穿长袍需系腰带,材质多样,有宽4厘米左右两端裁成细皮穗的皮腰带,也有长度2米左右的布或丝绸腰带,喜用黄、橙、绿、青等色,腰带既可以起到挡风、御寒、保暖的作用,也是男袍色彩的点缀,增加服饰变化,渲染节日气氛。在腰带上常挂有烟袋、火镰和刀具等随身小物件,方便取用。

图片来源
图一　吴佳苑　摄影
图二　陈玢羽　制图
图三　张杰夫　制图
图四　丁萨音　制图

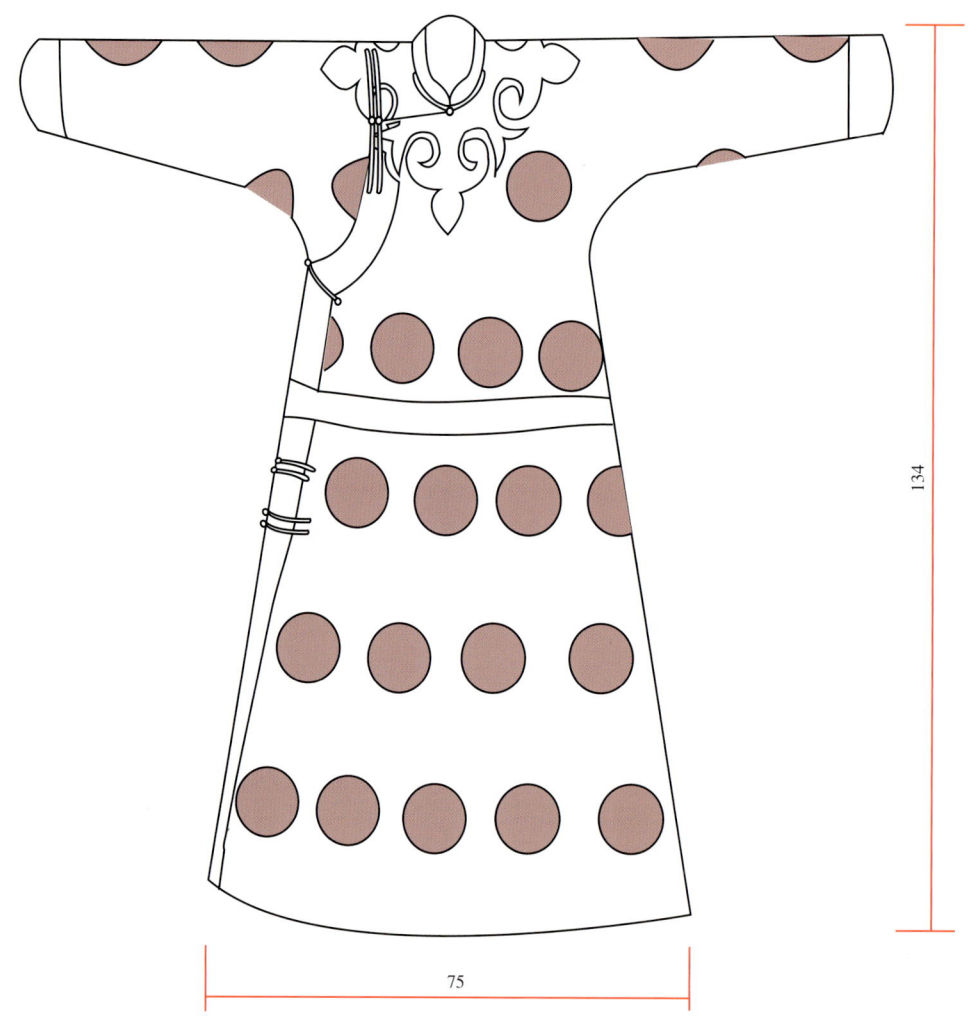

图二　牧区鄂温克族男袍尺寸图(单位:cm)

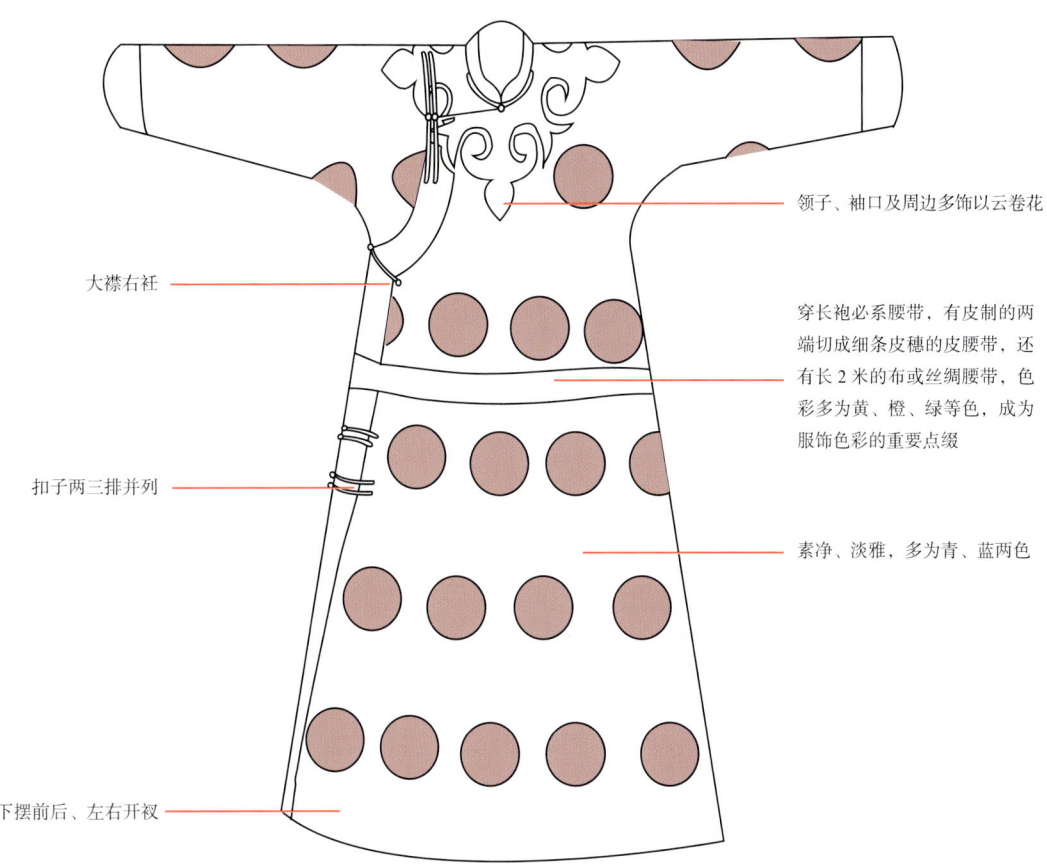

图三　牧区鄂温克族男袍工艺分析图

- 领子、袖口及周边多饰以云卷花
- 大襟右衽
- 穿长袍必系腰带，有皮制的两端切成细条皮穗的皮腰带，还有长2米的布或丝绸腰带，色彩多为黄、橙、绿等色，成为服饰色彩的重要点缀
- 扣子两三排并列
- 素净、淡雅，多为青、蓝两色
- 下摆前后、左右开衩

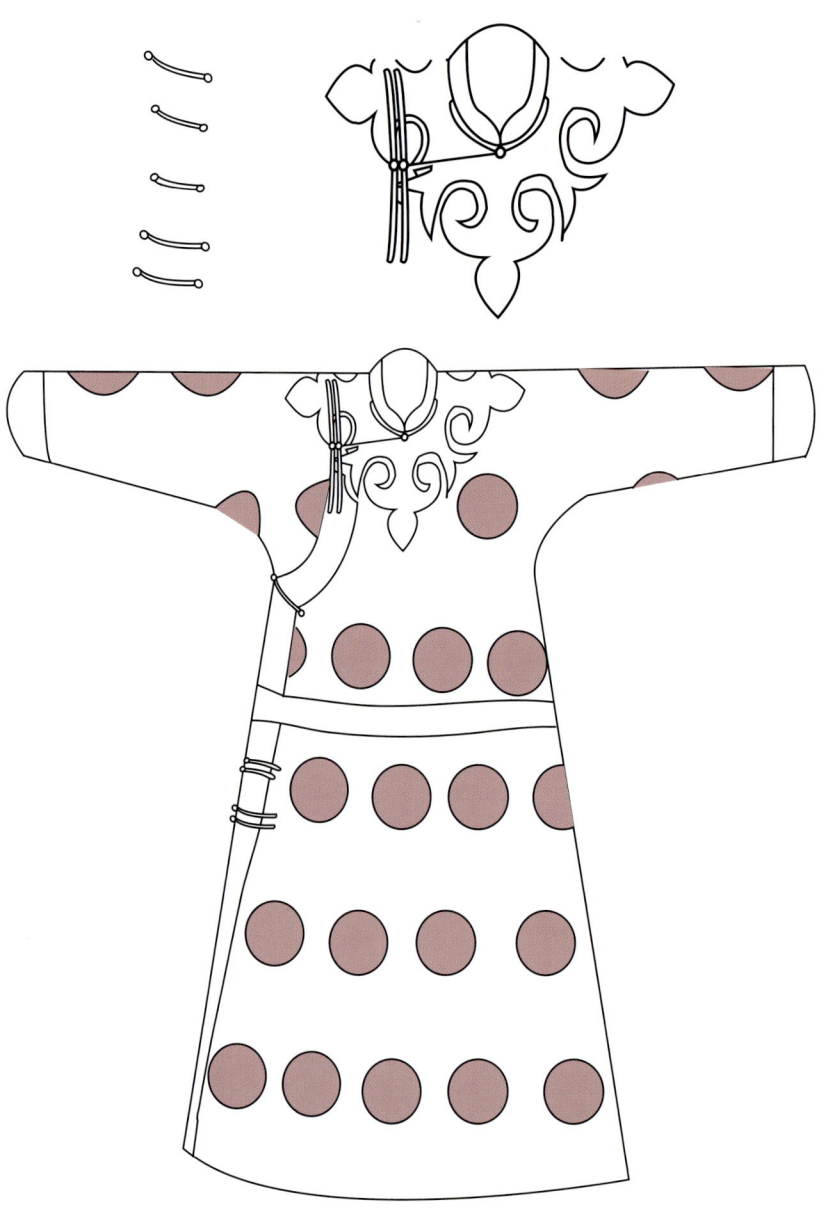

图四　牧区鄂温克族男袍细节图

鄂温克族狍皮大哈

图一　鄂温克族狍皮大哈主图

狍皮大哈是用狍皮拼接而成的毛朝外穿的毛皮大衣。鄂温克族妇女擅长用皮毛缝制服饰，狍皮大哈轻便舒适，保暖性非常好。

狍属鹿科动物，皮毛密而厚。狍皮服装制作工序较为复杂，首先必须将生皮鞣成熟皮，需要将剥下的整张狍皮晒干，经过处理皮张上的油脂、鞣制等环节。鞣皮工具有两种，一种是带齿的鞣皮工具"齿刮刀"，一种是不带齿但有刃的鞣皮工具"钝刮刀"。鞣皮时，将生皮的皮毛内衣里均匀涂上捣烂发酵的鹿肝或野兽脑浓浆，浸润后将皮子顶在膝盖上，用齿刮刀刮去皮板上的污垢，用钝刮刀反复鞣皮子，直至鞣成熟皮为止。鞣好皮子之后，可根据需要裁剪，用兽筋线缝制成各种衣物。

狍皮的鞣制和衣物制作主要由鄂温克族

妇女来承担，她们加工的狍皮结实、柔软，特别是她们缝制的狍皮大哈，既能抵挡风雪，又独具匠心、设计美观。狍皮大哈为对襟、方领，一件大衣甚至要用到8~10张狍皮，所以，制作狍皮大哈需要拼接，并用狍筋搓成的细线缝制。狍皮衣制作时要特别注意力度，两只手要相互配合，两块皮之间要完整拼接，为防止使用时被刮坏，需要不留拼接的缝隙，还可错位拼接，利用增加拼接点，增强皮毛的使用牢固性。

狍皮服饰对于鄂温克族有着重要的意义，人们能通过鄂温克族的服饰文化，了解鄂温克族人设计的自然属性，是他们物质与非物质文化的传承和延续，体现了鄂温克族人的设计程序和劳动智慧。

图片来源
图一　吴佳苑　摄影
图二　陈玢羽　制图
图三　张杰夫　制图
图四　丁萨音　制图

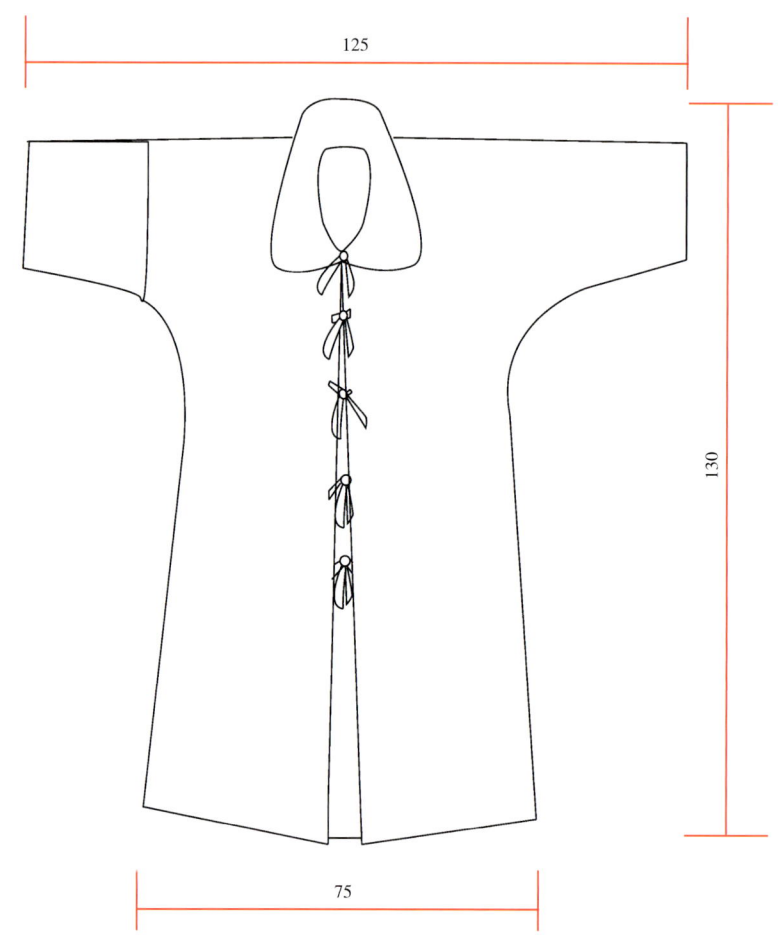

图二　鄂温克族狍皮大哈尺寸图（单位：cm）

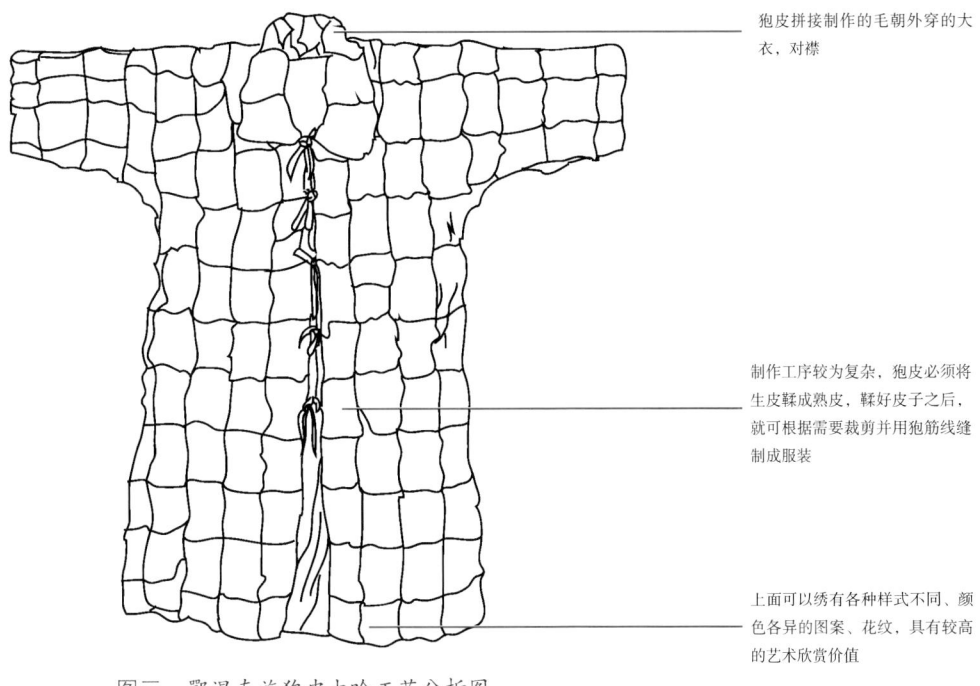

狍皮拼接制作的毛朝外穿的大衣，对襟

制作工序较为复杂，狍皮必须将生皮鞣成熟皮，鞣好皮子之后，就可根据需要裁剪并用狍筋线缝制成服装

上面可以绣有各种样式不同、颜色各异的图案、花纹，具有较高的艺术欣赏价值

图三　鄂温克族狍皮大哈工艺分析图

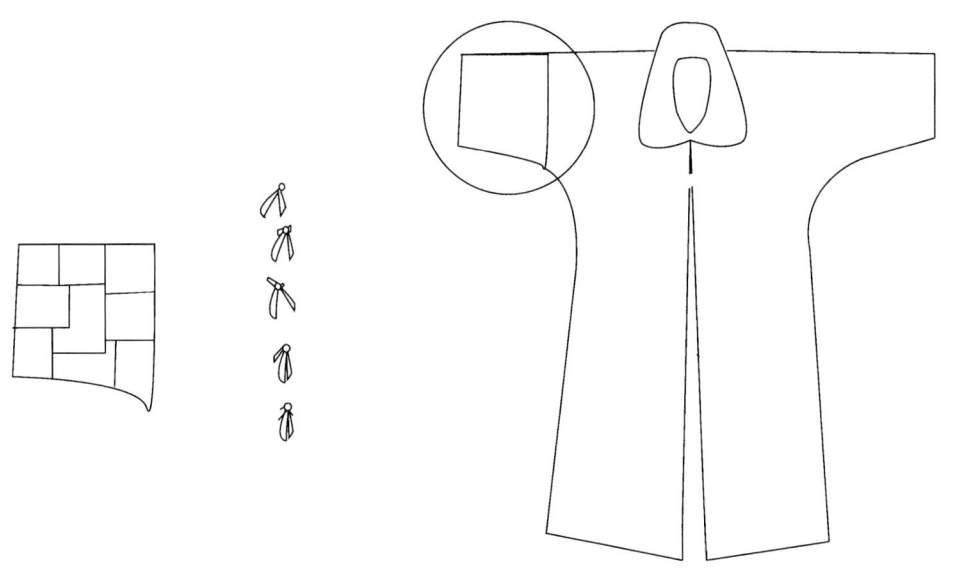

图四　鄂温克族狍皮大哈细节图

林区鄂温克族披领镶边女皮袍

图一　林区鄂温克族披领镶边女皮袍主图

披领镶边女皮袍是林区鄂温克族妇女穿着的具有民族特色的服饰。鄂温克族妇女的长袍可分为两大类：一类是林区鄂温克族妇女穿着的大衣式长袍，披领、对襟式，揉兽筋为线，缝制皮衣和骨扣，襟边多有边饰。另一类是牧区鄂温克族妇女穿着的连衣裙式长袍，立领、大襟式，襟边宽大而有褶。

披领镶边女皮袍是林区鄂温克妇女日常穿着服饰，材质以染色鹿皮、狍皮为主，是用树皮水或烟熏等方法，把皮衣染成黑、黄等色，披领镶边女皮袍也会使用不染色的皮质原色。款式与现代成衣款的大衣相仿，但服装样式古朴，设计符合生产、生活的需要。驯养驯鹿的工作主要是由鄂温克族妇女承担，她们为方便穿行于林间崎岖起伏的山路设计了双袖宽松、下摆过膝的披领镶边女皮袍。披领镶边女皮袍披领设计很有特色，披领两端自然服帖地下垂至胸前，领角约为90

度，修饰为圆角并顺延至后领中，在女袍的皮衣领后还缝制有圆形套帽。袖长至虎口处，袖子从上到下宽度几乎一致，紧袖口向上翻卷。对襟、有扣、下摆宽松长直、腰系宽皮带。大衣颜色呈现青蓝色、土黄色等色，在领边、袖口、对襟双边、袍底边饰有红色和蓝色的皮质彩色线条镶边，镶边颜色与天然鹿皮的土黄色对比，十分醒目，富有美感。

图片来源

图一　吴佳苑　摄影
图二　陈玢羽　制图
图三　张杰夫　制图
图四　丁萨音　制图
图五　白丽民.鄂温克传统社会与文化.北京：科学出版社，2007：32.

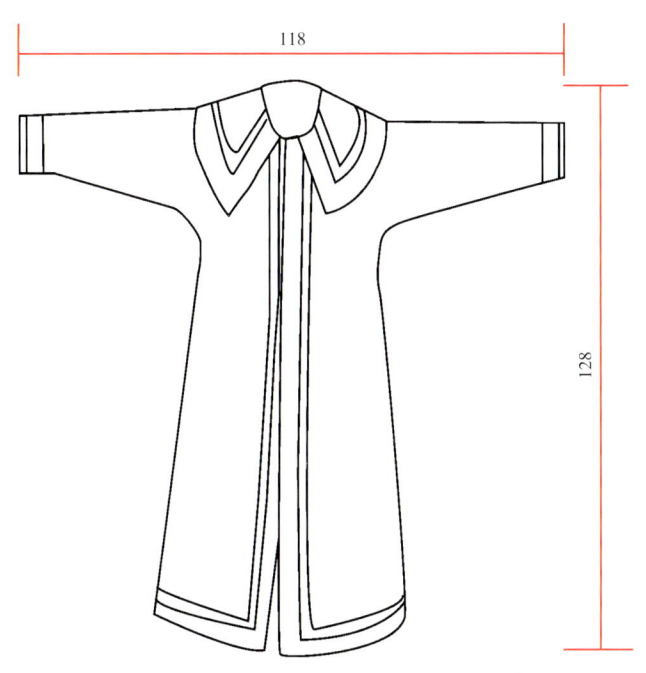

图二　林区鄂温克族披领镶边女皮袍尺寸图（单位：cm）

披领对襟长皮袍，披领领角约为90度的圆角

用兽筋线缝制骨扣

前对襟及下摆用染色鹿皮镶边，以各种颜色皮条缀边饰，一二层不等。鄂温克族人喜爱蓝、绿、黑色衣服，不喜欢红、黄两色

图三　林区鄂温克族披领镶边女皮袍设计分析图

图四 林区鄂温克族披领镶边女皮袍细节图

图五 林区鄂温克族披领镶边女皮袍穿着情境图

鄂温克族绣花长坎肩

图一 鄂温克族绣花长坎肩主图

绣花长坎肩为农区鄂温克族妇女手工制作的服饰,鄂温克族语称"德合列",用皮毛或绸缎制作,通常穿在衣服的外边,也就是坎肩。结婚的女子可以穿长或短式的"德合列",没结婚的女子不穿"德合列"。

绣花长坎肩设计别具特色、做工精巧、针脚细密、配色讲究,十分耐看。绣花长坎肩多为凹领、右衽大襟、两侧开衩、多用彩色镶边,既美观,也有加固作用。农区鄂温克族人的服饰图案很有特色,喜欢绣制自然元素的花纹,也喜用吉祥纹样,有龙凤、鹤鹿、蝴蝶、鸳鸯、石榴、荷花、桥楼、山水、日月、云卷纹、几何纹等。刺绣在用线上讲究色彩层次,纹样清晰,立体感突出,刺绣方法主要为线绣和补绣。线绣是在皮革或布上直接用彩线绣出所需图案,绣花时要事先用白纸剪好图样,贴在所要刺绣的位置,然后照样刺绣,也有不用图样直接用线绣的。补绣是先把皮块或彩布剪成所要绣的形状,拼成所要绣图形的整体,然后用线沿其边缘钉绣在衣物上。

从绣花长坎肩的设计上可以看出绣花工艺受到了鄂温克族妇女们的喜爱，刺绣艺术在鄂温克民间广泛流传，也充分展现了鄂温克族服饰文化的多民族交融，妇女们的心灵手巧，为鄂温克族的服饰文化研究提供了重要文本。

图片来源

图一　吴佳苑　摄影
图二　陈玢羽　制图
图三　张杰夫　制图
图四　丁萨音　制图

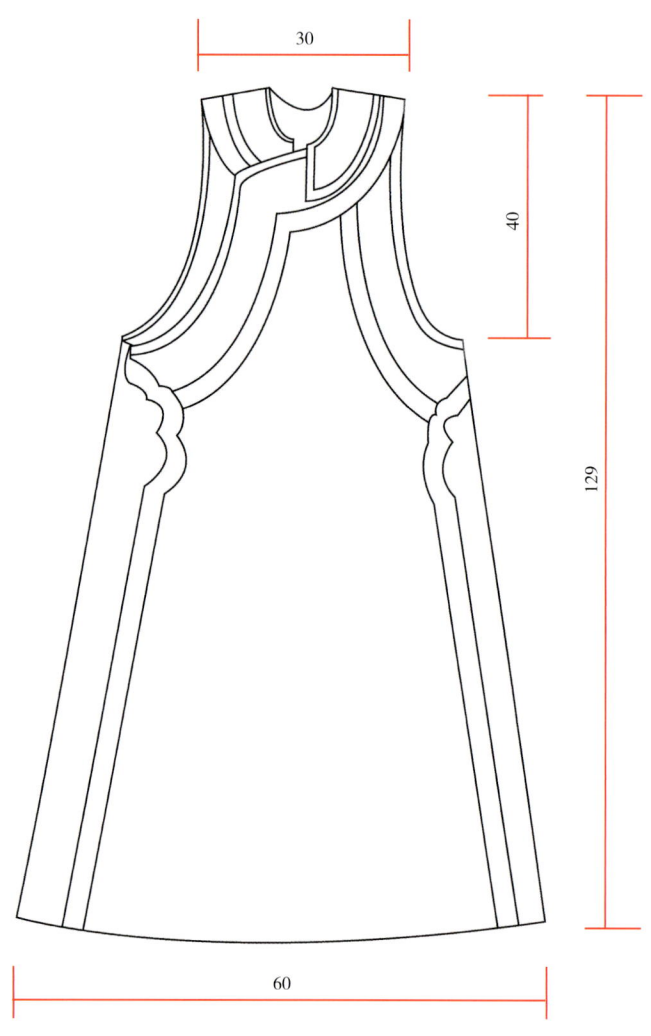

图二　鄂温克族绣花长坎肩尺寸图（单位：cm）

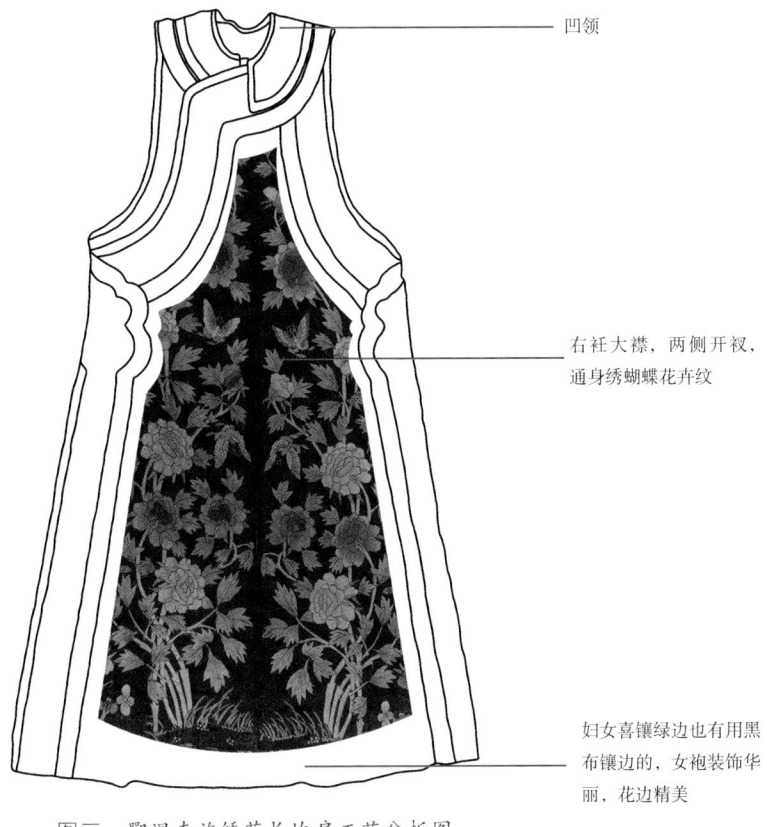

图三 鄂温克族绣花长坎肩工艺分析图

凹领

右衽大襟，两侧开衩，通身绣蝴蝶花卉纹

妇女喜镶绿边也有用黑布镶边的，女袍装饰华丽，花边精美

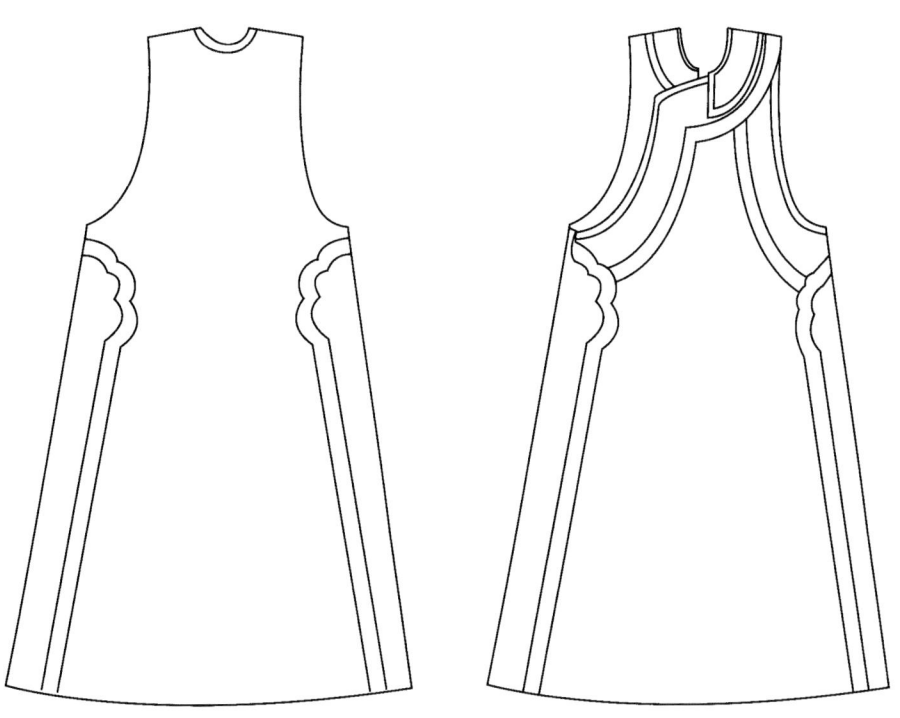

图四 鄂温克族绣花长坎肩细节图

第二章 鄂温克族传统服饰

025

鄂温克族女童袍

图一　鄂温克族女童袍主图

女童袍是牧区鄂温克族女童穿着的传统礼服服饰，女童袍为立领，右衽袍服，平肩，在两侧开衩，便于活动，上窄下宽，领口及开衩处饰蓝色织锦镶边和金色如意纹镶边，寓意着幸福平安。

鄂温克族服饰的原料过去主要为兽皮。鄂温克族妇女在缝制皮衣物时，需用犴、鹿筋捻线缝，树枝刮也不开线，还喜爱在衣服的边角、开叉处缝制图案装饰。在有了商品交换之后，随着鄂温克族同其他民族的交流增加，交往不断加深，他们开始用易货换来的布料、绸缎做衣服，也开始用棉线缝制布衣和绸衣。鄂温克族袍的衣扣多为铜扣、木扣、骨扣、银扣等，也有用翡翠、玛瑙、珊瑚及各种花纹光润的小石头做扣子的，还有用布和线绳制作的盘扣，精美细致。女童袍右衽系盘扣，以画龙点睛之笔出现在衣袍上，不仅仅是一种美的形式的展现，更寄托着人们对美好生活的追求，体现了自然灵性和人文精神的融合。

中华人民共和国成立后，鄂温克族的物质生活有了显著改善，普遍穿上了各种布衣、毛衣、料子衣服，式样也很多。至于装饰，鄂温克族人喜欢在衣服、靴、帽上进行装饰。不论男女的衣服都镶边，孩子的衣服一般镶有鲜艳的边饰，以醒目的金色和红色居多。

图片来源

图一　吴佳苑　摄影
图二　陈玢羽　制图
图三　张杰夫　制图
图四　丁萨音　制图

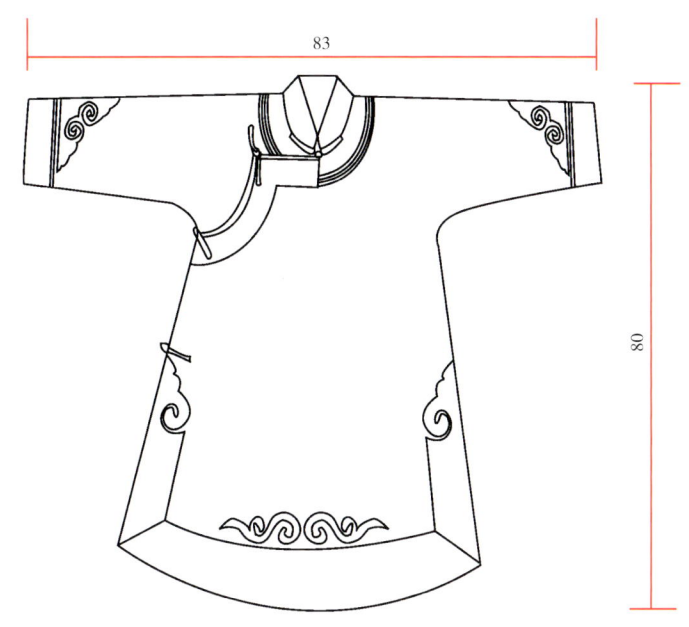

图二　鄂温克族女童袍尺寸图（单位：cm）

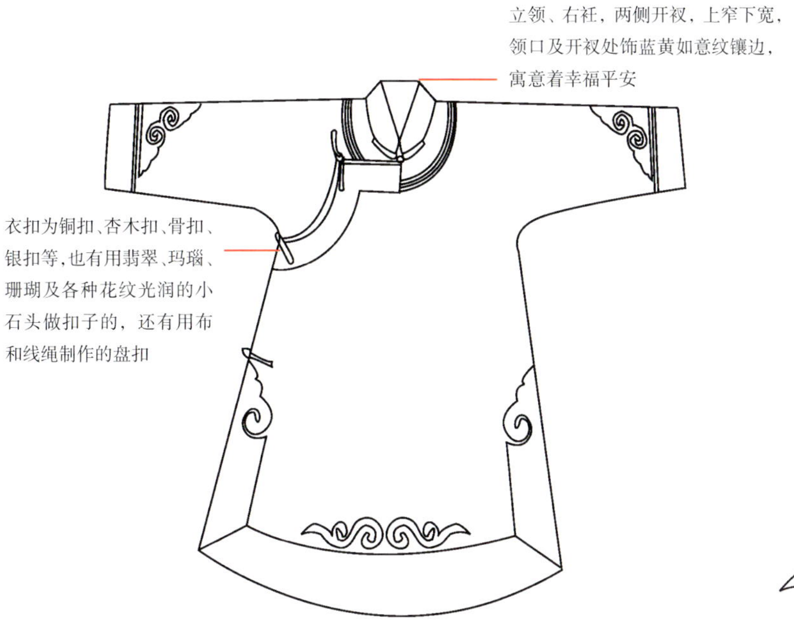

立领、右衽，两侧开衩，上窄下宽，领口及开衩处饰蓝黄如意纹镶边，寓意着幸福平安

衣扣为铜扣、杏木扣、骨扣、银扣等，也有用翡翠、玛瑙、珊瑚及各种花纹光润的小石头做扣子的，还有用布和线绳制作的盘扣

图三　鄂温克族女童袍工艺分析图

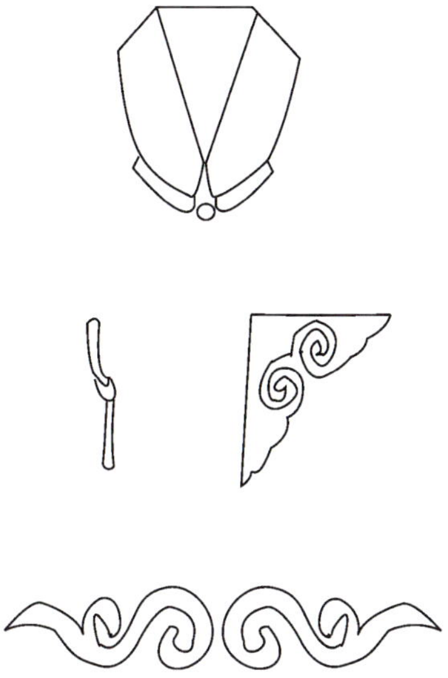

图四　鄂温克族女童袍细节图

第二章　鄂温克族传统服饰

鄂温克族男童帽

图一　鄂温克族男童帽主图

　　鄂温克族男童帽是鄂温克族孩子不可或缺的生活用品，由于生活的地域和气候原因，鄂温克族人一年四季都喜欢戴帽了。冬季严寒，鄂温克族人多戴水獭皮等厚密皮毛或山羊、绵羊、狐狸皮等长皮毛制成的松软暖和的帽子，并在帽子里还会再缝制灰鼠皮、雪貂皮、羊羔皮、犴耳朵皮或猞猁皮等加厚保暖。春秋天冷时，戴猞猁皮、貂熊皮、雪貂皮等皮毛做的帽子，春秋天暖时，戴的是驼鹿、驯鹿、水鸭子等的小块皮毛拼接而成的帽子。夏天，鄂温克族人也戴帽子，多是用去了毛的皮或呢子等布料缝制而成。林区的鄂温克族人在打猎时，还会头戴狍头皮帽，既可以保暖，又可以伪装成狍子，便于靠近猎物。

　　冬季鄂温克族男童帽常用狍皮、狐皮

等各种动物皮制成，有尖顶、圆顶等各种样式，春秋和夏季则戴用呢子料和薄毡子做成的帽子。尖顶男童帽子呈圆锥形，帽子面料用蓝色、黄色的呢或织锦缎制成，帽檐上翻，多用皮毛或黑色、红色丝绒作为装饰，也会在帽顶尖上缝上貂尾等皮毛装饰或缀有红缨穗，十分美观。

鄂温克族的帽子具有设计功能的多样性和设计形式的丰富性，是一种蕴含鄂温克族设计文化特征的特殊载体，既具有使用价值，又具有审美个性及符号象征。

图片来源

图一　吴佳苑　摄影
图二　陈玢羽　制图
图三　张杰夫　制图
图四　丁萨音　制图
图五　白丽民.鄂温克传统社会与文化.北京：科学出版社，2007：16.

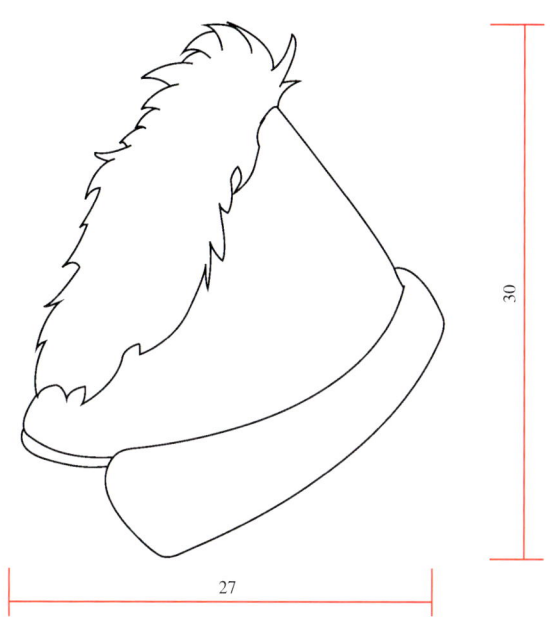

图二　鄂温克族男童帽尺寸图（单位：cm）

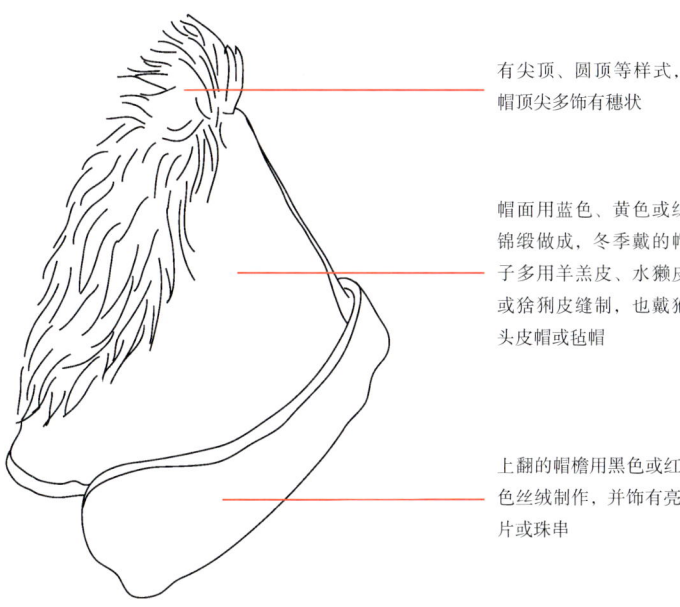

图三　鄂温克族男童帽工艺分析图

有尖顶、圆顶等样式，帽顶尖多饰有穗状

帽面用蓝色、黄色或织锦缎做成，冬季戴的帽子多用羊羔皮、水獭皮或猞猁皮缝制，也戴狍头皮帽或毡帽

上翻的帽檐用黑色或红色丝绒制作，并饰有亮片或珠串

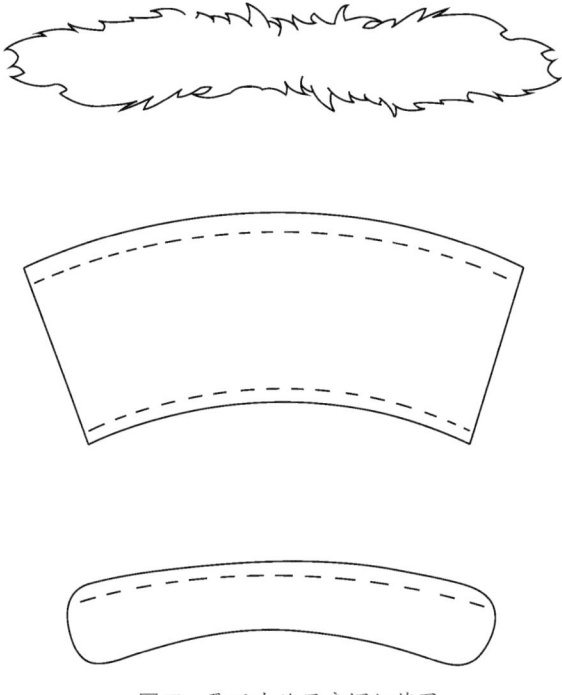

图四　鄂温克族男童帽细节图

图五　鄂温克族男童帽穿戴情境图

鄂温克族妇女头饰

图一　鄂温克族妇女头饰主图

鄂温克族妇女喜欢在头上佩戴环形装饰，具有束发、挡风、御寒等实用功能，还可以和帽子、辫套、发饰等配合使用。考究的鄂温克族妇女头饰还要缝缀和镶嵌金、银、珊瑚、贝壳、松石、玛瑙等贵金属和宝石，制作精美、细致，不但具有突出的装饰性，同时也是一种特殊的文化符号。这一头饰与鄂温克族的生活区域、习俗、信仰等有关，同时也体现出了鄂温克族妇女的勤劳质朴和心灵手巧。

林区鄂温克族妇女头饰主体多由兽皮制成，长60厘米左右，宽7厘米左右，分里外两层，里面多用蓝布打底，外面用一块兽皮及一组镶边制成头围，兽皮上绣有各种花纹图案，常用贝壳缝缀三叶花纹图案。头饰中央再以贝壳、鱼骨、兽齿、彩色纽扣、珍珠和玛瑙等镶嵌装饰。头围两侧沿着耳鬓垂挂3~5串镶缀彩珠的皮穗垂至下颌。农区和牧区鄂温克族妇女头饰多以黑绒布制成头围，通长55厘米左右。一般来说，农区鄂温克族妇女喜欢佩戴由银和珍珠制作的头饰和挂饰，牧区鄂温克族妇女喜欢佩戴由红珊瑚和松石制作的头饰和挂饰。

图片来源

图一　吴佳苑　摄影
图二　陈玢羽　制图
图三　张杰夫　制图
图四　丁萨音　制图

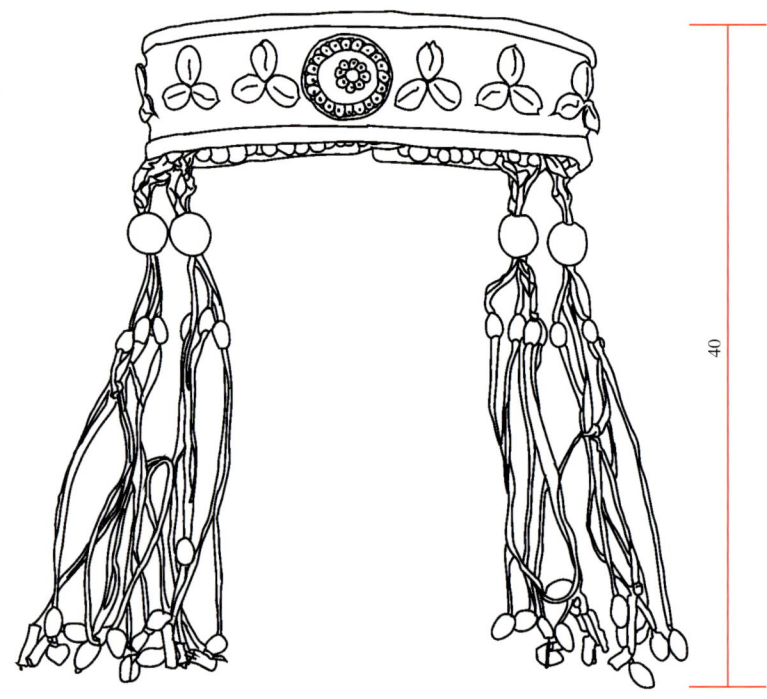

图二　鄂温克族妇女头饰尺寸图（单位：cm）

已婚妇女的头饰，多由兽皮制成，鄂温克族妇女戴尖顶红穗硬胎卷檐帽，大多用黑毡绒或黑丝绒卷边

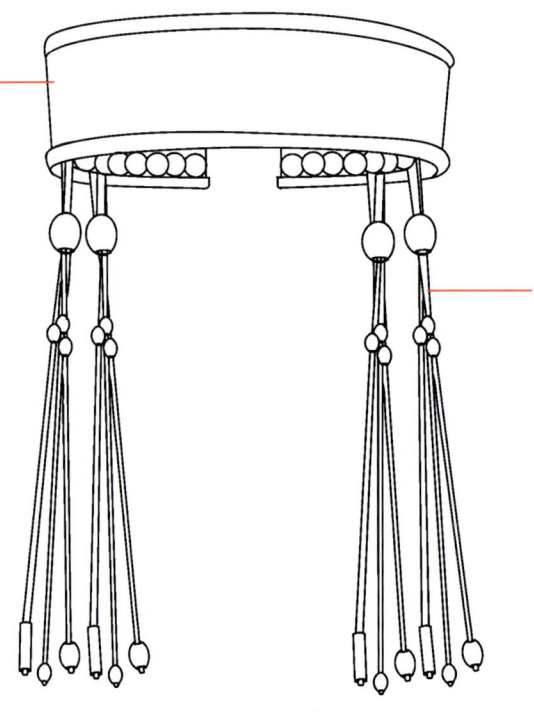

日常头饰多为黑布做的套筒，上缀有银质的链子，有的妇女还在额上戴镶有成串珊瑚、玛瑙和宝石的贵重头饰

图三　鄂温克族妇女头饰工艺分析图

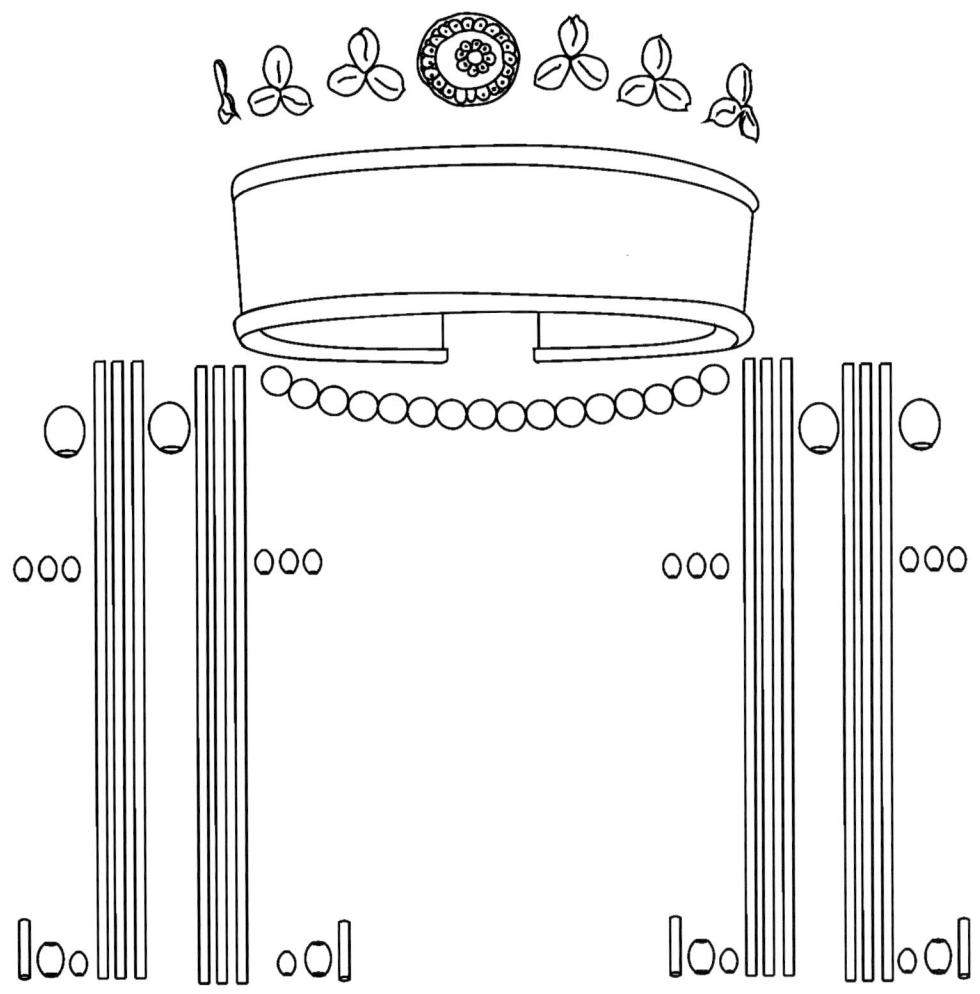

图四　鄂温克族妇女头饰细节图

鄂温克族狍皮手闷

图一　鄂温克族狍皮手闷主图

狍皮手闷是鄂温克族为抵御严寒而使用的厚手套，用狍子皮毛制作，手闷通长30多厘米，套口周长约40厘米，宽18厘米左右。狍皮手闷不是通常的五指分开缝制的手套样式，而是大拇指与四指分开缝制，四指缝成一体的手套样式。手套呈尖圆状，拇指靠近手掌处设计一道横开口，保暖的同时又便于活动手指。手套口有可以收缩或装饰的皮带子，可以起到防风、保暖、防丢失又美观的作用。

鄂温克族由于常年生活在气候寒冷的区域，所以在生产和生活中带皮质手套。狍皮手闷的手掌部分要用冬季带绒毛的狍皮制作，手套上部的筒子部分则用狍肚的薄皮缝制，选材精良、柔软耐磨。狍皮手闷是鄂温克族猎人狩猎时的专用手套，皮手闷的手心处开有一个小口，当猎人发现猎物时，食指可以从手套拇指横开口处伸出来扣动扳机，设计符合游猎生产的需要。

狍皮手套的装饰古朴、纹饰拙稚，较少有装饰。手闷背面多有用鹿角筋绣出的花纹，鄂温克族人喜爱的鹿角纹，线条流畅明快，图案韵律感很强。手套及装饰图案纹样色彩也与鄂温克族服装装饰色彩协调，在手套背部边沿上还环饰红、蓝相间的两条彩色饰边，色彩对比强烈，既美观又大方，手踝处边沿还装饰有皮穗，动静呼应、韵律感强，散发着浓郁的原始狩猎气息。

图片来源

图一　吴佳苑　摄影
图二　陈玢羽　制图
图三　张杰夫　制图
图四　丁萨音　制图

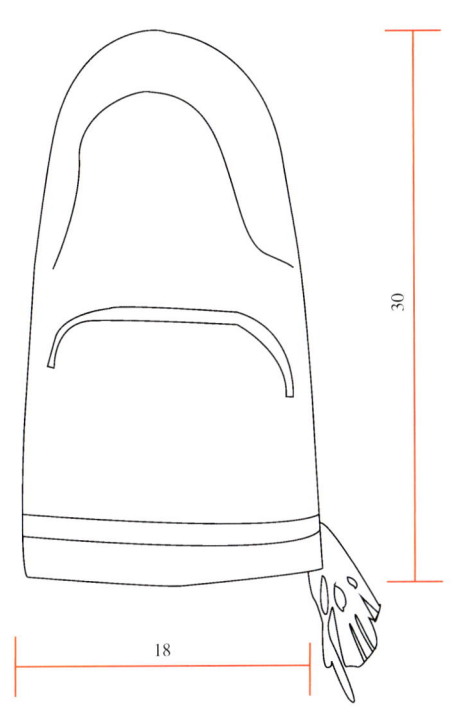

图二　鄂温克族狍皮手闷尺寸图（单位：cm）

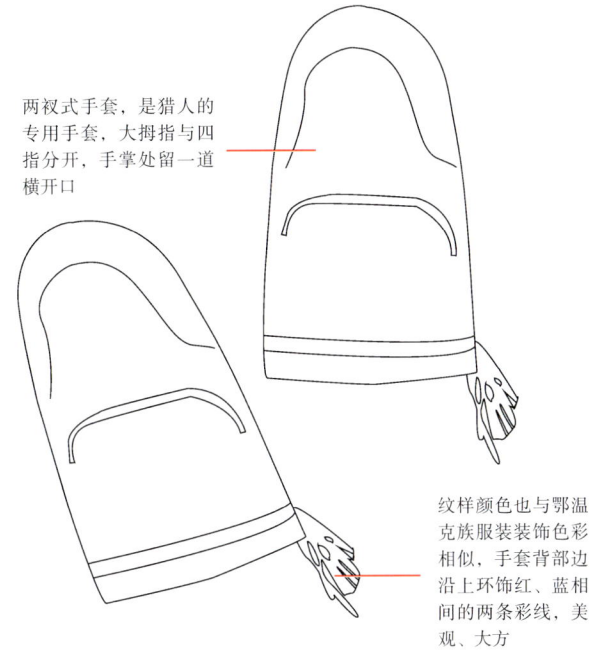

两衩式手套，是猎人的专用手套，大拇指与四指分开，手掌处留一道横开口

纹样颜色也与鄂温克族服装装饰色彩相似，手套背部边沿上环饰红、蓝相间的两条彩线，美观、大方

图三　鄂温克族狍皮手闷工艺分析图

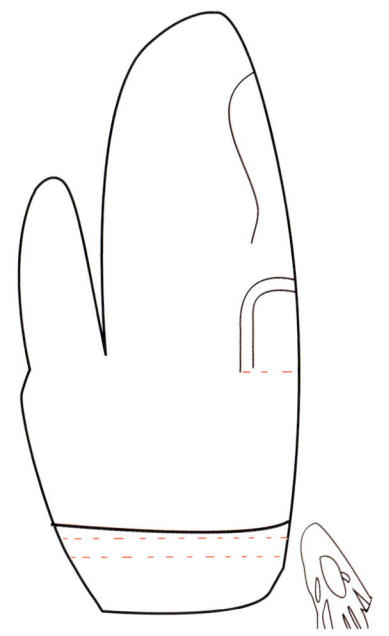

图四　鄂温克族狍皮手闷细节图

鄂温克族狍皮套裤

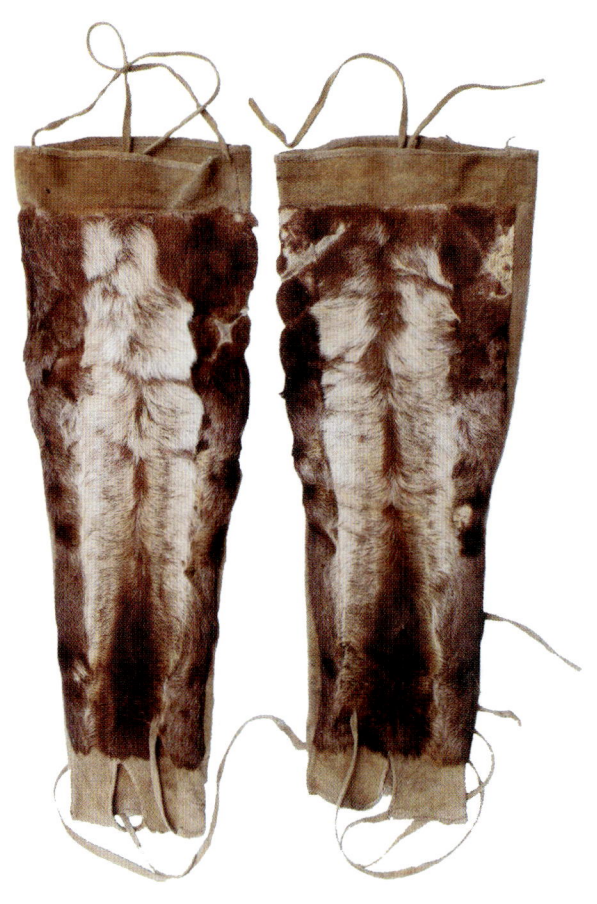

图一　鄂温克族狍皮套裤主图

　　狍皮套裤是穿在皮裤外面的一种劳动服装，在北方少数民族中被广泛使用。套裤是并不相连的两条半截无裤腰和裤裆的裤筒，分别套在两条腿上。穿皮套裤适用于寒冷的原始森林地带的生产生活，鄂温克族男人狩猎、女人野外劳作时都习惯穿上它，既防寒护膝、隔潮保暖，又结实耐磨，可以保护里面的裤子，行动起来也很灵活方便。天气降温套裤上面再套一组套裤，这样可多达五六件。

　　鄂温克族皮裤的裤长只到膝盖下，外部可套穿皮套裤，狍皮套裤需要一大张或两小张狍皮，根据使用温度等需要，有薄一些不带皮毛的样式，也有厚一些带毛皮的样式。狍皮套裤上宽下窄，防止灌风灌雪。套裤前侧多为带毛的狍皮，样式也有上端齐口和上端斜口两种。套裤上下都缀有皮绳，上端正中间的细皮绳可系在皮裤腰间的裤带上，腰间下端长度可及脚踝，也有细皮绳可系在靴勒上，冬天可以防止雪灌入靴鞋里。

狍皮套裤是鄂温克族在特定的自然地理条件下产生的独特的服饰文化，这是驯鹿鄂温克族人在漫长的游猎生产生活的实践中创造出来的，是鄂温克族重要的狍皮生活用品，代表了鄂温克族狍皮制作技艺，是狩猎文化和兽皮文化的传播载体。

图片来源
图一　吴佳苑　摄影
图二　陈玢羽　制图
图三　张杰夫　制图
图四　丁萨音　制图

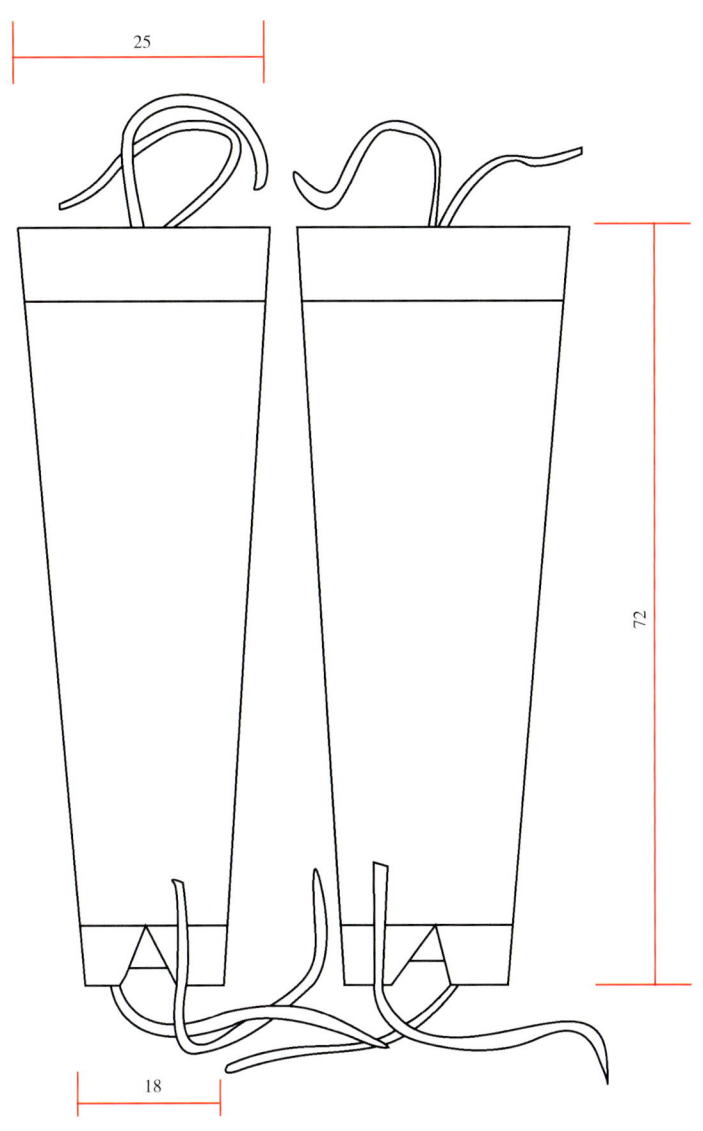

图二　鄂温克族狍皮套裤尺寸图（单位：cm）

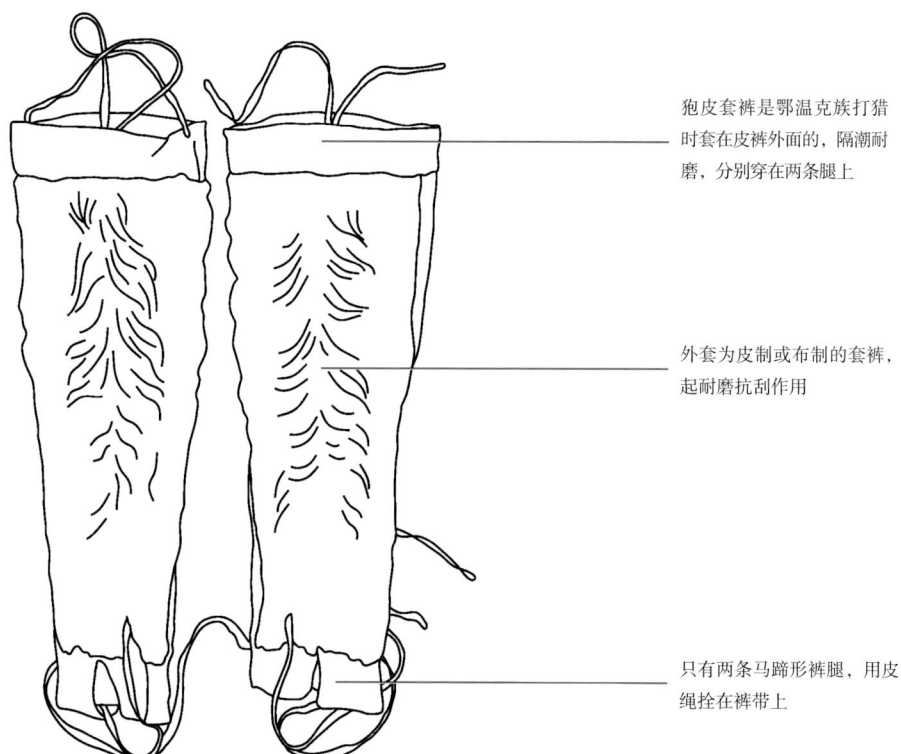

狍皮套裤是鄂温克族打猎时套在皮裤外面的，隔潮耐磨，分别穿在两条腿上

外套为皮制或布制的套裤，起耐磨抗刮作用

只有两条马蹄形裤腿，用皮绳拴在裤带上

图三　鄂温克族狍皮套裤工艺分析图

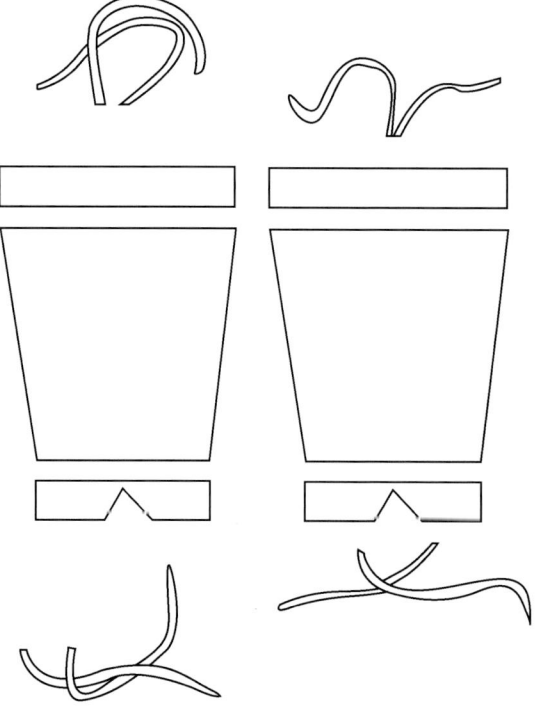

图四　鄂温克族狍皮套裤细节图

鄂温克族犴皮高勒靴

图一　鄂温克族犴皮高勒靴主图

犴皮高勒靴是鄂温克族冬季抵御寒冷、用于脚和腿部保暖的生活必需品。鄂温克族男女老幼一年四季都喜欢穿靴。他们依据靴帮的高度，将靴子分为高勒、中勒、矮勒几种类型；依据做靴子所使用的材料，可分为狍皮、牛皮、鹿皮靴等；依据靴子的厚度，可以分成带毛的靴子和光板皮的靴子等。犴皮高勒靴的靴筒高度为 35 厘米左右，可至膝部，是鄂温克族典型的高勒靴。犴皮相对于其他毛皮材料保暖性能更好、皮张尺度大、坚厚耐用，是鄂温克族制作高勒靴的首选材料。

鄂温克族犴皮高勒靴的色彩呈棕灰色，靴形平滑，简洁利索。制作一双传统工艺的鄂温克族犴皮高勒靴，要经历熟皮子、做靴筒、裁靴底、缝靴子等多道工序。犴皮高勒靴的靴筒要将 8 条犴腿皮，光板朝里毛朝外，用犴筋线拼缝而成。犴皮勒靴的靴底要选用厚实、柔韧、防滑并有弹性的犴颈部皮裁剪而成。高勒靴内要用布包脚，穿柔软的狍皮袜，垫揉搓好的驯鹿毛或乌拉草，抵御寒冷。犴皮高勒靴每天使用后，靴面和靴底要反复揉搓，可以更加耐用。

狍皮高勒靴适合在山林中行走，挡风防沙不容易灌雪，阻力小、轻快、跟脚、走路无声，鄂温克族认为这种靴子骑马时可以护腿，易于勾踏马镫，靴筒内侧缝有可以调节靴筒宽度的皮带子，脚较容易从宽松靴筒内穿脱。狍皮高勒靴是鄂温克族古老的兽皮文化的缩影，也是游猎民族为适应生产生活的需要，发挥聪明智慧的体现。

图片来源

图一　吴佳苑　摄影
图二　陈玢羽　制图
图三　张杰夫　制图
图四　丁萨音　制图

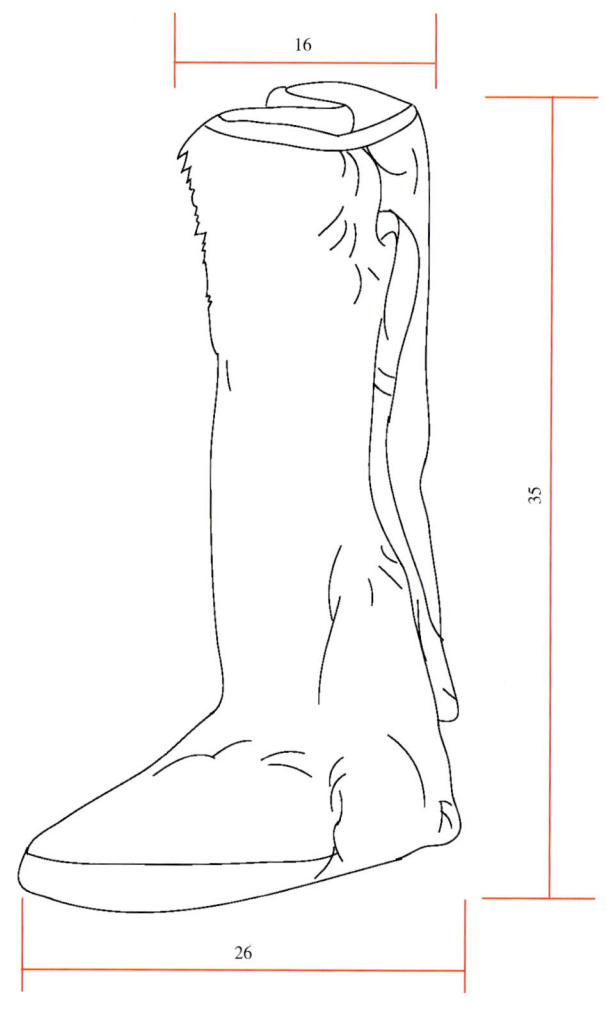

图二　鄂温克族狍皮高勒靴尺寸图（单位：cm）

图三 鄂温克族狍皮高勒靴工艺分析图

狍皮高勒靴，帮子略呈筒状高到踝子骨以上

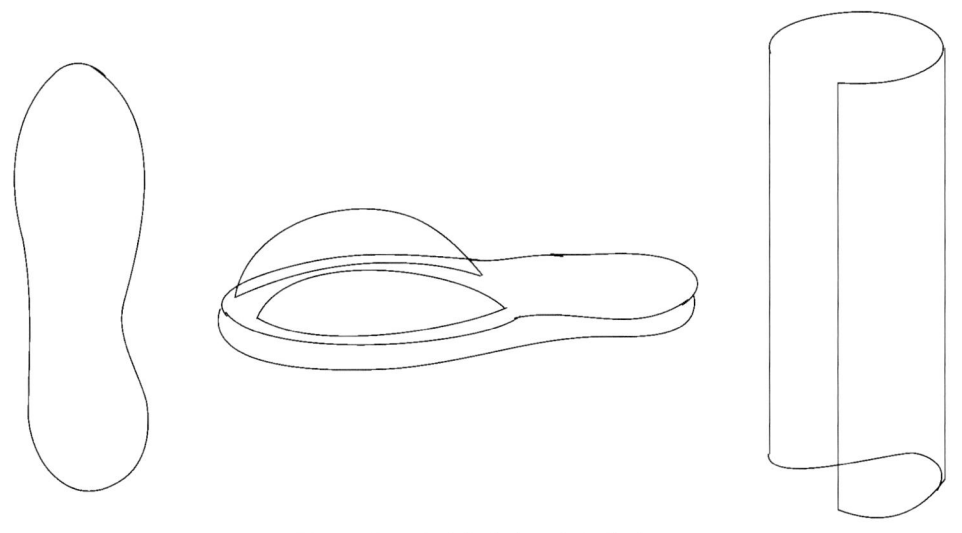

图四 鄂温克族狍皮高勒靴细节图

鄂温克族毡袜

图一　鄂温克族毡袜主图

　　毡袜是毛毡制的袜子，长27厘米左右，是鄂温克族不可或缺的御寒用品，冬季他们会在靴子里穿上用薄的毛毡制作的毡袜，毡袜不仅减轻了脚与靴子的摩擦，也增强了靴子的保暖和隔潮的性能。

　　毛毡是人类最古老的天然纤维制品，擀毡主要原料是绵羊毛，也有一些地区使用牛毛和骆驼毛进行擀毡。用于毡袜的毛毡制作可分为两个阶段，第一阶段是缠绕阶段，要选择足够数量的毛纤维混合，纵向的卷曲可使毛纤维形成宽松但结构松散的集合物，此时需要反复铺平毛纤维，并用工具打理平整，为下一步擀毡的缠结阶段做准备；第二阶段是缠结阶段，使铺平的毛纤维在湿、热和摩擦力的作用下，毛鳞片发生位移，天然纤维相互紧密抱合缠结在一起，相互纠结的毛纤维会发生毡缩，毡缩会使毛毡纤维缩短到天然毛纤维长度的四分之一到三分之一，制成了质地密实，经久耐用的毛毡。

　　鄂温克族毡袜做工精良，使用时触感柔软、舒适透气，适合制作毡袜的毛毡原料的品质要求较高，绒毛多、毛丝纤长的毛毡才可以做出质地紧密、弹性好的毡袜。鄂温克族毡袜制作工艺复杂,妇女们运用刺绣、贴花等丰富的绣花装饰手法,使毡袜具有更高的视觉品质。毡袜细腻而不繁缛,更加耐用。鄂温克妇女在制毡袜的过程中,运用表面绗缝、镶拼、包裹等加固技巧,使毛毡改变了原有的材料特性,结实耐用、表面平整,用布料包裹袜底,在袜靿上边缘加以装饰,使它高出靴子,既可以防止靴子磨腿,又可以增加美感。

图片来源
图一　吴佳苑　摄影
图二　陈玢羽　制图
图三　张杰夫　制图
图四　丁萨音　制图

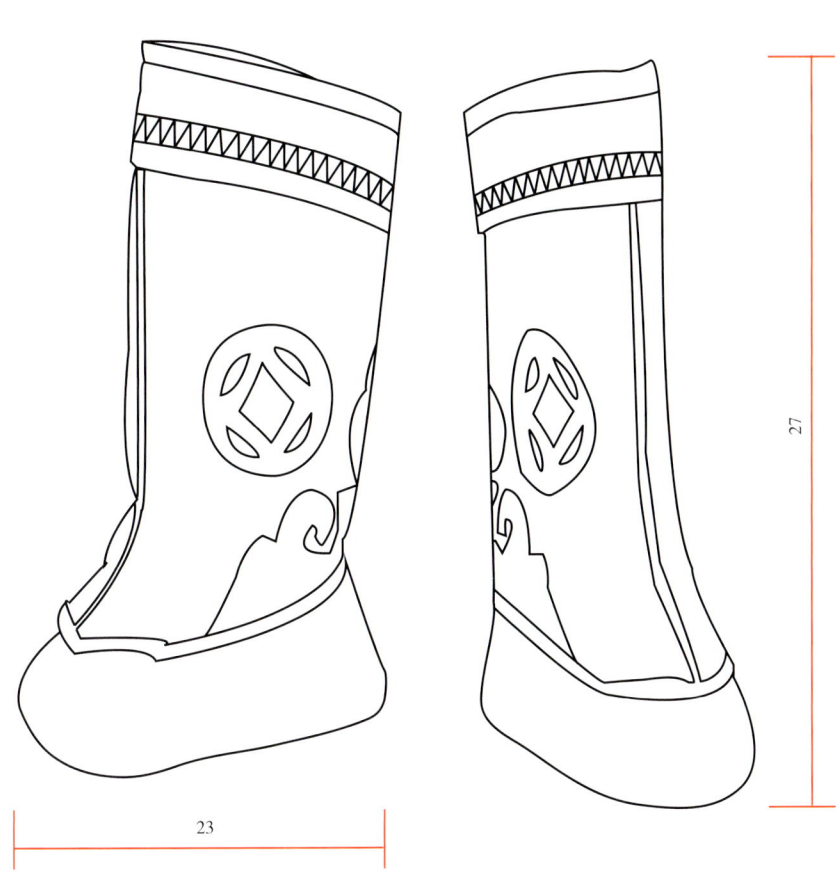

图二　鄂温克族毡袜尺寸图(单位:cm)

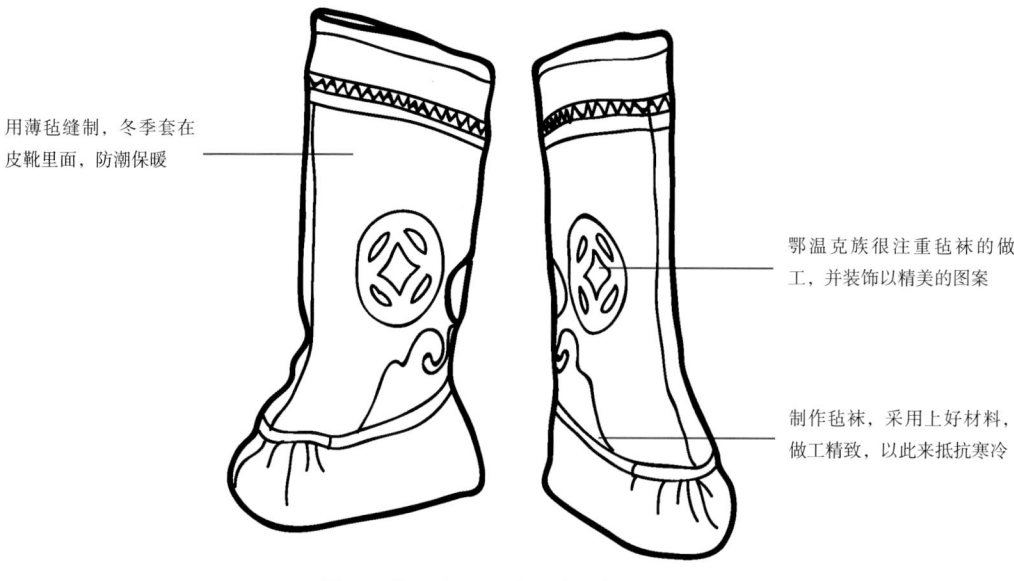

用薄毡缝制，冬季套在皮靴里面，防潮保暖

鄂温克族很注重毡袜的做工，并装饰以精美的图案

制作毡袜，采用上好材料，做工精致，以此来抵抗寒冷

图三　鄂温克族毡袜工艺分析图

图四　鄂温克族毡袜细节图

第三章 鄂温克族传统餐饮

鄂温克族桦木杯

图一　鄂温克族桦木杯主图

桦木杯是林区鄂温克族日常餐饮用具。鄂温克族猎民外出时需要使用带柄杯，桦木杯设计满足使用功能，便于携带、简洁自然、结实抗摔。桦木杯高约6.5厘米，杯口直径约8.5厘米，杯柄孔径约2.5厘米，每一只都造型独特，具有民族风格，鄂温克族猎民通常会把桦木杯挂在腰间。

桦木杯一般是用整块桦木或桦木树瘤手工雕刻而成，桦木力学强度大，富有弹性，而且年轮明显，花纹明晰。桦树皮层较厚，树脂纤维细密且有一定弹性，所以桦木杯设计保留了桦树原木的色泽与味道，造型饱满，杯身弧度流畅，杯沿宽厚。将整只桦木杯握在手中，质感柔和，使用舒适，杯把中心雕出圆形孔，便于手指穿过把握杯身。使用桦木杯时，食指与中指可扣住杯把，大拇指可顶住杯把上凸起的一角，起到安全和稳定的作用，不易滑手脱落。

桦木杯在体现使用价值的基础上，也具观赏和收藏价值，它折射出鄂温克族特有的审美观，是鄂温克族生活的写照，散发着一种原始、自然、质朴的气质，是鄂温克族狩猎文化及桦木经济的典型器具。

图片来源
图一　吴佳苑　摄影
图二　陈玢羽　制图
图三　张杰夫　制图

图二　鄂温克族桦木杯尺寸图（单位：cm）

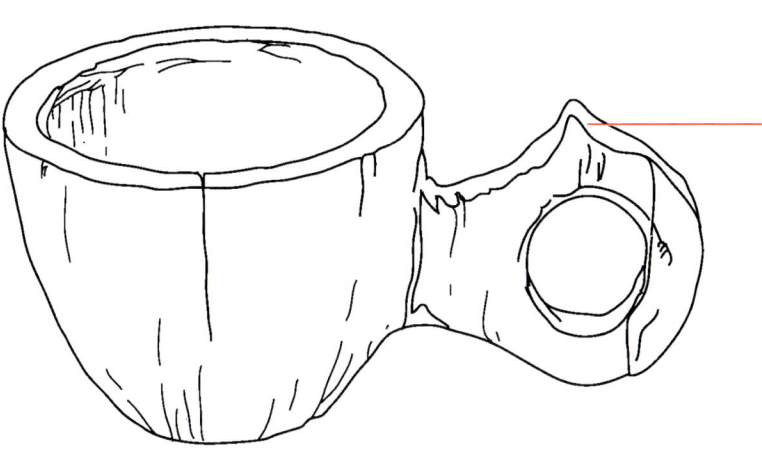

图三　鄂温克族桦木杯工艺分析图

食指与中指可扣住杯把，大拇指顶住杯把上凸起的一角使得使用该杯时不易脱落，起到安全和稳定的作用

鄂温克族奶茶

图一 鄂温克族奶茶主图

鄂温克族奶茶是鄂温克族在茶中加入奶和其他原料熬出的主要饮品。鄂温克族每天要煮两三次新茶，在一天中常饮奶茶，早餐和午餐必配奶茶，接待客人也一定要煮新茶、敬奶茶。过去没有茶的时候，鄂温克族曾用吉苏恩和哈乌特等草的叶、花煮奶茶，一般秋季采摘原料，草地上遍地都是。现在鄂温克族都用砖茶熬奶茶，做法是把砖茶捣碎放入水中烧开，滤去茶叶，再加入鲜奶和少量的食盐煮沸即可饮用。林区鄂温克族会用浓浓的驯鹿奶加入红茶中饮用，奶茶中也可以加入奶皮、奶干、黄油、炒熟的稷子米、炒米或熟肉块食用，也可以搭配自制的面包、炸果子或其他点心，有时也用炒面做面茶。

制作奶茶时，需要先煮砖茶。砖茶长约33厘米，宽约12厘米，厚约3厘米，要根据人数从砖茶上砍下需要的茶叶，同时烧水，水烧开之前要将茶叶放入水中熬出味道，煮30分钟左右茶水变成茶褐色，再拿出壶，在壶口放一块纱布将茶水倒进去，滤掉茶叶。再拿一口空锅放在火上，放入稷子米，并不停地翻动炒制，5分钟左右开始变色闻到香味。这时将壶里滤好的热茶再倒入锅内,放一小撮食盐,熬至炒米变软为止,就算煮好茶,再将其倒入容器,兑上牛奶,就可以饮用。鄂温克族一定要将炒米放在奶茶中熬,对于缺少蔬菜的鄂温克族而言,奶茶是他们重要的维生素来源。

图片来源
图一　周安涛　摄影
图二　周安涛　制图

图二　鄂温克族奶茶制作示意图

鄂温克族奶酒

图一 鄂温克族奶酒制作器具主图

鄂温克族称奶酒为"萨力阿利克",他们主要酿制马奶酒和牛奶酒。这是用酸奶蒸馏制成的液体,是一种乳香浓郁并略有些酸甜口感的饮料,也是鄂温克族喜爱饮用、款待客人和喜庆节日的必备用酒。

秋季,鄂温克族擅长酿制以酸奶(温格尔)或阿义拉古为主要原料,用蒸馏法制成的奶酒。制作方法是在大木桶里倒满鲜奶和取了奶精的奶,使之发酵,再将盛发酵奶的锅边上紧扣一个木质或桦树皮圆桶(布鲁呼勒),并用火把酸奶煮开,这时蒸发冷凝的液体就是奶酒。布鲁呼勒有两种常见的提取蒸馏液体的方法:一种是木质圆桶吊着酒坛,上面扣上桦木桶盛满凉水的小锅,酸奶的水蒸气遇冷凝结成水滴直接流入酒坛里;另一种是在常用无底桦木桶的桶身旁侧开一个小孔，桶内中心位置附有一个倾斜流槽，能够一直伸到小孔外，此时酸奶的水蒸气遇冷凝结成水滴通过流槽流到桶外。接到的水滴就是奶酒。酸奶蒸馏并用冷凝法的要点在于小锅内的凉水，锅中的凉水要换3次以上，保持低温。一锅酸奶煮的时间越长，流出来的奶酒越多，但酒的度数越低；反之，酸奶煮的时间少，流出的奶酒少，度数越高。制完奶酒后，沉入锅底的就是奶渣子，鄂温克语称为"萨嘎"，奶渣子也是很好的乳制品，晒干就成为奶干。

图片来源

图一　白丽民.鄂温克传统社会与文化.北京：科学出版社.2007：54.

图二至图四　周安涛　制图

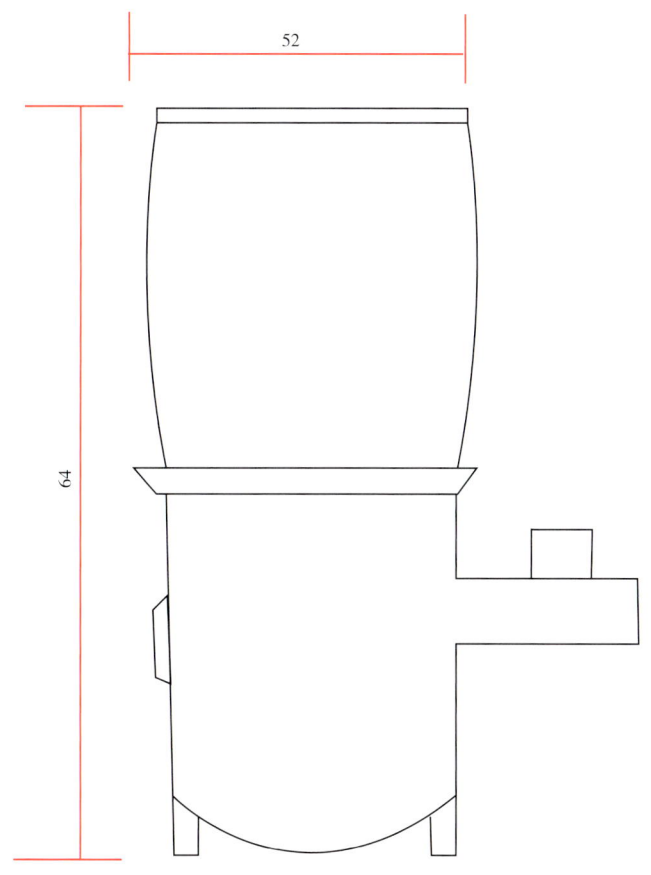

图二　鄂温克族奶酒制作器具尺寸图（单位：cm）

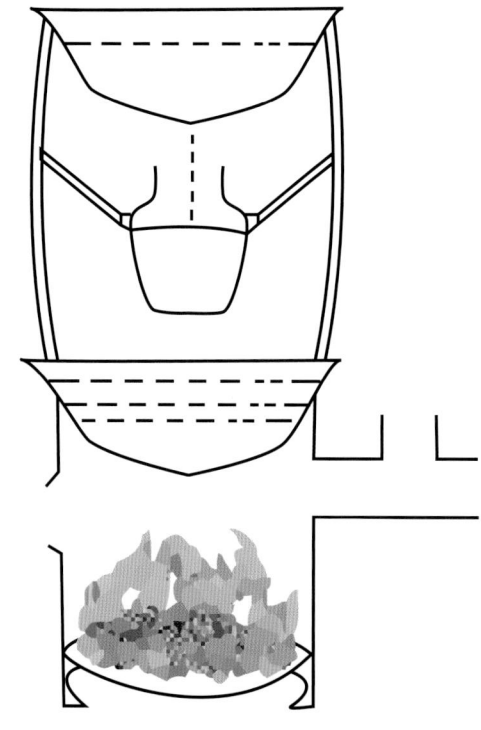

图三　鄂温克族奶酒制作器具细节图

图四　鄂温克族奶酒制作示意图

鄂温克族奶皮子

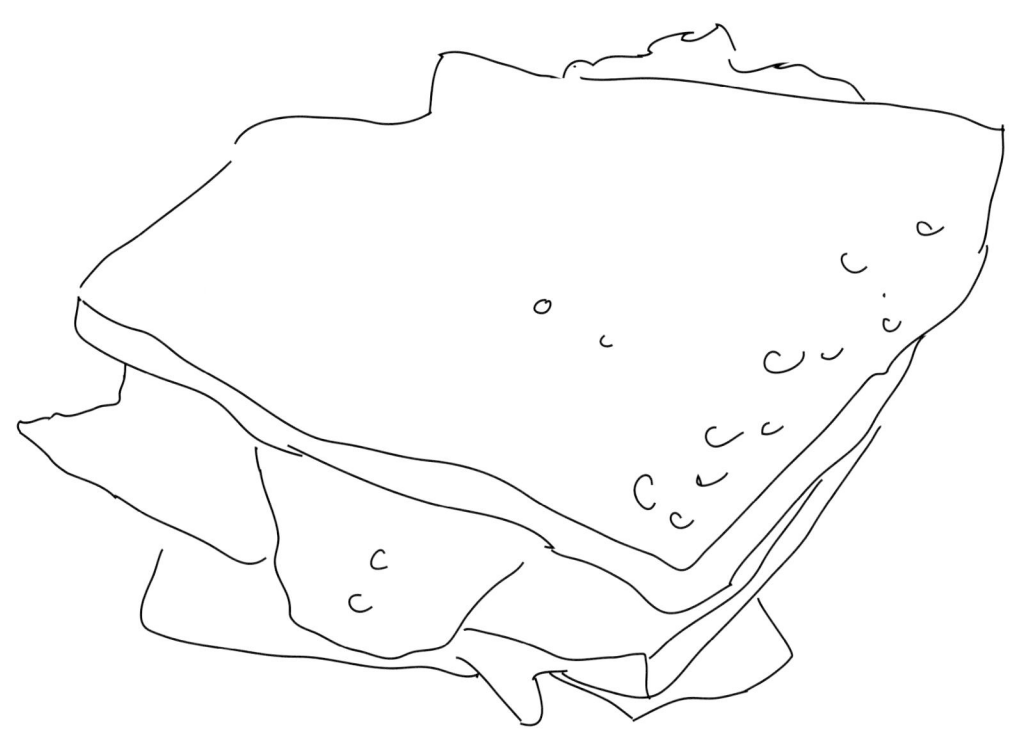

图一 鄂温克族奶皮子主图

奶皮子,鄂温克族语称"乌日莫"或"依鲁图拉",是鄂温克族贵重的乳制食品之一。鄂温克族的食品可以分为肉食、面食、奶食三大类,奶食在鄂温克族日常生活中十分重要。他们会制作丰富的奶食,奶皮子是奶食中最具营养的精华部分,松酥可口、入口即化、奶香醇厚,可随时直接食用,也可放入奶茶或和面包、发面饼、点心或炒米一起食用,还可以在中间夹入果酱及山楂糕等,晒干存储起来,以随时食用。

奶皮子制作方法是鲜奶熬开后,用勺子舀满并将其上扬至30厘米左右的高度多次,直至奶的上层起泡沫。熬制奶皮子要讲究火候,用微火熬煮,为增加熬制时间,多出奶皮,还可以陆续加入生奶,直至水分均匀蒸发,再把奶锅放在阴凉处冷却,过3~4个小时牛奶表面就能凝结出一层厚厚的奶皮。这时再用筷子挑起挂至通风处晾干形成细密的蜂窝状凝固的片状奶脂。一般在秋末奶脂最为丰厚的时候熬制,大概七八斤奶可以熬出一斤奶皮。所以,奶皮子常用来招待贵客或作为礼品馈赠亲朋好友。

图片来源

图一至图二 周安涛 制图

图二 鄂温克族奶皮子制作示意图

鄂温克族炸果子

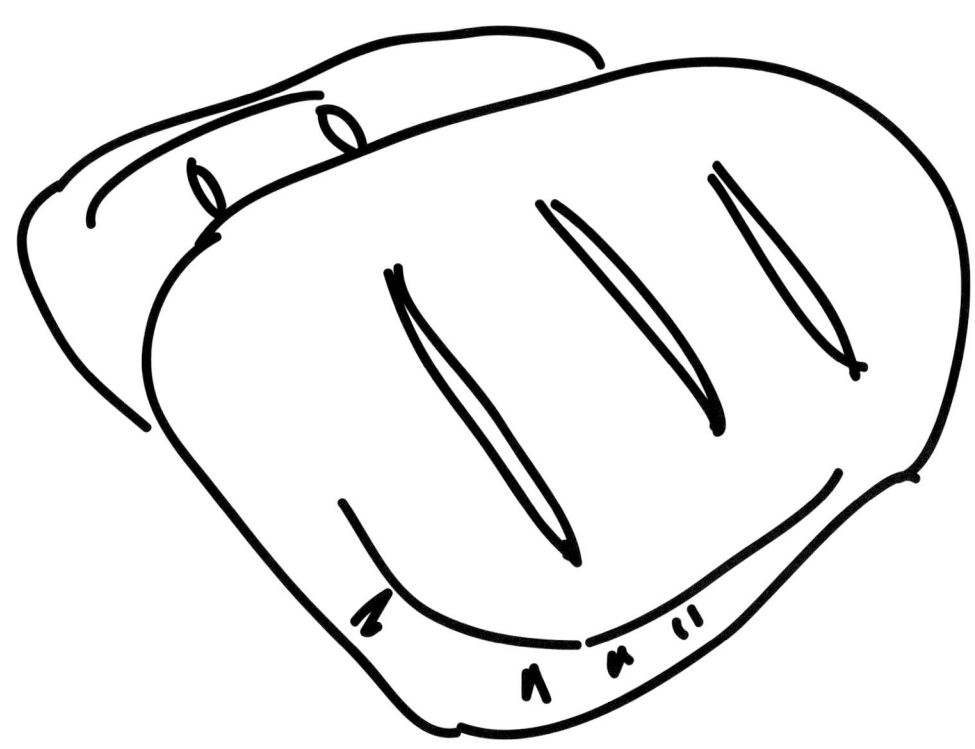

图一　鄂温克族炸果子主图

炸果子，鄂温克语称"卡拉苏"，是一种用发酵的面团油炸的点心，也是鄂温克族平时常备的食品，在喝早茶、午茶及平时喝茶时经常食用。炸果子做法非常方便，和面时不是直接加水，而是加入奶油、鲜奶和鸡蛋等并进行发酵。炸果子前，可以将发酵好的面团揉匀擀成片状，也可以直接用手拍或捏成扁片状，然后进行面点造型，成形面片在放好油的金属锅中炸均匀，便可捞出，炸熟的点心就是炸果子。

鄂温克族在制作炸果子时，喜欢做成各种花样，有时会拧成麻花状，或者沿着面皮中间划开一段，然后将面皮的一端沿着划开的刀口来回穿出几次，翻拧好的面皮可以直接投入油锅中，这样炸好的果子中心开口段有对称的螺旋状花纹。炸果子时也可以任意剪切成想要炸制的造型。鄂温克族炸果子可以做成甜口也可以做成咸口，外面脆里面松软，可以做软做硬，然后放在盘子里，色泽金黄，鄂温克族常常把它和糖果一起拿出来招待客人，家家户户的炸果子形态各有不同，味道香酥可口。

图片来源

图一至图二　周安涛　制图

图二　鄂温克族炸果子制作示意图

第四章 鄂温克族传统生活用具

鄂温克族桦木桶

图一 鄂温克族桦木桶主图

鄂温克族桦木桶是农区鄂温克族日常使用的汲水工具。高度大约28厘米，底部直径15厘米左右。

鄂温克族桦木桶用整段桦木雕刻。在日常生活中，鄂温克族喜欢用桦木制作生活用具，主要是由于桦木可以就地取材，并具有木质柔软、便于雕刻、自重较轻、纹理细腻、光滑耐磨的特征。鄂温克族在制作桦木桶时还会在桶壁外围、桶口边缘处加以金属固定件。这主要是由于桦木材料吸湿性较高，如果经常接触水分，干燥后容易开裂，所以在靠近桶口的部分用金属箍紧桦木桶，以增加器身强度，能承受桶外及桶内压力冲击，不会使桶身开裂泄露，水桶使用越持久，桶箍与桶身会结合得越紧密。在桶口边缘安装金属把手，便于人们汲水、拎起、提行及放置，为使木桶金属把手有更好的牢固度，在桶壁上方两端还用铁片穿孔加固，金属把手从其中穿过，更加灵活，便于使用。

桦木桶装饰较少、易于加工，设计整体以适用为设计重点，装饰一般用单线阴刻简洁的云头纹样，纹饰洗练概括，可以增加桦木桶的美感和识别性。

图片来源

图一　吴佳苑　摄影
图二　陈玢羽　制图
图三　张杰夫　制图
图四　丁萨音　制图
图五　白丽民.鄂温克传统社会与文化.北京：科学出版社，2007：70.

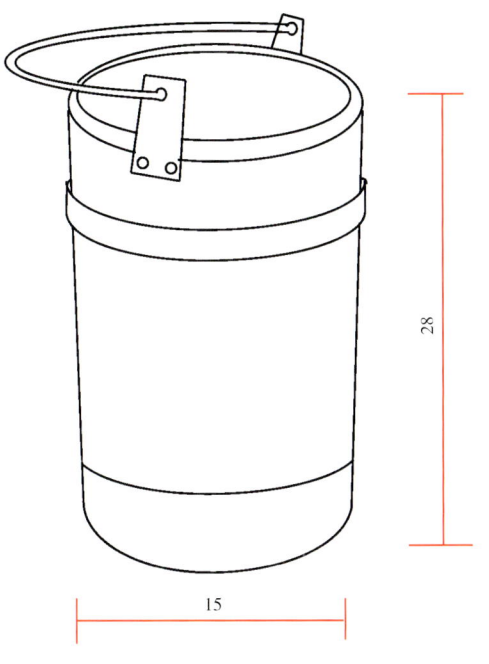
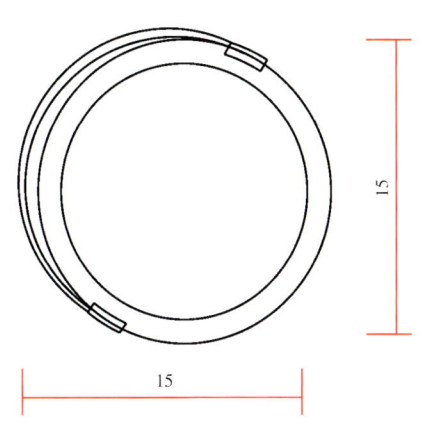

图二　鄂温克族桦木桶尺寸图（单位：cm）

在桶壁上方两端用铁片穿孔加固，使金属把手从其中穿过，更加灵活，便于使用

桦木吸湿性大，干燥易开裂翘曲，所以靠近桶口的部分会用金属箍紧固木桶，金属桶箍能承受桶外及桶内压力冲击，不会使桶身开裂泄露

图三　鄂温克族桦木桶工艺分析图

第四章　鄂温克族传统生活用具

059

图四 鄂温克族桦木桶细节图

图五 鄂温克族桦木桶使用情境图

鄂温克族桦木摇篮

图一　鄂温克族桦木摇篮主图

　　桦木摇篮是鄂温克族传统的育婴工具，鄂温克族人称作"额母恳"，桦树皮摇篮的形态呈半弓状，通长60至90厘米左右，宽30厘米左右，高30厘米左右，头部一般有15度至18度的斜度。用桦木、桦树皮和兽筋线制作，是构思精巧、便利实用的生活用具，兼具美观性。

　　桦木摇篮制作时，先制作两块大小、形状、体积相似的U形桦木，高约63厘米，宽约25厘米，并将两块桦木搭接好，用兽筋线缝合紧密，确保其使用时的牢固度和安全性，然后再以加工好的3~4层桦树皮包裹外层，并在内里衬以棉布确保舒适度，形成了安放养育婴儿的空间。同时，在桦树皮摇篮上刻画有各种花草、小动物等花纹。摇篮两侧设有弯把，还有数个小孔用来穿绳带来固定孩子。使用时可以将摇篮放在床上摇动，也可以将摇篮两端系上皮绳悬挂在树上或固定房梁上摇动。一般在桦木摇篮背面还挂有盛装杂物和玩具的布袋，各种骨质、石质、木质的装饰品，可以在晃动摇篮时发出"咔咔"的声响，清脆悦耳且富有节奏感。

　　由于桦树皮摇篮携带方便，所以林区鄂温克族妇女在搬家时骑上驯鹿，并把吃奶的孩子放在桦木摇篮里背在身上或直接用驯鹿来驮。桦木摇篮不仅是婴儿用具，还是林区鄂温克族姑娘出嫁时必备的嫁妆，鄂温克族姑娘结婚时做母亲的一定要亲手制作一个十分漂亮的桦木摇篮送给女儿，象征着母亲对子孙后代的美好祝愿。

图片来源

图一　吴佳苑　摄影
图二　陈玢羽　制图
图三　张杰夫　制图
图四　丁萨音　制图

63
30
63
30

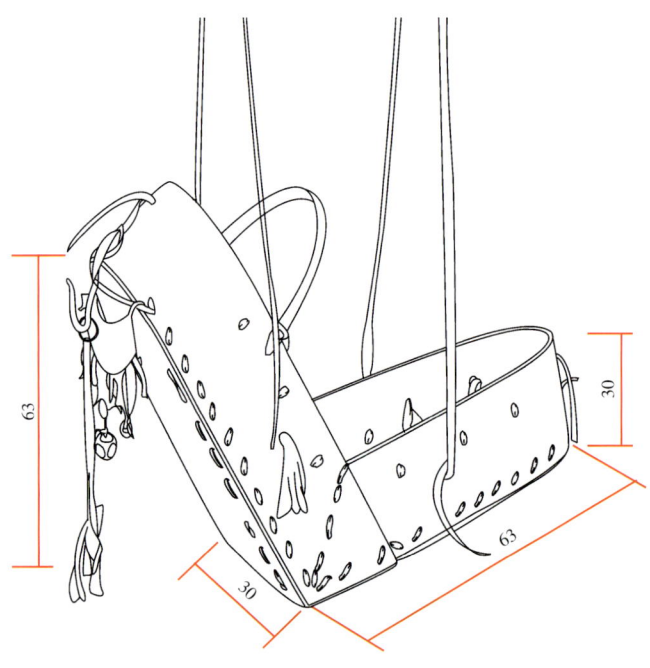

图二　鄂温克族桦木摇篮尺寸图（单位：cm）

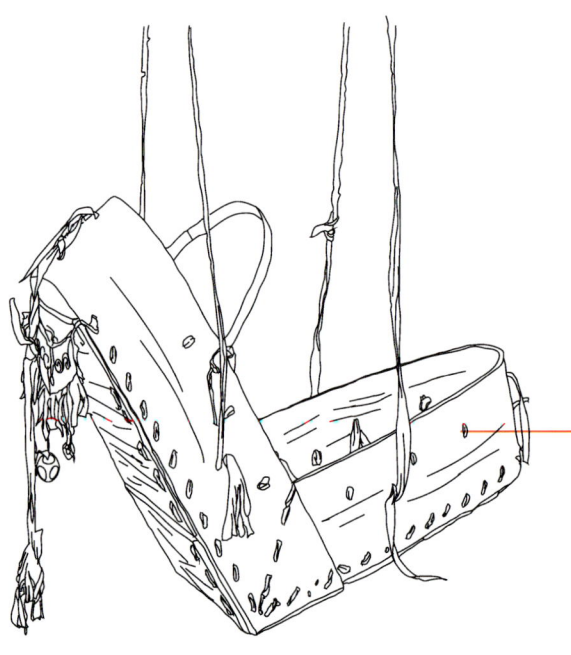

摇篮两侧有弯把，还有数个小孔用来穿绳，可以将摇篮悬挂或固定，既可以放在床上摇动，又可以在两端系上皮绳挂在树上摇动

图三　鄂温克族桦木摇篮工艺分析图

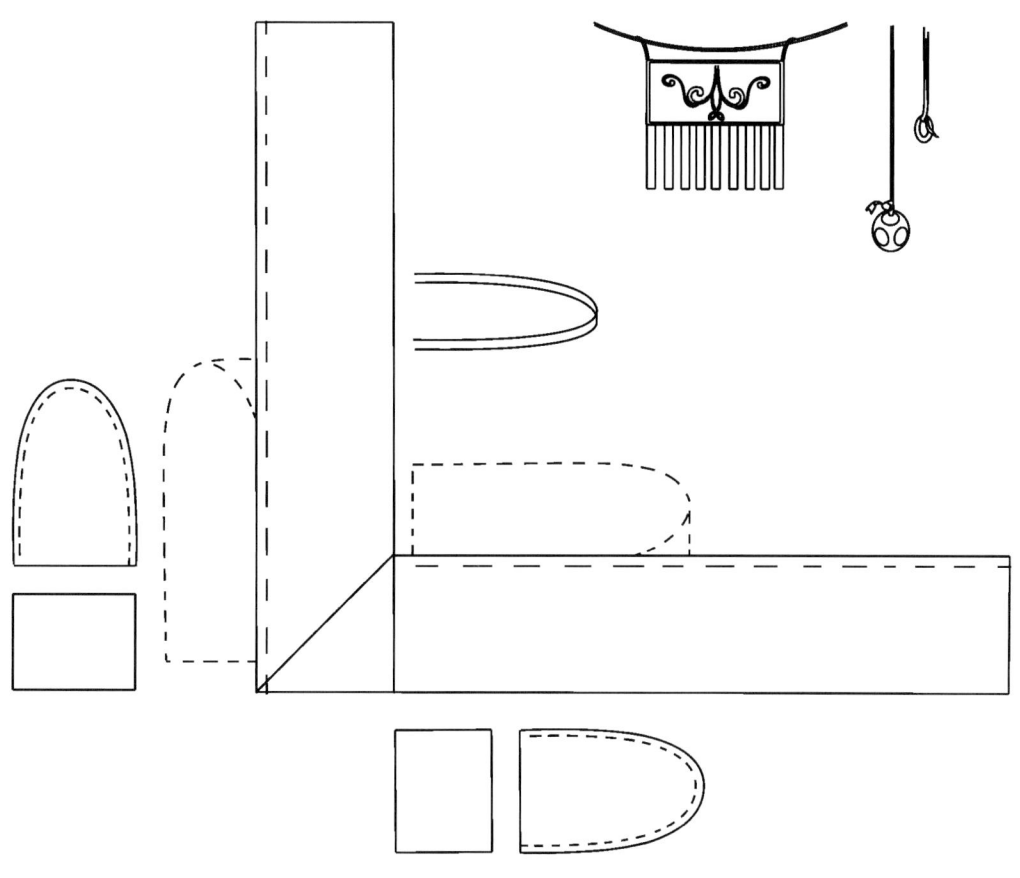

图四　鄂温克族桦木摇篮细节图

鄂温克族桦树皮烟盒

图一 鄂温克族桦树皮烟盒主图

桦树皮烟盒是鄂温克族常用的生活用具，体积较小，鄂温克族语称"棒克"。"棒克"也是瓶和小罐的统称，一般宽约6.5厘米，高6~12厘米左右，呈筒状，其底部形态多为圆形和椭圆形，便于手部抓握，易于携带，防潮、防碰撞、防挤压，桦树皮烟盒盛放烟丝密封又透气。

桦树皮烟盒形成筒状吻合，制作时可以不用一针一线，主要是用桦树皮插接咬合固定而成。鄂温克族的桦树皮文化通过咬合纹样的对接咬合固定结构的制作工艺，体现了鄂温克族高超的设计智慧和鄂温克族自己的审美需求。桦树皮器具主要的咬合纹有40多种，咬合纹样的艺术形式变化丰富，层次感强，构成了丰富多样的装饰设计元素。桦树皮烟盒的底和盖一般为桦木制，是吻合盒体的适合形木板，盒盖的中心提拉钮为皮条，拉钮皮条外露部分较长，多呈三角形，固定结实，开盖子时会发出"砰"的声音，也具有装饰性。桦树皮烟盒有时也会用骨制材料雕出各种花纹。

桦树皮烟盒大概可以装一两烟叶左右，

是具有浓郁的森林狩猎民族特色的传统手工艺品。桦树皮用品根据使用年限可以有不同的色泽变化，特别是随身携带的桦树皮烟盒每一只都具有独特的艺术魅力。

图片来源
图一　吴佳苑　摄影
图二　陈玢羽　制图
图三　张杰夫　制图
图四　丁萨音　制图

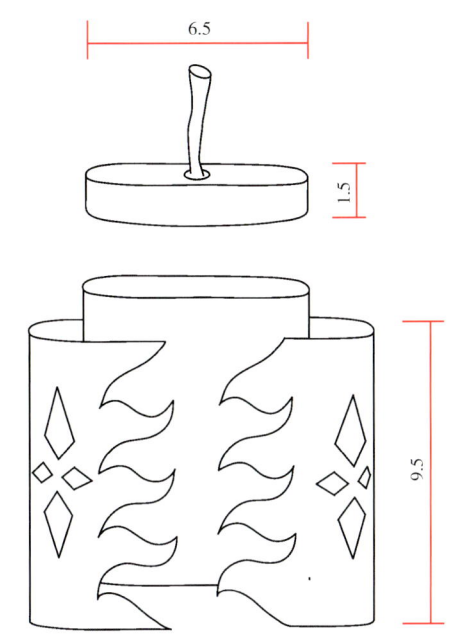

图二　鄂温克族桦树皮烟盒尺寸图（单位：cm）

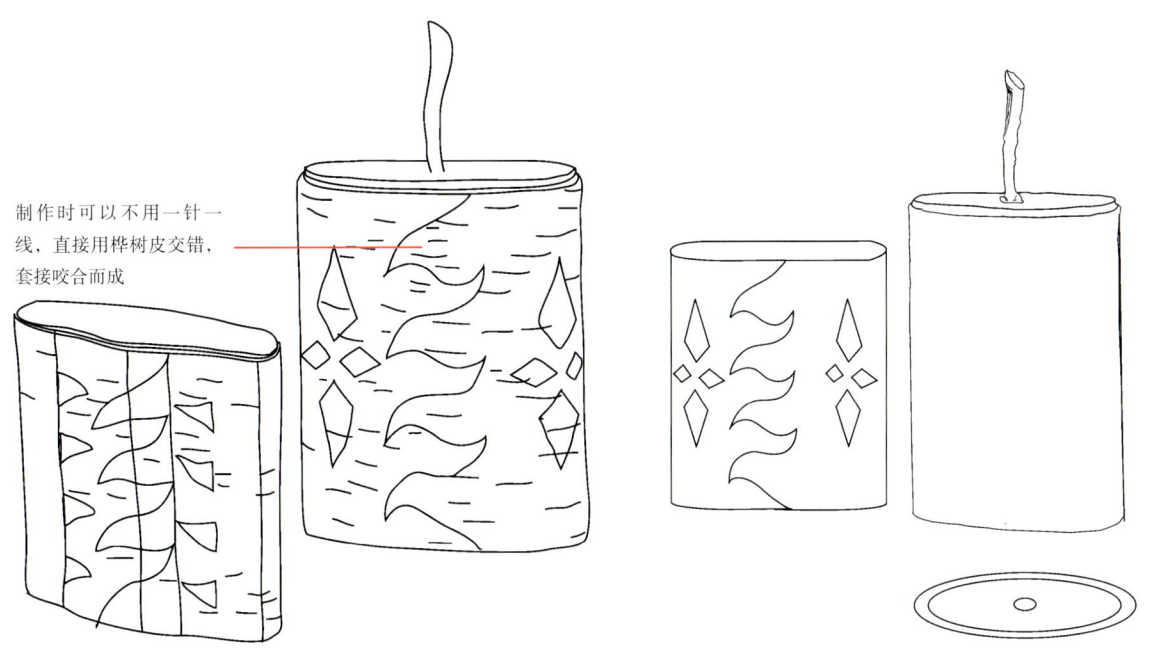

制作时可以不用一针一线，直接用桦树皮交错，套接咬合而成

图三　鄂温克族桦树皮烟盒工艺分析图　　　　图四　鄂温克族桦树皮烟盒细节图

第四章　鄂温克族传统生活用具

065

鄂温克族犴皮火镰袋

图一　鄂温克族犴皮火镰袋主图

　　犴皮火镰袋是鄂温克族日常使用的小型皮袋，主要用来装火镰（火刀）、火石、火镰绒等取火器具。犴皮耐磨性能非常好，火镰袋适宜随身携带、手感舒适、结实耐用。犴皮火镰袋一般宽约9.5厘米，高约8厘米，厚度约为3厘米。鄂温克族人无论居家或外出打猎，都需要用火镰生火取暖、煮食、驱兽、吸烟，还要用火光作为互相联络的信号，因此火镰袋是必不可少的生活用品。

　　鄂温克族的小型皮袋多为实用性设计，往往根据放置随身物品的尺度及器具特点进行设计，有纵式的餐具袋，也有横式的烟具包等。犴皮火镰袋即是横式的长方形皮袋，类似对折的钱包，功能明确、简洁轻巧、方便取放物品。其制作时大多用白皮板缝制，皮袋盖口处多以红色和蓝色的彩布镶边，有时也用黑色和绿色的宽窄布制作边饰。盖口的底端和两端垂挂装饰有几组皮穗条，使用时富有动感。皮袋的表面也可以装饰图案，图案造型粗犷自然。

　　鄂温克族妇女是兽皮生活制品的主要创作者，她们积累了丰富的制作加工皮具的经验，创造出鄂温克族独特的"兽皮文化"。

图片来源

图一　吴佳苑　摄影

图二　陈玢羽　制图

图三　张杰夫　制图

图四　丁萨音　制图

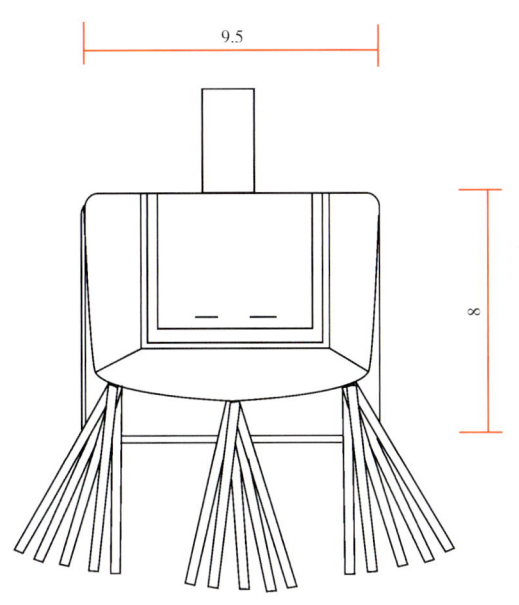

图二　鄂温克族犴皮火镰袋尺寸图（单位：cm）

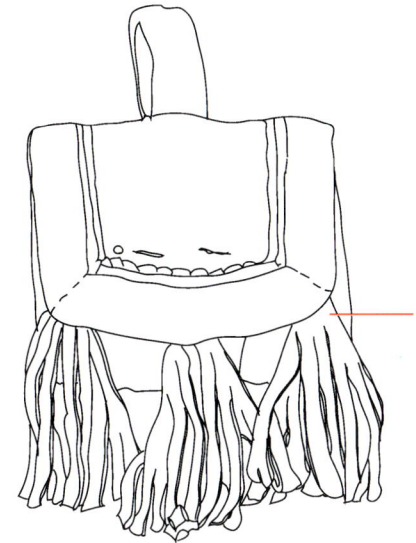

上部的上两角有两个倒卷，系火镰袋的皮条，透过上盖两侧边上的开口，拴在底袋上

图三　鄂温克族犴皮火镰袋工艺分析图

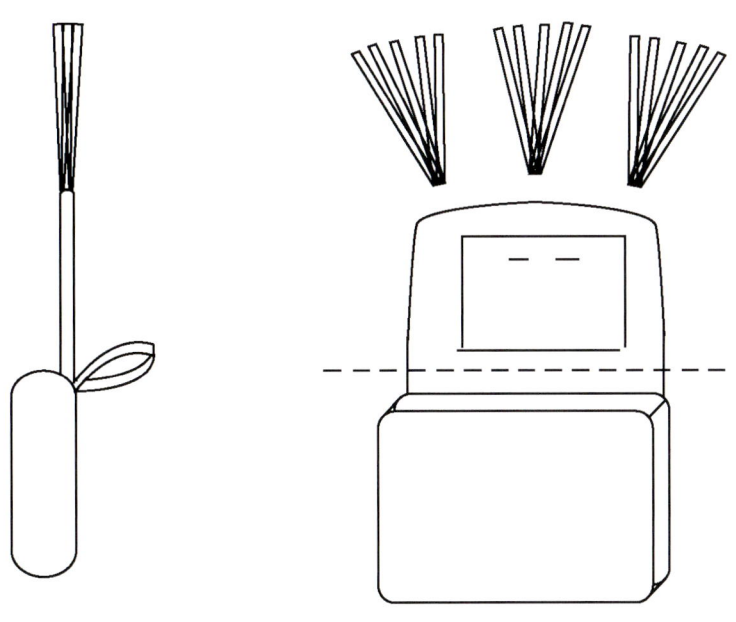

图四　鄂温克族犴皮火镰袋细节图

鄂温克族卷草纹桦树皮盒

图一　鄂温克族卷草纹桦树皮盒主图

卷草纹桦树皮盒是鄂温克族典型的桦树皮工艺器具，也是桦树皮文化中一种典型的传统用品，有扁圆形、长方形、正方形等形态，造型美观、结实耐用，鄂温克族妇女多用作放置针线杂物、烟叶、珍藏稀有物品的盒子。

桦树皮盒的盒盖、盒身、盒底又分为内胎和外胎两个部分。制作桦树皮盒时，首先按照设计好的桦树皮盒的尺寸，剪好长方形桦树皮用来做盒身的内胎，并用刀子修整树皮表面有树疤的地方，既增加美观性，也使内外胎结合紧密，增加坚实程度。内胎起到支撑盒身的作用，所以要将两块桦树皮拼接黏合在一起，再把粘好的桦树皮塑成设计好的造型，接缝处也要粘合起来。外胎的制作方法与内胎基本相同。只是在剪裁外胎树皮时，长度要略大于内胎，大约0.5厘米左右，宽度则小于内胎，大约1厘米左右，这样设计一方面加强了器具的牢固性，另一方面也增加设计美感，使制作出的桦树皮盒更有层次感。剪好树皮后，可以在上面装饰一些图案。卷草纹桦树皮盒运用打压与划刻和剔刻结合的纹饰法，使用压花器在桦树皮盒的外胎上按设计者的意图打出点纹，以多点连线的方式表现饰纹，饰纹做出后再粘制缝合成器，鄂温克族桦树皮器物上的装饰纹样的内涵及其所表现出来的艺术价值丰富并且独特。

桦树皮盒在外胎底部1厘米的位置，将桦树皮向上折出一个边，这个边用来与盒底进行缝合。然后，将内外胎粘在一起，确保粘接得牢固，并且内胎的底部与外胎上面折好的线对齐。粘好后再把内外胎缝合在一起，增加稳定性。然后，剪下两个略大于盒身的盒底，粘在一起，保证桦树皮盒的支撑力。在制作盒身和盒底时，需通过预留的缝制边将盒身与盒底缝合，完成两部分的组合。桦树皮盒的盒盖由两部分组成，分别是圆形的盒盖主体和卡环。盒盖主体与盒底的制作方法相同，为了更结实，盒盖主体一般用三层桦树皮黏合而成。卡环是盒盖底部的桦树皮圈，它的作用是将桦树皮盒身与盒盖扣在一起，使盒盖不易掉落。

图片来源
图一　吴佳苑　摄影
图二　陈玢羽　制图
图三　张杰夫　制图
图四　丁萨音　制图

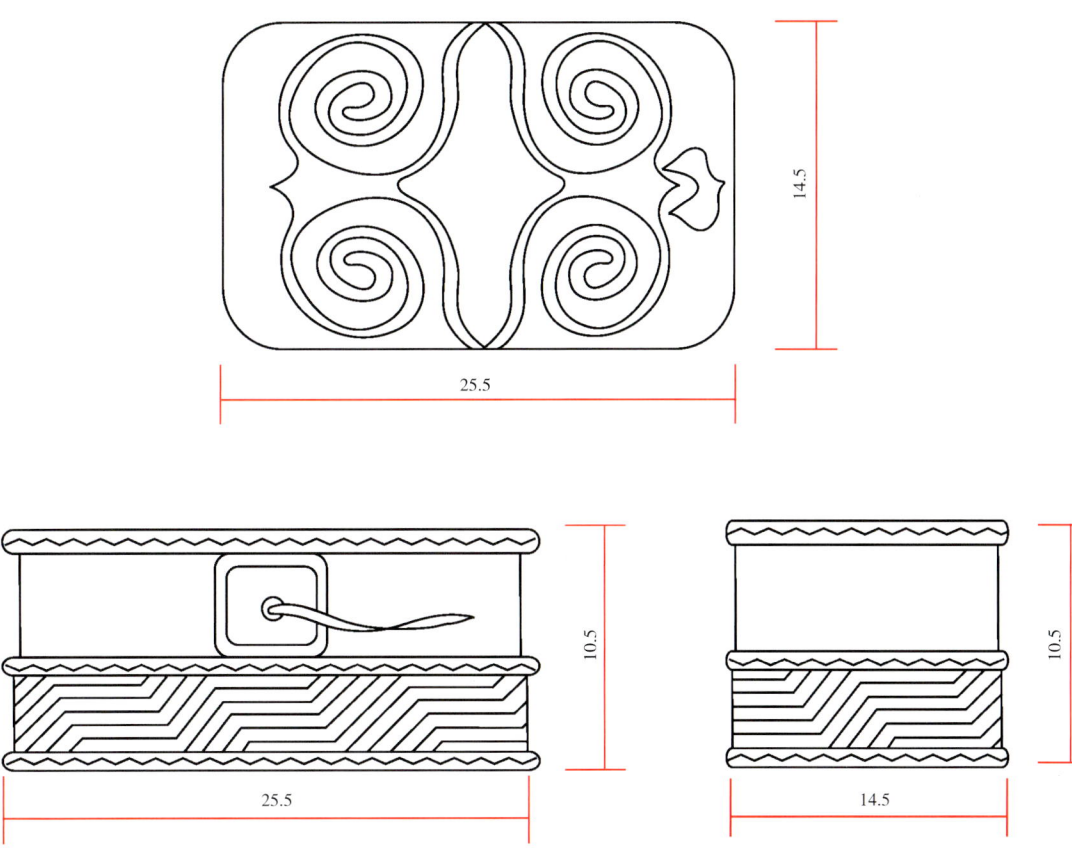

图二　鄂温克族卷草纹桦树皮盒尺寸图（单位：cm）

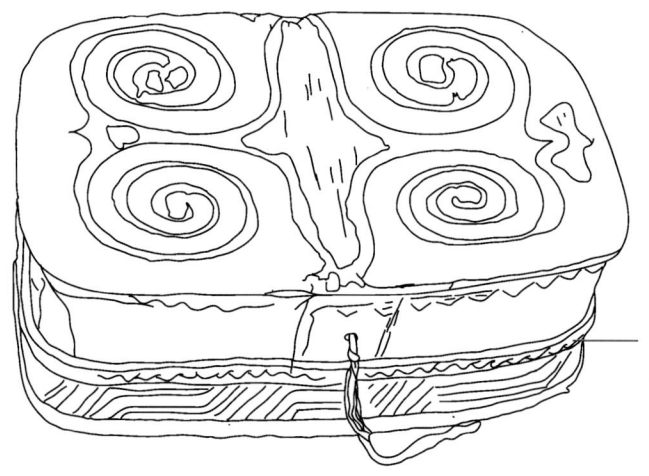

桦树皮盒身分为内胎和外胎两个部分，内胎起到支撑盒身的作用，外胎用来与盒底进行缝合。按照设计好的桦树皮盒的尺寸，剪好一块长方形桦树皮，用来做盒身的内胎

图三　鄂温克族卷草纹桦树皮盒工艺分析图

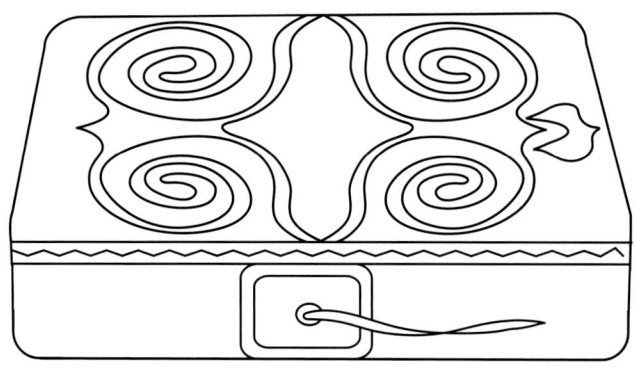

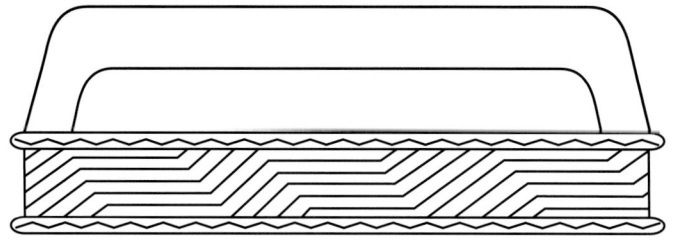

图四　鄂温克族卷草纹桦树皮盒细节图

鄂温克族口弦琴

图一　鄂温克族口弦琴主图

口弦琴是鄂温克族的一种簧片乐器，鄂温克语称作"崩尤刻"，我国最小的民族乐器，鄂温克族猎民多在闲暇时或狩猎间隙弹拨，也是鄂温克族男青年向姑娘表达爱意的乐器。口弦琴靠着空气的振动来发出声音，演奏者用手指拨动簧片，再加以口形的开合动作形成的口风作用配合发出乐音，根据演奏者的心态，所弹拨出的琴声也是丰富多彩，具有感染力。

口弦琴构造分琴库与琴簧两部分。多为铁制（也有用铜制或镀金），长约8~15厘米，手持琴库是用约20厘米的熟铁条或铜条打制成圆环形并连接两根"梢形"铁条，中间夹持用细铜片做的琴簧，琴簧的长度约为8厘米，两端粗细不同，宽端约4~5毫米，细端约2~3毫米的，也有口弦琴是用一条铜片中间切割出一根细长的琴簧。口弦琴制作技艺独特，其音量、音色和音质的区别均取决于簧片的制作精细程度。簧片顶端弯回成近90度角的弧度，并用棉线、棉花或木头等做成小圆球状包裹捆扎一个特制的球在簧片顶端，以方便弹拨。

演奏方法是用一手持琴库，把琴横放于嘴唇和上下门齿的中间，另一手弹拨。依靠口腔的共鸣、嘴唇的开合、呼吸的强弱来配合调节音量和音色。音量的大小是通过呼吸控制，向外呼气是将口腔内的声音送出，声音就渐渐大起来，向内吸气声音渐渐变弱。如何控制共鸣箱的协调作用是口弦琴演奏的关键技巧。口弦琴设计构思巧妙，有大、中、小号之分，型号越大，声音越低，音色越浑厚。

图片来源
图一　吴佳苑　摄影
图二　陈玢羽　制图
图三　张杰夫　制图
图四　丁萨音　制图
图五　白丽民.鄂温克传统社会与文化.北京：科学出版社，2007：37.

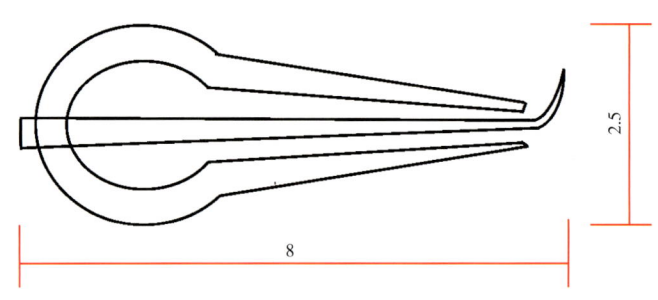

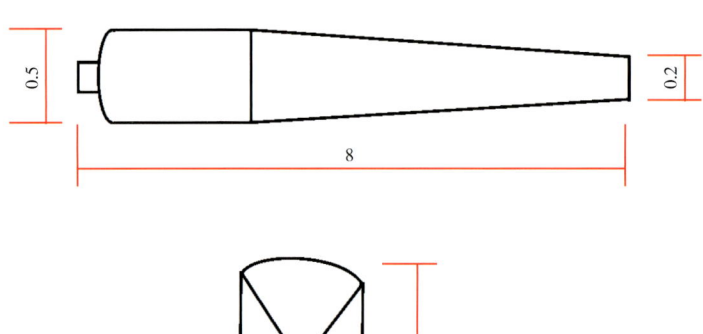

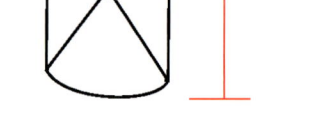

图二 鄂温克族口弦琴尺寸图（单位：cm）

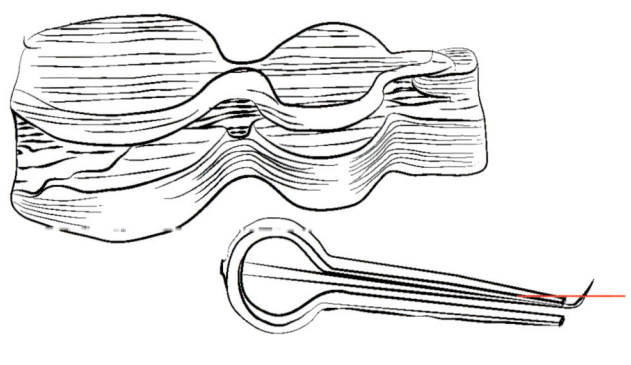

手持部分为圆环形，连接两根梢形铁条，中间夹一块薄钢片，钢片的一端缠点棉花或镶柳的木柄，以便于用手来拨弹

图三 鄂温克族口弦琴工艺分析图

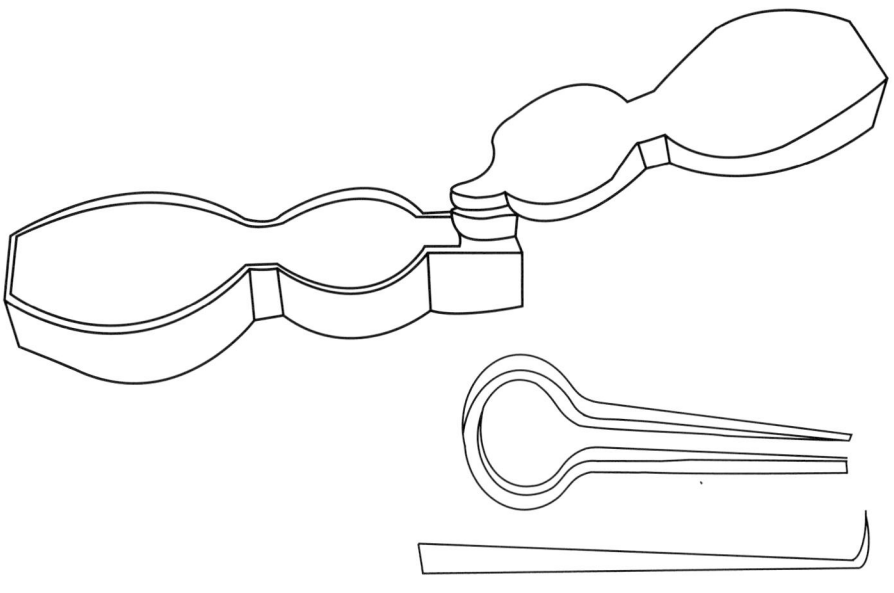

图四 鄂温克族口弦琴细节图

图五 鄂温克族口弦琴使用情境图

鄂温克族马鞍

图一 鄂温克族马鞍主图

鄂温克族马鞍是放在马背上供牧区鄂温克族人骑坐或驮运物品的工具，整体造型两头高，中间低，高约 85 厘米，由鞍鞯、鞍座、马镫等部分组成，需要运用雕刻、镶嵌等综合工艺，并需由木匠、皮匠、银匠、铁匠、漆匠们共同制作完成。

鄂温克族马鞍的制作工序多、材料讲究、工艺复杂，制作要求高。制作工序大致分为刨、粘、锉、打腻子、上漆、上蒙皮、上鞍花和泡钉、穿皮梢绳、上鞍鞯及压条等。制作马鞍子模具最理想的木料就是黑桦木，做鞍桥用的木料要特别选用大的树杈为原料，鞍板则使用平直的木段，原木去皮后用，要分别对称刨出两块鞍板和前后两块鞍桥并用钢锉磨掉木刺和棱角。先将两块鞍板按照合适的角度粘起来，形成整个鞍桥中心部分，等黏合的鞍板风干后，再将前后鞍桥的内侧边缘打磨平整，依次涂胶，咬合在已黏合好的鞍板中心两侧，形成马鞍的基本整体，最后再经过打腻子和风干，上一层清漆，才完成了这道工序。

马鞍的蒙皮必须要用上好的牛皮，而且

要经过特殊的加工才能使用,牛皮熟皮过程中要使用酒来浸泡,这样可以增强皮革的韧度,熟制后的蒙皮要先进行剪裁,按照马鞍上鞍鞒、鞍垫、鞍鞯等部件需要的尺寸来剪裁,再把蒙皮按在木质的模具上进行用力挤压,才能把一幅幅花纹图案印在皮子上,显出一种浮雕的凹凸感。因为蒙皮弹性太大,不易扭曲,为了确保它能紧密贴附在鞍垫上,需将蒙皮反复拽到鞍垫上,砸上鞍钉,使其固定。轧花完成后,要给马鞍装饰配件压条,压条有白铜、青铜、紫铜、黄铜、白银等材质,具有让马鞍边缘耐磨的功能。安装压条时,先是把表面光滑的压条半成品用钢錾子轧花,如果是铜制的压条,还要事先用火烤一下使其变软才能轧花。再用木槌敲击压条,使它契合马鞍的边缘形状,紧扣马鞍边缘。

用木槌敲击压条,是为了防止上面的花纹被砸坏。为美观和牢固,还要在其边缘上一圈泡钉,泡钉一部分上在压条上,起到固定作用,也起到装饰作用。这些工作都进行完后,才会上鞍花,鞍花是马上重要的部件,不仅很有艺术表现力,而且有固定骑手位置、加固梢绳的功能。梢绳的材料也是熟制的牛皮,但其工艺与蒙皮略有不同,为了确保其韧性和防腐性,特别是在雨天不会打滑和折断,梢绳的原料必须用酒、奶水浸泡,之后再剪裁成形,捆扎在鞍花上。

图片来源
图一 吴佳苑 摄影
图二 陈玢羽 制图
图三 张杰夫 制图
图四 丁萨音 制图

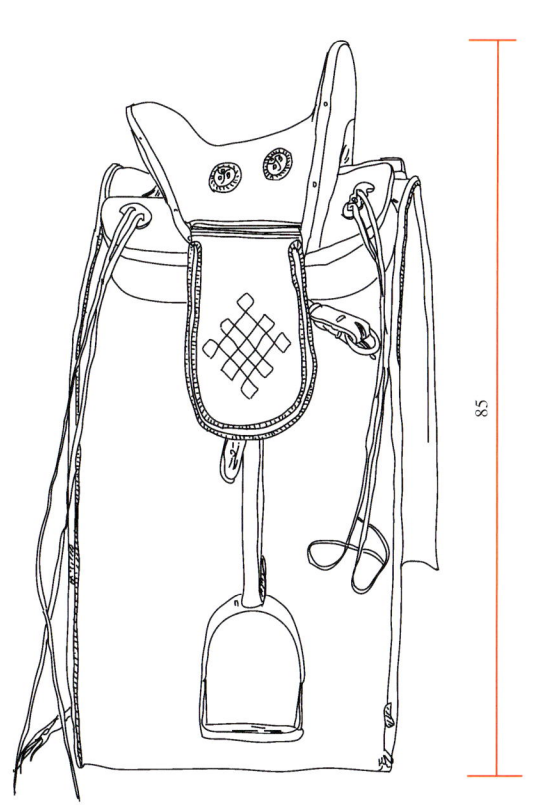

图二 鄂温克族马鞍尺寸图(单位:cm)

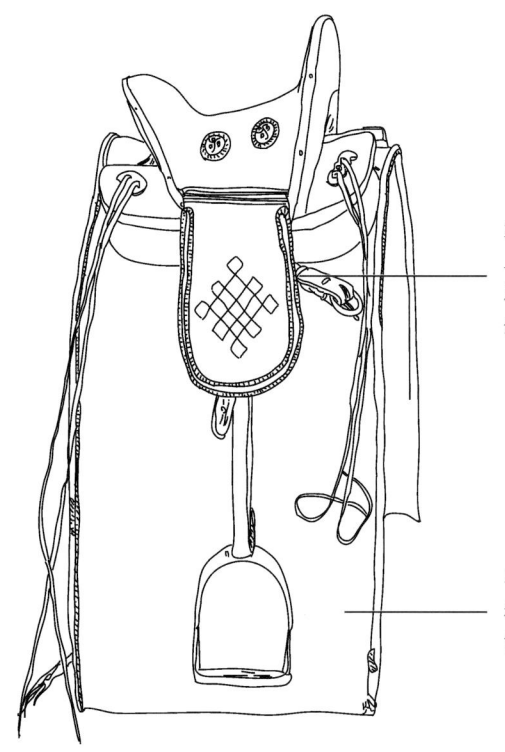

为美观和牢固，还要在其边缘上一圈泡钉，泡钉一部分上在压条上，起到固定作用，一部分上在鞍鞯上，起到装饰作用

马鞍的蒙皮必须要用上好的皮料，而且要经过特殊的加工才能使用

图三　鄂温克族马鞍工艺分析图

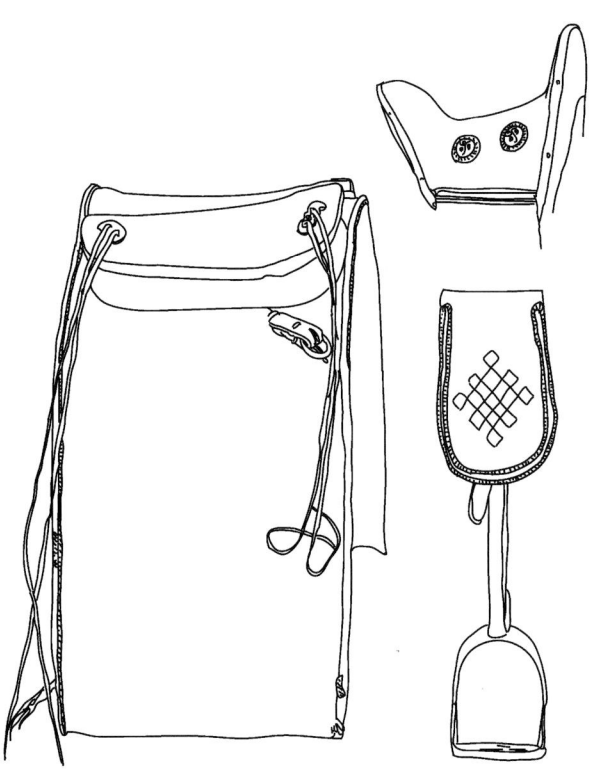

图四　鄂温克族马鞍细节图

鄂温克族牛角哺乳器

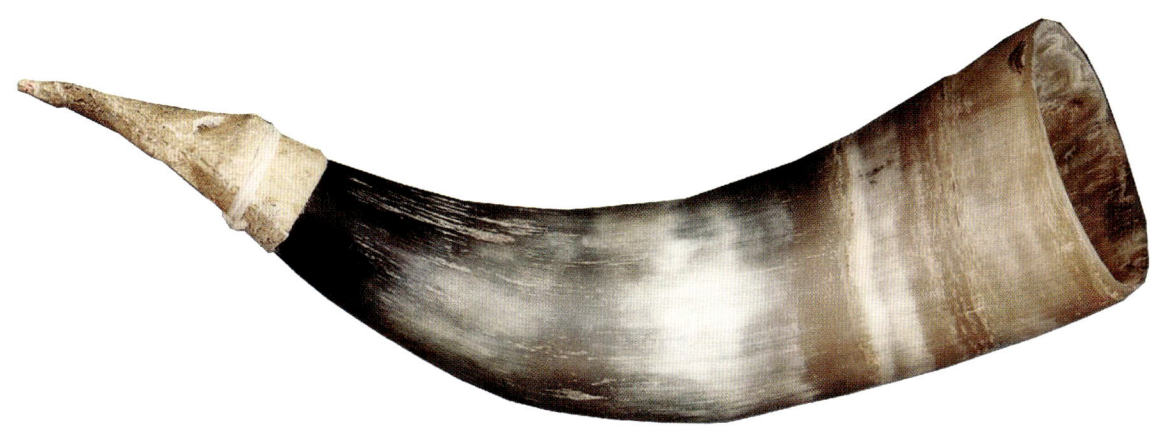

图一　鄂温克族牛角哺乳器主图

牛角哺乳器是牧区鄂温克族为羊羔、牛犊人工喂奶的盛器，也是给羊羔、牛犊饮水、灌药时用的工具，一般长度约20~40厘米，常就地取材，是人类历史上最早的奶瓶形态。

牧区鄂温克族是从事畜牧业的人群，从游牧发展到定居，将牛角做成哺乳器，是牧区鄂温克人在游牧过程中认识、体验的结果，人工喂养提高了羔羊的成活率、促进羔羊的生长发育，牛角哺乳器在实际应用中取得了很好的效果。牛角哺乳器在满足器物的实用功能的同时兼具自然器具的美感。鄂温克族的早期生产工具都是在使用过程中，人们逐渐把对美的认识附加到生产、生活所用的物品之中，使其具有功能美的设计特征。

牛角要经过清洗、去骨、去味、风干等环节，才可以制作盛器。制作牛角哺乳器时，先将牛角尖端锯平、钻孔，与角的内腔相通，再将柔软的皮按照牛角尖的尺寸，缝制成仿锥状的奶嘴，并将其直接套接在牛角尖端开孔处，然后将两部分用兽筋线捆扎结实。牛角哺乳器奶的流量是通过喂奶者的手捏住奶嘴来控制的。皮质的奶嘴被奶或水浸泡就会更加柔软，牛角作为喂奶容器，体量适合、手握质地光滑、转角柔润、纹理细腻，便于使用。

图片来源

图一　吴佳苑　摄影
图二　陈玢羽　制图
图三　张杰夫　制图
图四　丁萨音　制图

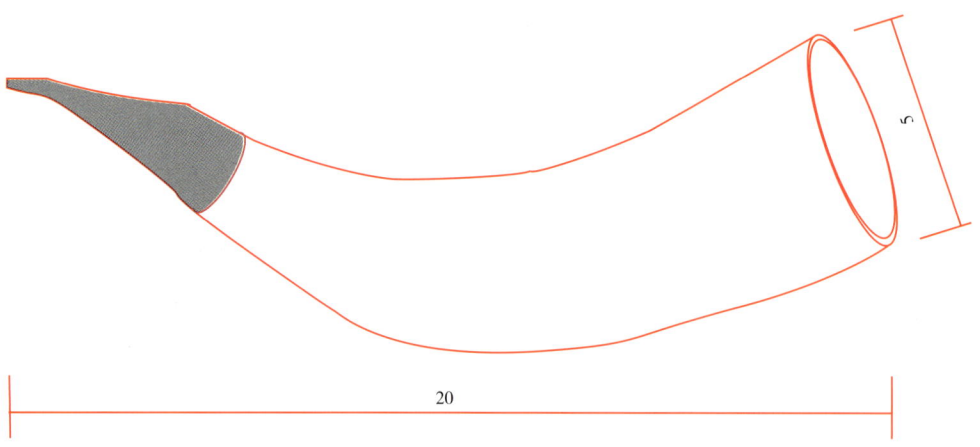

图二　鄂温克族牛角哺乳器尺寸图（单位：cm）

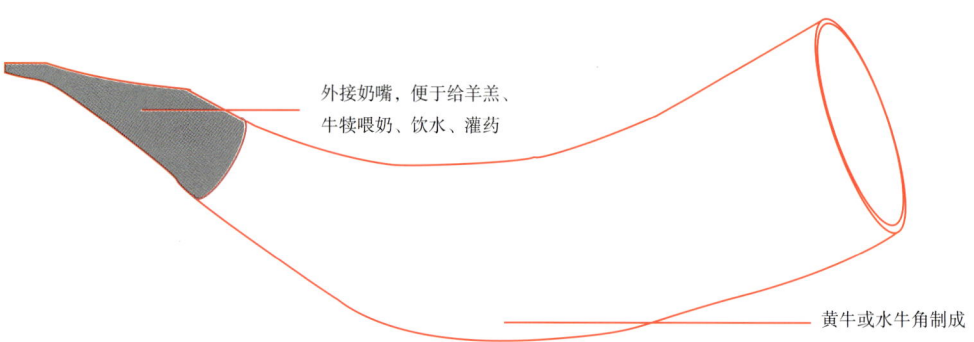

外接奶嘴，便于给羊羔、牛犊喂奶、饮水、灌药

黄牛或水牛角制成

图三　鄂温克族牛角哺乳器工艺分析图

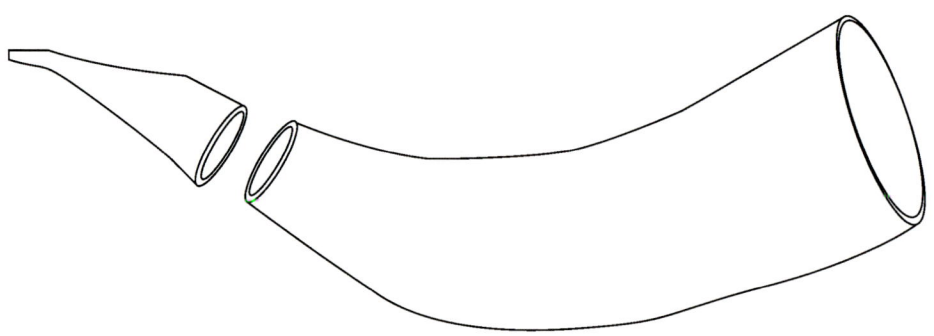

图四　鄂温克族牛角哺乳器细节图

鄂温克族兽医用具

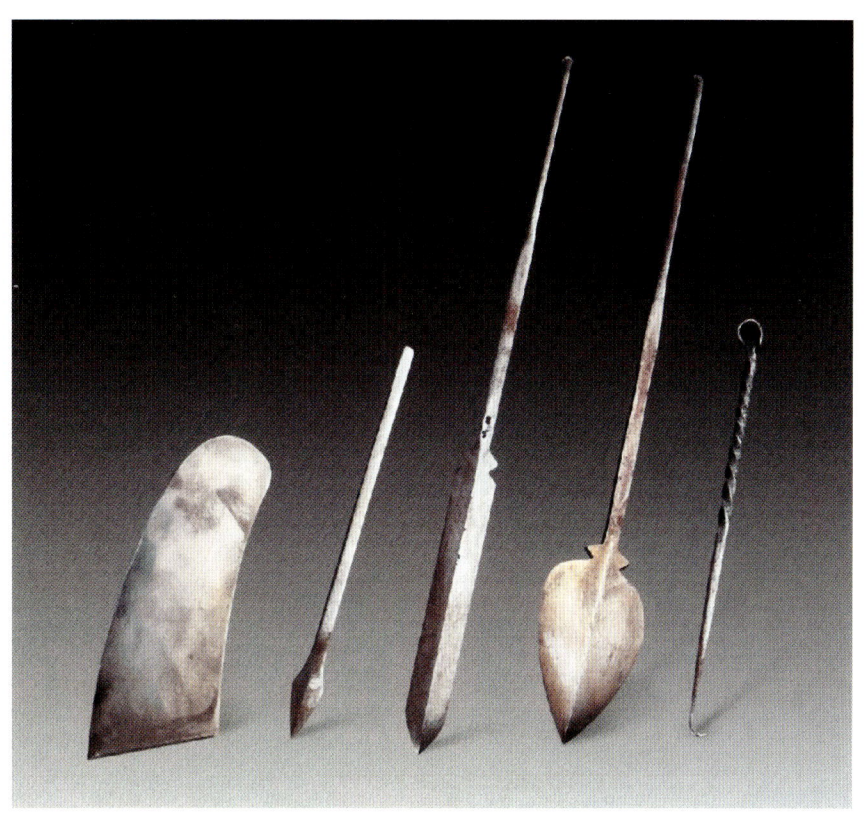

图一 鄂温克族兽医用具主图

兽医用具是牧区鄂温克族为牲畜去势（阉割）、针灸、放血治病的医疗用具。根据工具用途，针头及刀头宽度0.6~5厘米，针长10~30厘米，才能穿透牲畜厚实的皮毛，为其进行诊治。

长期以来，牧区鄂温克族始终沿袭"逐水草而居"的生产生活方式，畜牧业是牧区鄂温克人的传统产业之一，所以牲畜对于鄂温克族来说非常重要。伴随着畜牧业生产，人们需要从事兽医活动，兽医工具是兽医工作时必不可少的工具，游牧民族早期的兽医工具是石刀、骨针等简单的工具，兽医利用锐利的小石片等工具砭刺牲畜的诊治部位来治疗疾病。由于常年游牧的生活状态，鄂温克人决定选择经久耐用的材料制作生产和劳动工具。兽医用具多为铁制品，铁器标志着鄂温克人的社会生产力水平发展到新阶段，兽医用的针和刀等工具，设计简洁、便于操作、疗效突出，有桃叶形、柳叶形、三角形和锥子形等形态。

鄂温克族根据自身的生产生活需要来设计工具，锻造金属，打制各种金属工具。

图片来源

图一　白丽民.鄂温克传统社会与文化.北京：科学出版社，2007：123.

图二　陈玢羽　制图

图三　张杰夫　制图

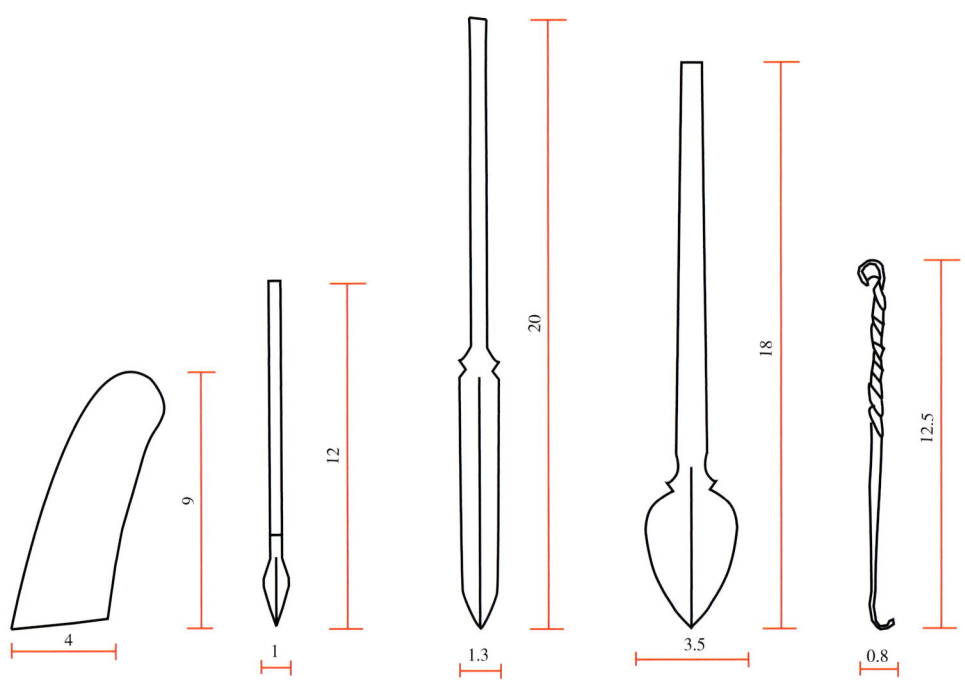

图二　鄂温克族兽医用具尺寸图（单位：cm）

兽医用具是牧区鄂温克族为牲畜去势、针灸、放血治病的医疗用具

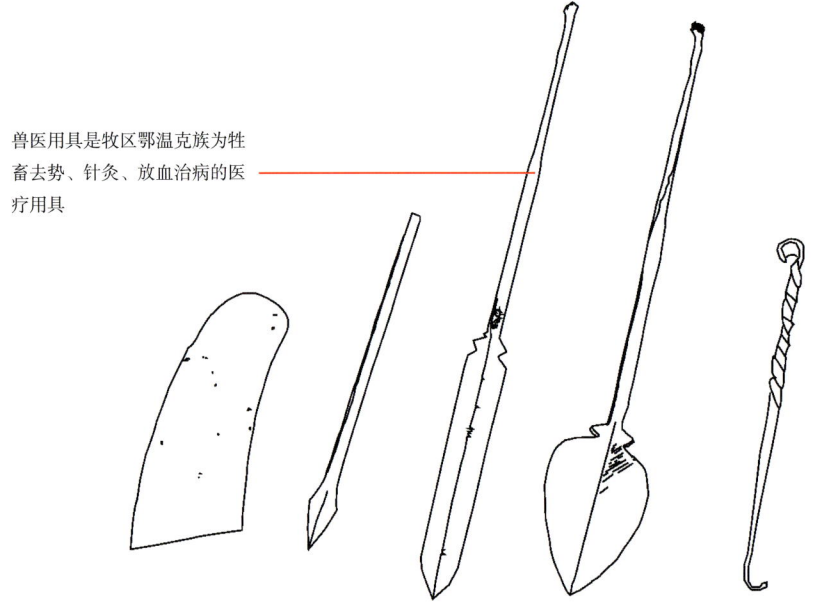

图三　鄂温克族兽医用具工艺分析图

鄂温克族针线包

图一 鄂温克族针线包主图

　　针线包是鄂温克族妇女随身系挂在衣襟上的日常生活用品，具有装饰性，包身长10厘米左右。鄂温克族妇女喜爱手工工艺，擅长制作皮制品、刺绣、雕刻、剪纸等，她们心灵手巧，刺绣工艺别具特色。鄂温克族刺绣图像来源多取材于神话及民间文学题材，也来自生产和生活，常见龙、凤、鹤、鹿、蝴蝶、鸳鸯、石榴、荷花、桥、楼、山水、日、月、云卷纹、几何纹等图案，独具民族特色。鄂温克族刺绣多绣制于服装、靴鞋面、摇篮头衬、枕头顶、烟荷包、手套和针线包等。

　　鄂温克族妇女在针线包上的刺绣也有很多讲究，刺绣方法分为线绣和补绣，线绣是在皮革或布上直接用彩线绣出纹样图案，可以事先用白纸剪好图样，贴在所要刺绣的位置，然后照纸样刺绣，也可以不用图样直接用线绣；补绣是指把皮块或彩布剪成所要绣的形状，拼出所要绣制的整体图案，然后用线沿其边缘钉绣在衣物上。鄂温克族针线包绣工精巧而又不失质朴，刺绣用线讲究，色彩富于对比变化。各式各样的针线包制作非常别致，彩色的皮块拼接、几何图案相互交叉，配上精美的图案绣花，手工精湛，工艺复杂。

图片来源

图一　吴佳苑　摄影
图二　陈玢羽　制图
图三　张杰夫　制图
图四　丁萨音　制图
图五　白丽民.鄂温克传统社会与文化.北京：科学出版社，2007：74.

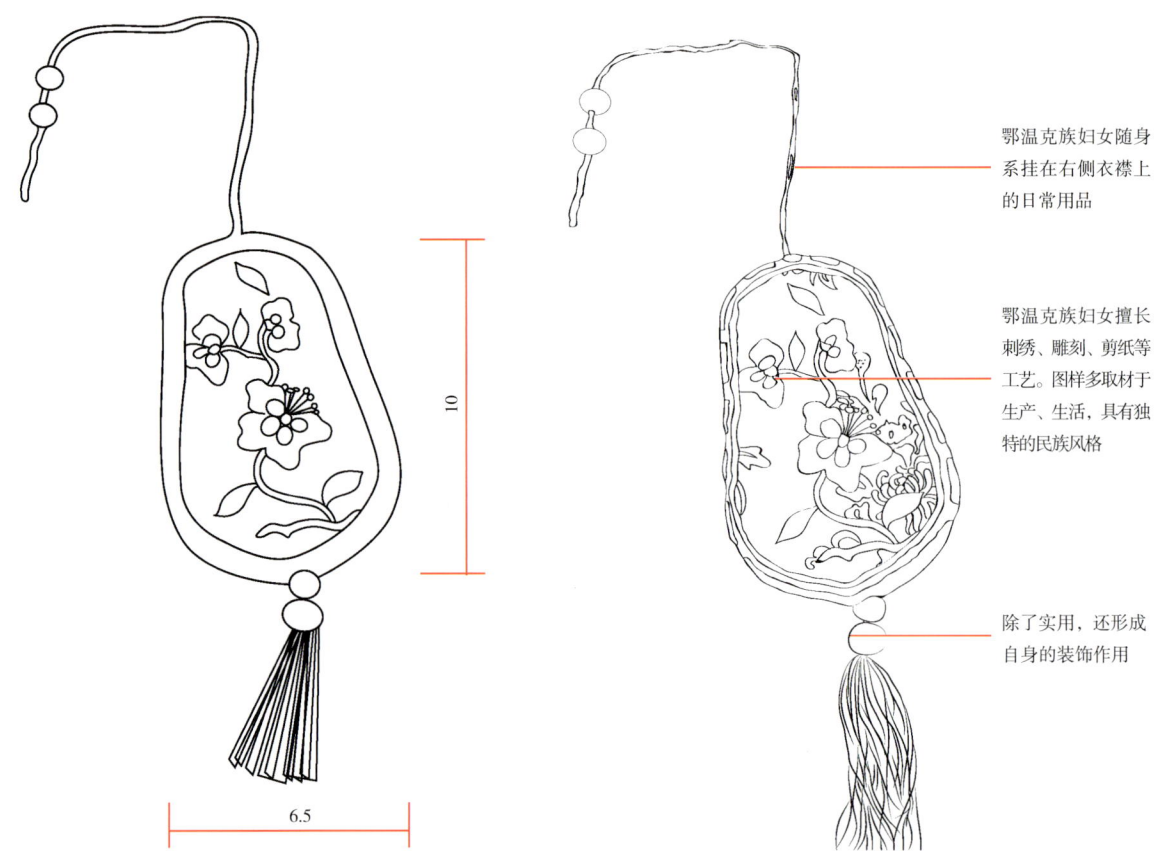

图二　鄂温克族针线包尺寸图（单位：cm）　　　图三　鄂温克族针线包工艺分析图

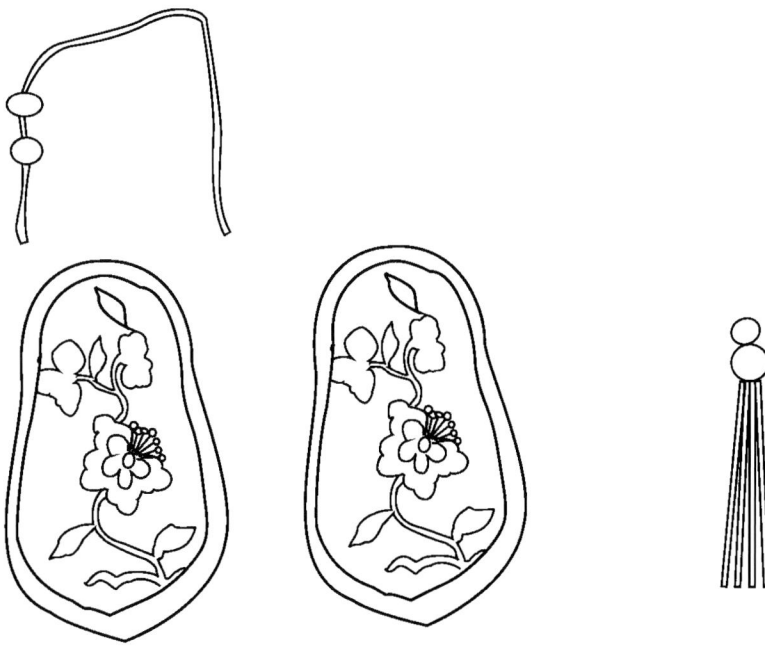

图四 鄂温克族针线包细节图

图五 鄂温克族针线包使用情境图

鄂温克族木桌

图一　鄂温克族木桌主图

鄂温克族木桌是鄂温克族生活中使用的传统低矮家具。鄂温克族木桌和普通桌子的形制相似，四条桌腿低矮，高约20~40厘米，主要用作农区鄂温克族在炕上吃饭时使用的炕桌，也可以供人们写字等需要时使用，便于移动，农区鄂温克族家庭普遍使用。节日时，每家的鄂温克族木桌上往往摆放果实、糖果、干果，聚会的人们会围坐喝茶、聊天。

农区鄂温克族转向农业生产之后，形成定居生活。定居后的鄂温克族在生活及家具使用上为适应严寒的气候和几代人聚居的生活方式，习惯使用适应鄂温克族生活方式的特有的家具设计样式，炕桌、箱柜等就是其中的典型家具，也是和其他民族造物文化交流和融合的反映。炕桌原是一种可放在炕、大榻和床上使用的矮桌子。基本式样有无束腰和有束腰两种，其中有些更矮小而精致的炕桌造型，称炕几或炕案。

鄂温克族木桌多用松木、桦木制成，其基本形式为三块厚板直角相交，两端有立板支撑。造型美观，式样丰富，木桌还有体积小、重量轻、易于搬动的优点，用时摆上炕，不用时可搬下炕来，立于不碍事的角落。鄂温克族木桌的用材和做工适用于生活发展的需要，成为鄂温克族家具中不可忽视的一个品种。

图片来源

图一　吴佳苑　摄影
图二　陈扮羽　制图
图三　张杰夫　制图
图四　丁萨音　制图

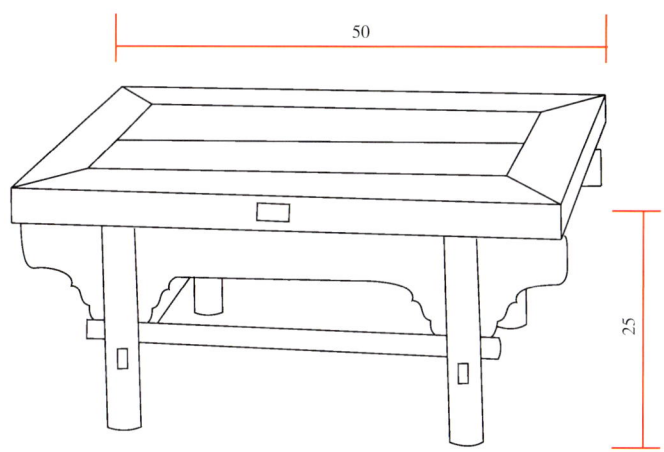

图二 鄂温克族木桌尺寸图(单位：cm)

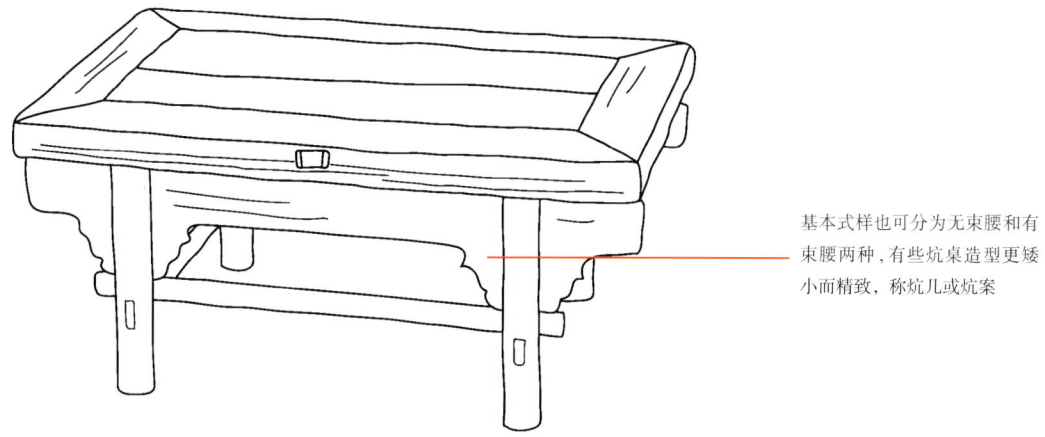

基本式样也可分为无束腰和有束腰两种，有些炕桌造型更矮小而精致，称炕几或炕案

图三 鄂温克族木桌工艺分析图

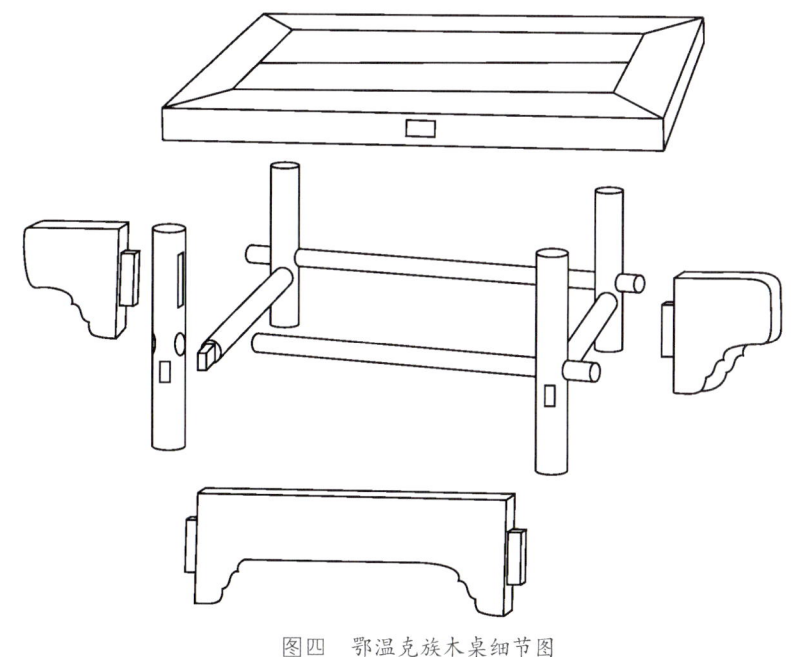

图四 鄂温克族木桌细节图

第四章 鄂温克族传统生活用具

第五章 鄂温克族传统生产工具

鄂温克族桦树皮船

图一　鄂温克族桦树皮船主图

桦树皮船是林区鄂温克族主要的水上交通工具，鄂温克族语称为"佳乌"，船体狭长、平底，两端呈尖状弧形流线，俯视船体，形如布梭，行驶时阻力小而速度较快。无头尾之分，前后均可行驶。行船时，船身略高于水面，是鄂温克族渡水、猎捕水生动物和大型驼鹿时经常使用的独木舟。

桦树皮船船身长度3米左右，最长可达9米左右，最宽处约80厘米，高约60厘米，多用柳条及桦木做船体骨架，并在船体骨架外面镶包缝合好的桦树皮制成的船衣，后在船体外沿边上镶一条宽约5~6厘米的柳木板条，再用数百枚楔木针加固，连接处以天然桦树皮油或松香密封接头和缝隙。鄂温克族桦树皮船船体轻便，一个人就可拎扛起，可以在林中携带穿行，兼顾游猎及水上生产的需要。

桦树皮船采用纯手工制作，做工精湛、造型古朴，桦树皮船的特点是船体较轻、耐用且浮力大，桦树皮船可在水中载五六百斤猎物或3~6人不等。因桦树皮船防潮、耐腐，不用时可将船沉入岸边浅水中，以防船体在日晒下爆裂。桦树皮船的形成与发展，既丰富了鄂温克族桦树皮文化的内涵，又显现出鄂温克族的创造才能。

图片来源

图一　吴佳苑　摄影
图二　陈玢羽　制图
图三　张杰夫　制图
图四　丁萨音　制图
图五　白丽民．鄂温克传统社会与文化．北京：科学出版社，2007：107．

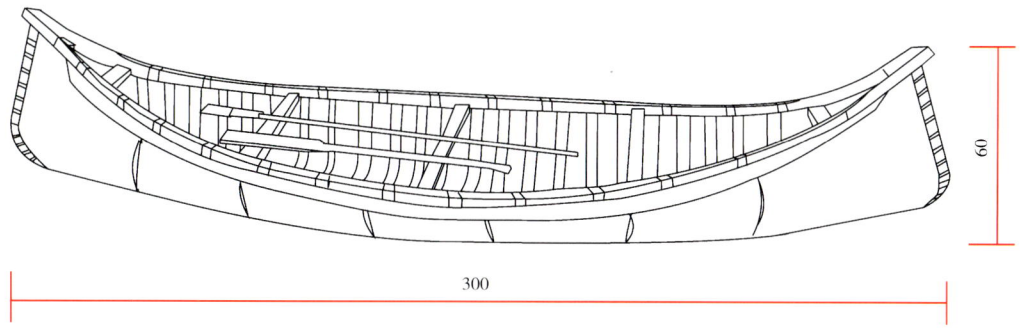

图二 鄂温克族桦树皮船尺寸图（单位：cm）

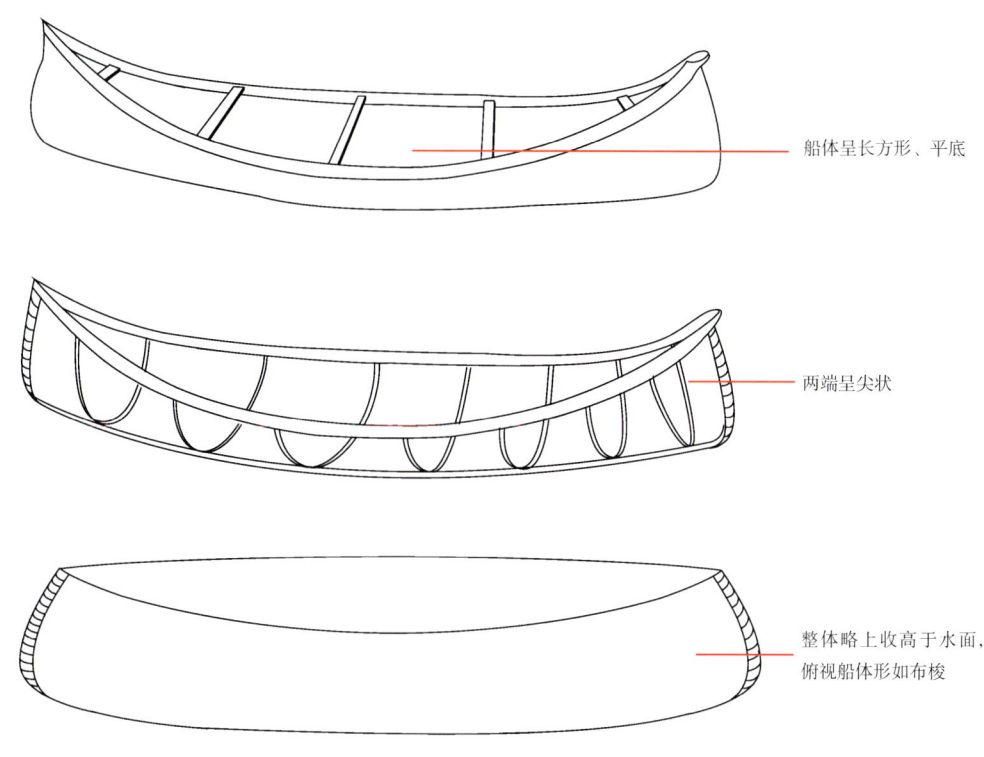

船体呈长方形、平底

两端呈尖状

整体略上收高于水面，俯视船体形如布梭

图三 鄂温克族桦树皮船工艺分析图

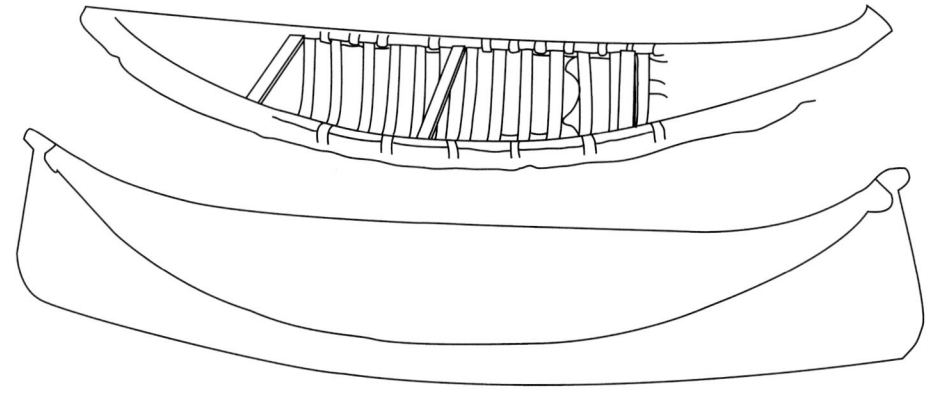

图四　鄂温克族桦树皮船细节图

图五　鄂温克族桦树皮船使用情境图

鄂温克族爬犁

图一　鄂温克族爬犁主图

爬犁是鄂温克族冬季常用的传统交通运输工具，长度大约82厘米。爬犁又称雪橇、冰床，爬犁制作简便，就是用两根一丈多长的木杆做成车，多用韧性较强的柞木、椴木、桦木和榆木。其中一端有弧线向上翘曲的部分作为车辕以备套架，用火和热气熏烤，使木材弯曲向上，防止碰撞、便于滑行和控制方向，另一端触地平直的部分作为爬犁底滑板，其上固定横杆，加装支柱和木板做成车座，可以坐人也可以装货。有辕有底，无轮毂，靠两根光滑雪杆就可以在冰雪地上滑行。

爬犁主要是针对鄂温克族生活的东北地区冬季漫长、道路积雪多、冰层厚、山高林密、沟壑全被冰雪覆盖的自然环境而创造出来的便捷工具，爬犁的使用广泛。以前，鄂温克人冬季出行主要依靠爬犁，其设计有多种形制，狩猎时，爬犁是鄂温克族猎人得力的工具，爬犁滑行轻巧、响动小，还可以将爬犁架上伪装上野草、树枝，方便猎人捕猎；鄂温克族人的日常出行或游戏可以选择人滑、狗拉或马拉的爬犁；林区的鄂温克人也会使用驯鹿来拉爬犁；需要多拉些人或粮食、柴火等重物时，可以用大的架子爬犁；还有一种跑长途的重载爬犁，用粗木凿铆镶。铆的时候不用钉子，木榫对准铆后用水泡浸。木头一涨比钉子钉的还结实，这种爬犁架子大，往往可以拉重物，远途拉人还可以支上皮棚保暖，是鄂温克族冬季沿用至今的交通工具。

图片来源

图一 吴佳苑 摄影
图二 陈玢羽 制图
图三 张杰夫 制图
图四 丁萨音 制图
图五 白丽民.鄂温克传统社会与文化.北京：科学出版社，2007：104.

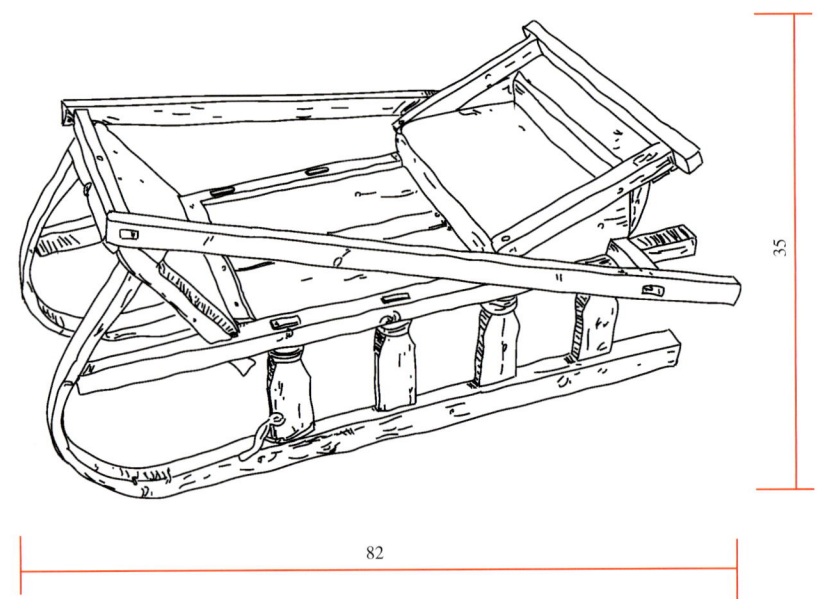

图二 鄂温克族爬犁尺寸图（单位：cm）

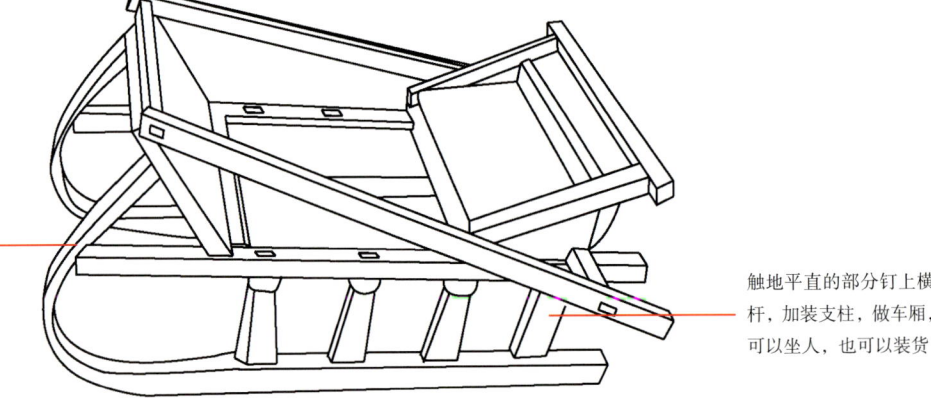

用火灼烤，使木材向上弯曲，用作辕子

触地平直的部分钉上横杆，加装支柱，做车厢，可以坐人，也可以装货

图三 鄂温克族爬犁工艺分析图

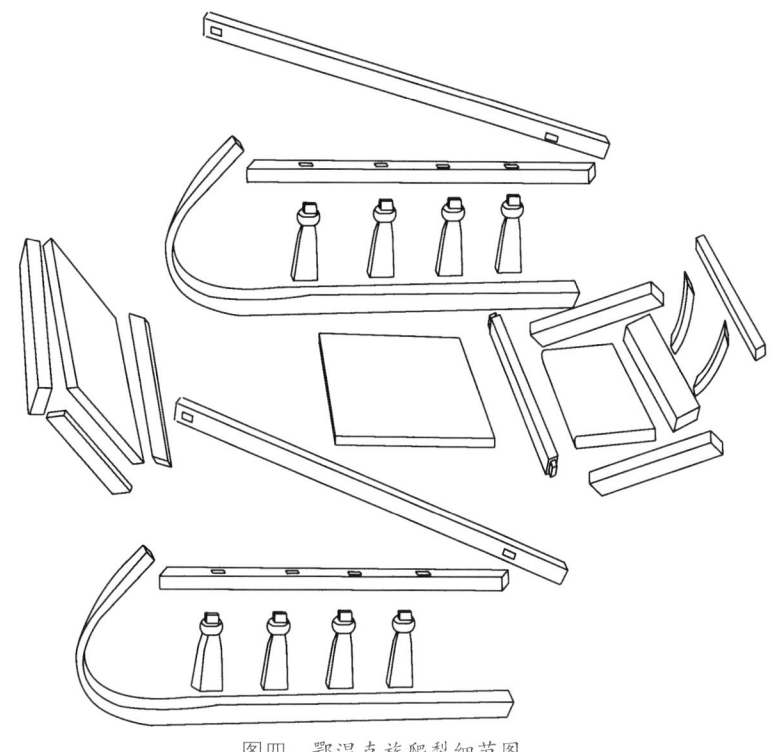

图四 鄂温克族爬犁细节图

图五 鄂温克族爬犁使用情境图

鄂温克族地箭

图一　鄂温克族地箭主图

地箭是林区鄂温克族的传统狩猎工具，鄂温克族语称"阿浪嘎"，地箭的设计原理和形式与弓箭完全一样，但比弓箭多一个固定在地面上的装置，通过这一装置，能使鄂温克族猎人更易于运用多样化的方式狩猎。地箭的发出装置主要是利用触碰会自动发射的细绳，将地箭放在野兽经常出没的地方，触动细绳，地箭发出，射中猎物。

地箭是在桦树皮弓箭的基础上发展而来，需要对动物的习性和狩猎环境进行细致的观察，从而判断安放地箭的位置，在设计中就需要考虑稳定性、使用的效能、如何能重复使用等问题。地箭的箭头鄂温克族语称"巴特勒"，它主要用于猎取马鹿、犴、貂、水獭。地箭构造同弓箭类似，经过改造，把架设好的大弓和箭平放在野兽出没的地方，栓绑一根长绳，只要野兽碰动绳线，箭就会自动射出。古老的弓箭手为了拉弓得力，需要经过长期的训练，在使用弓箭时，射手在拉弓的大拇指上戴上特别设计制作的空心兽腿骨制成的板指，而地箭则不需要鄂温克族猎民的射箭的技艺，更容易操作。

图片来源

图一　吴佳苑　摄影
图二　陈玢羽　制图
图三　张杰夫　制图
图四　丁萨音　制图

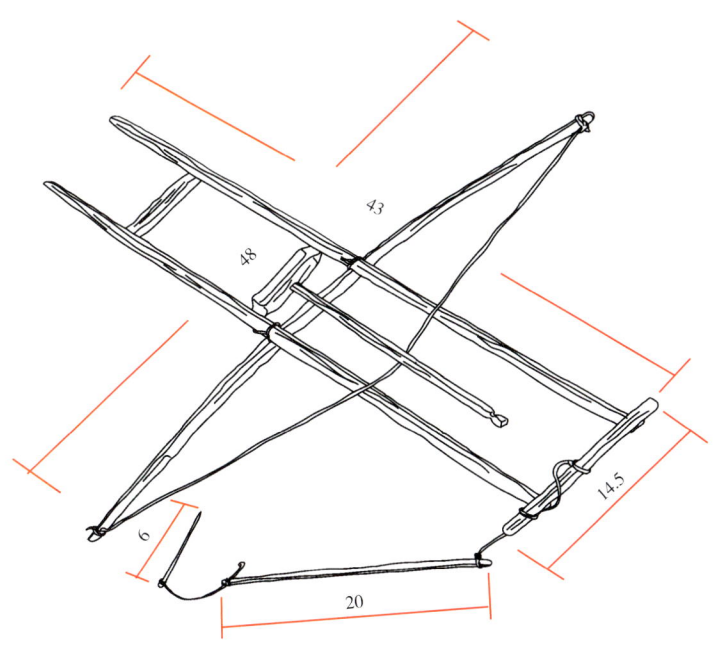

图二 鄂温克族地箭尺寸图(单位:cm)

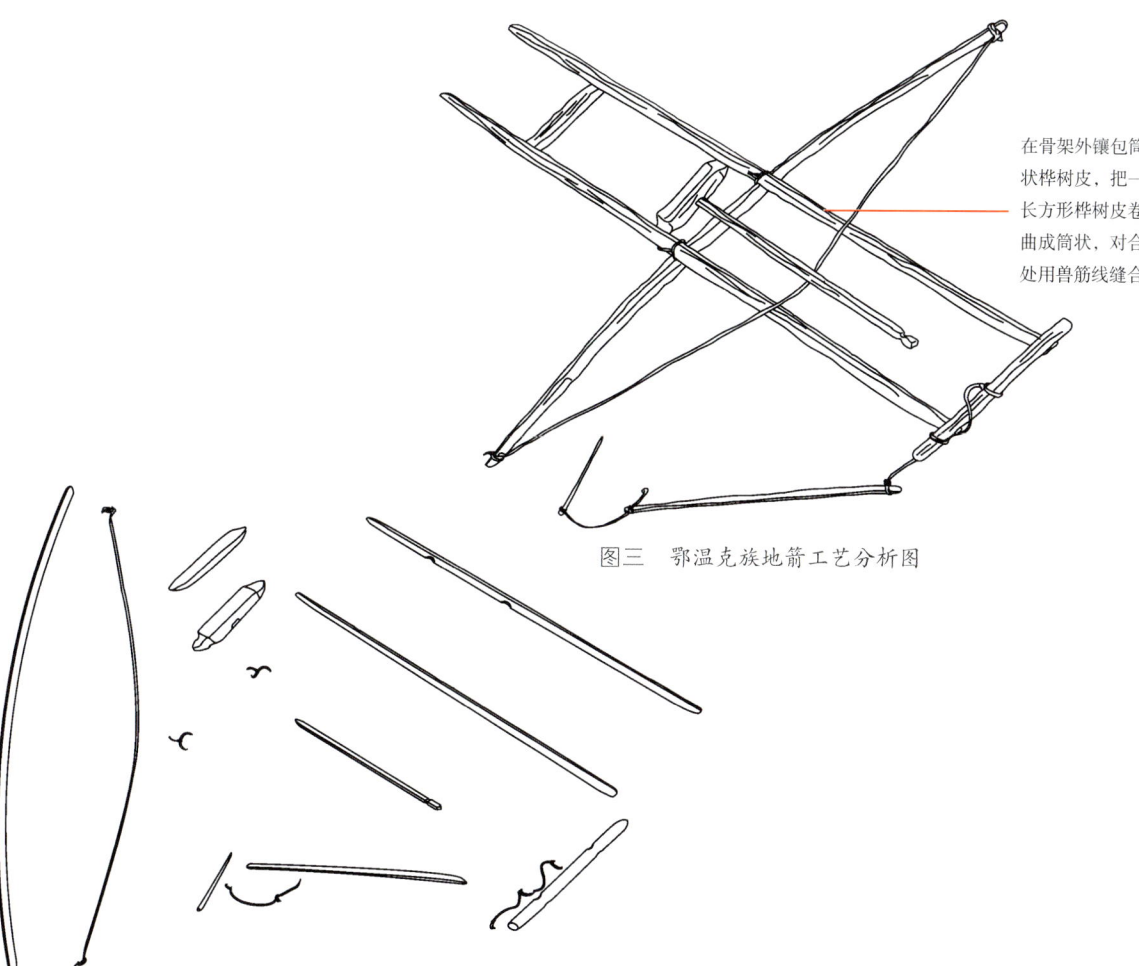

在骨架外镶包筒状桦树皮,把一长方形桦树皮卷曲成筒状,对合处用兽筋线缝合

图三 鄂温克族地箭工艺分析图

图四 鄂温克族地箭细节图

鄂温克族骨质压花器

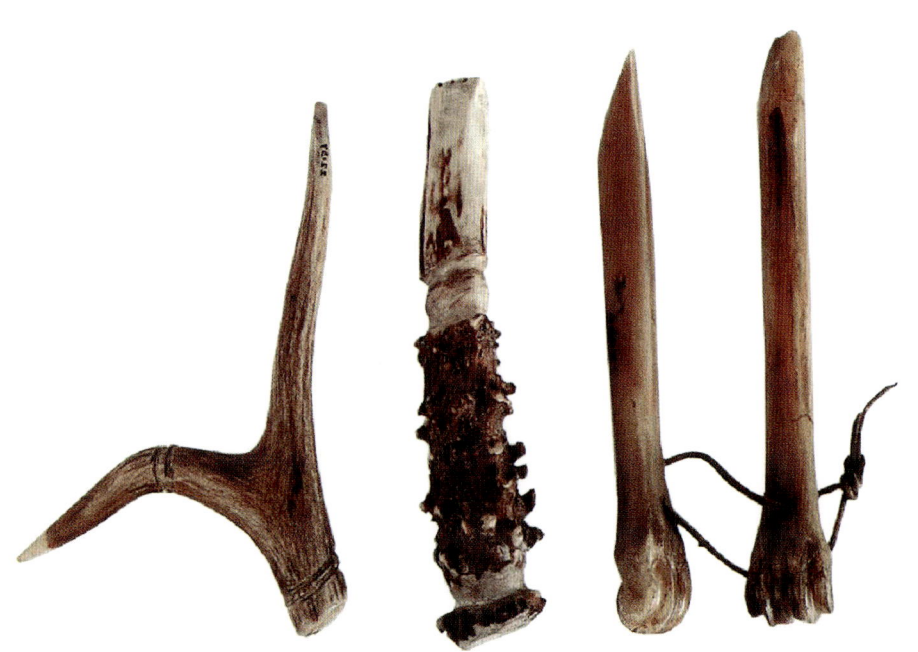

图一　鄂温克族骨质压花器主图

骨质压花器是对桦树皮器物进行装饰的压刻工具，压花器多是用犴、鹿或狍子等兽骨制成，鄂温克语称"托克托温"，一般长约12厘米。压花器造型分为粗端和细端，细端直径约2~4毫米，压花器有2齿、3齿、4齿的区别，2齿、3齿是用来压花纹用的，4齿则是压花边用的。

桦树皮器物上的压花图案大多是成型前在裁剪好的桦树皮上压制完成的。潮湿质软的桦树皮，特别容易压制、刻画上印痕。刻印图案时，将压花器尖端贴近桦树皮，然后用工具轻轻敲打压花器顶部，桦树皮上便出现一道道或一点点压下去的纹理或痕迹。器物上的图案有时是即兴创作，有时是先绘上图案，再用刀尖在上面描出底稿，然后压制图案，用压花器按照设计好的图案按压，事先裁剪好的桦树皮要放在平坦的木板上，用管制锥形器在桦树皮上按自己的构想打出点纹，一般是一只手持压花器对准底稿，另一只手握小锤，每敲打一下压花器，就会在桦树皮上留下2~3个凹陷点，然后挪动压花器，如此连续敲打压花器，直到把图案纹样全都压出来。以多点连线的办法表现饰纹，饰纹做出后再缝合成器具。

压花器制成的纹样有两种形式：一种是利用桦树皮本身的自然肌理和颜色，在一定的光照的映射下，形成凹凸起伏的立体图形；另一种是在器物压制好的纹样上再施彩，多施黑、红、黄、绿等颜色，使纹样的层次丰富且绚丽多彩。

图片来源

图一　吴佳苑　摄影
图二　陈玢羽　制图
图三　张杰夫　制图

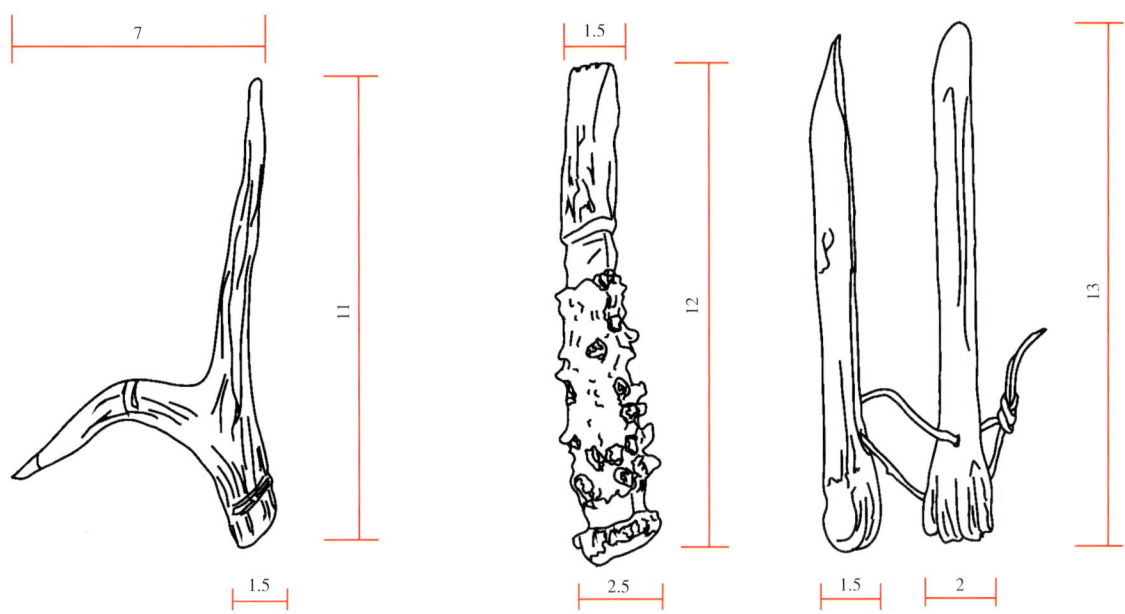

图二　鄂温克族骨质压花器尺寸图（单位：cm）

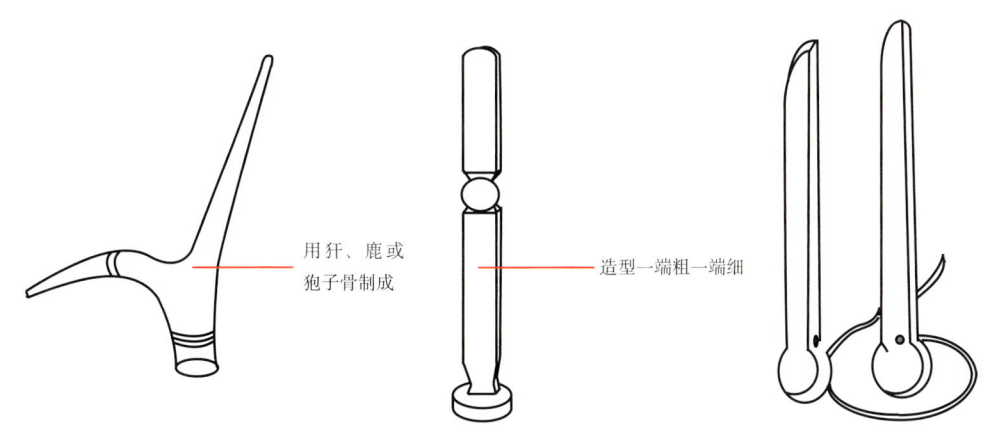

图三　鄂温克族骨质压花器工艺分析图

鄂温克族桦木背板

图一　鄂温克族桦木背板主图

　　桦木背板是鄂温克族出猎时便于捆绑和背运物品的工具，也称作"狩猎背板"。由桦木制成，高约 52 厘米、宽约 20 厘米、厚约 0.5 厘米，上窄下宽的竖向背板，尖状顶部中间凸起的钮状造型为套索处，背板两侧对称的孔可以系带用以捆绑物品。

　　桦木背板的背面常用阴线雕刻出五层动物纹，动物造型均为侧面形，按照从上到下的顺序：第一层刻制了一头目视前方的马鹿，似微笑状、颇为自然；第二层的马鹿体型庞大，刻制的立体感很强，双目圆睁，作吼叫状，鹿角挺拔，后腿抬起，富有动感；第三层右侧刻制天鹅，体型矫健，神态优雅，左侧雕刻了一头没长角的小鹿，跟在天鹅身后，呈小跑状，生动活泼。小鹿的身旁还刻有一只松鼠，它和画面中的所有动物都没有神情或动作的呼应，好似背景一般，但仔细观看，极富表现力；第四层主要描刻了一头驼鹿，其角宽厚、线条清晰、形象生动、比例准确、驼峰突起、四蹄叉开、似在行走；第五层左侧偏上方的位置描绘了一头竖起双耳回首翘望的母鹿，造型圆润浑厚，右侧是一头与母鹿相望凝视的小鹿，神情自然，表达细腻。在两头鹿的上方，还描刻了一只翘首直立的小灰鼠，前爪垂于胸前，十分可爱。整个桦木背板画面展现了生机盎然的森林和活泼可爱的动物，是一幅精美的木制浅浮雕画面。

鄂温克族特别钟爱桦木背板，所以会在背板上刻制生动的花纹，特别是与鄂温克族生活息息相关的鹿的元素，图案生动形象，突出鹿文化的特征。桦木背板方便了鄂温克族人民的日常生活，是功能良好的生活日用器具，设计更是典型的鄂温克族人生活和艺术的写照。

图片来源

图一　吴佳苑　摄影
图二　陈玢羽　制图
图三　张杰夫　制图
图四　丁萨音　制图
图五　白丽民.鄂温克传统社会与文化.北京：科学出版社，2007：113.

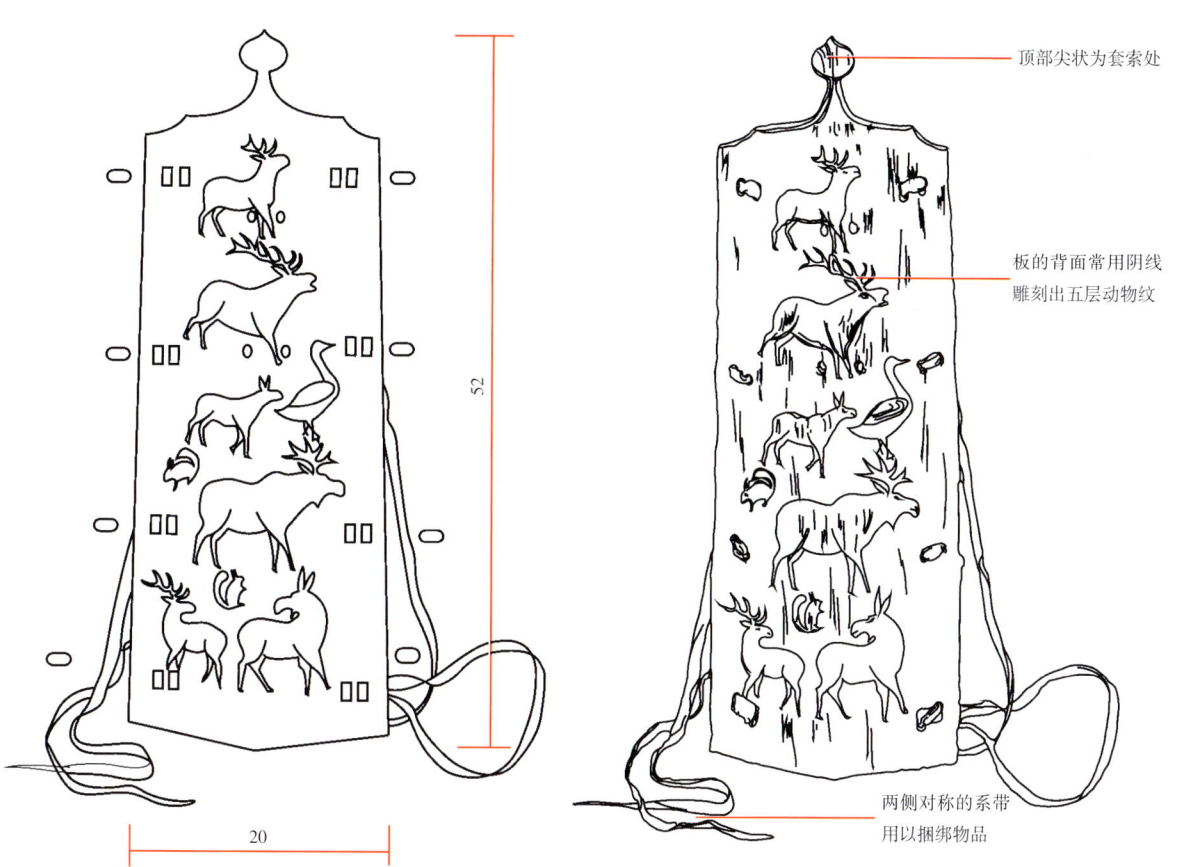

图二　鄂温克族桦木背板尺寸图（单位：cm）　　图三　鄂温克族桦木背板工艺分析图

图四　鄂温克族桦木背板细节图

图五　鄂温克族桦木背板使用情境图

鄂温克族桦树皮鹿哨

图一 鄂温克族桦树皮鹿哨主图

桦树皮鹿哨鄂温克语称"乌力安",是一种诱猎乐器。古代女真人和契丹人都曾用以狩猎,他们在长期的狩猎过程中,经常听到鹿、犴的叫声,于是发明了"乌力安"。桦树皮鹿哨造型似扁牛角,能发出鹿鸣的嗷嗷声。在《大金国志·初兴风土》中记载"以桦树皮为角,吹作呦呦之声,呼麋鹿,射而啖之。"《契丹国志》卷二十三《渔猎时候》:"七月上旬复入山射鹿,夜半令猎人吹角,做鹿鸣,即集而射之。"

鹿哨的外形口部较细,一头粗大,宽处直径约6厘米,长度约60~80厘米,吹气孔的长径约1厘米,短径约0.7厘米,稍呈弯形,由桦树皮卷曲成螺旋状制成,有经验的猎人手工制作,制作技艺口耳相传。白桦木表层柔软而有韧性,立秋前的白桦木生长旺盛、树皮光洁,适宜剥取、制作桦树皮制品。制作桦树皮鹿哨的材料要求长度充足、光滑有弹性、适合卷曲、没有杂质、结构密实。使用时猎人将"乌力安"细端放在唇边用力吸吮,不是用来吹,而是用来嘬,较难吹。

桦树皮鹿哨轻便易于携带、结实耐用、防潮抗摔,是鄂温克族猎人心爱之物。

图片来源

图一 吴佳苑 摄影
图二 陈玢羽 制图
图三 张杰夫 制图
图四 丁萨音 制图

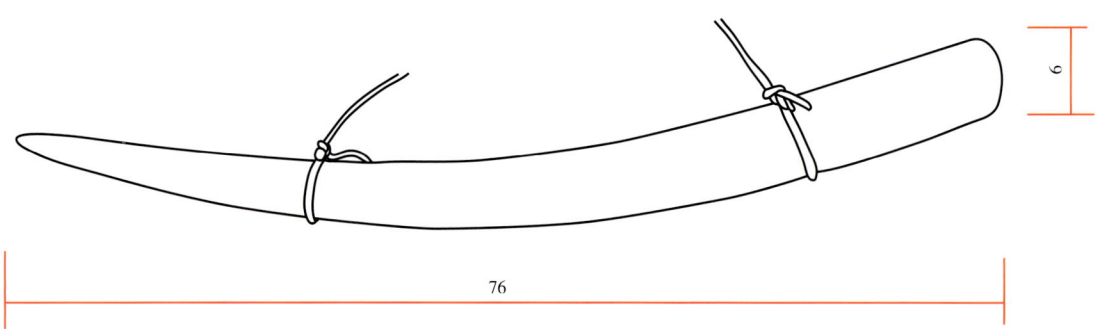

图二　鄂温克族桦树皮鹿哨尺寸图（单位：cm）

用桦树皮卷合成螺旋状，号角形。

图三　鄂温克族桦树皮鹿哨工艺分析图

图四 鄂温克族桦树皮鹿哨使用情境图

鄂温克族桦树皮狍哨

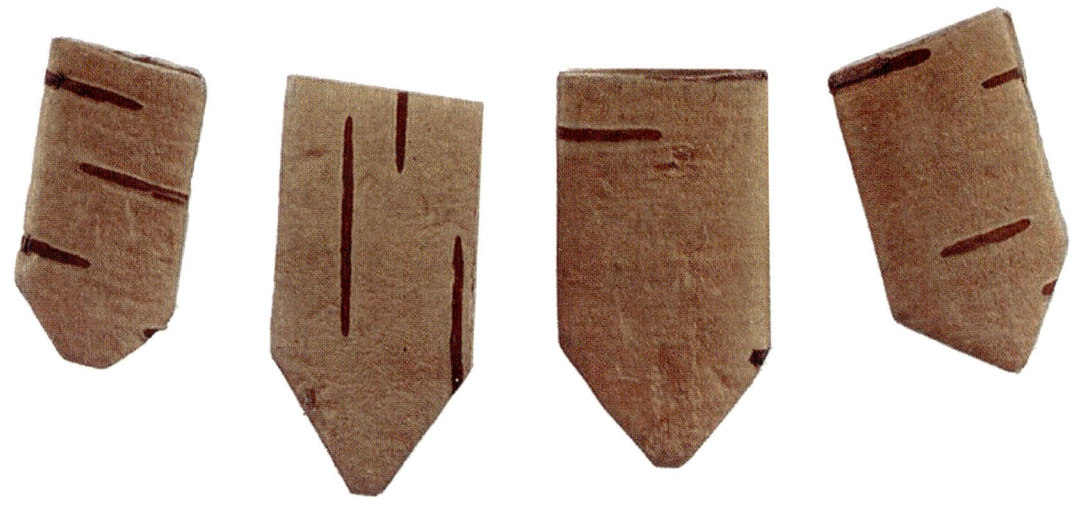

图一 鄂温克族桦树皮狍哨主图

桦树皮狍哨是鄂温克族簧振类的气鸣乐器，又称"桦皮哨"，流行于大兴安岭林区，源于原始狩猎生活，属拟声乐器，声音尖细，是常见的诱猎乐器。狍，又称狍子，是鹿的一种，身长约一米，尾部短小，雄狍有角，喜栖息于山坡或密林之中。诱猎时，狍哨主要用来模拟狍仔的叫声。每年夏季七八月间，狍仔出生后乳毛还未退，隐蔽在密林间的猎手们吹响狍哨，其音质尖细而高亮，酷似狍仔的惊叫声，可诱使外出觅食的母狍听到狍哨的声音迅速返巢，密林深处的狼和黑熊也会寻声而至，想要捕食狍仔。猎手们借此机会捕获狍子，有时还能猎取中计的狼、熊等野兽。

桦树皮狍哨造型小巧，只用一片薄桦树皮即可折制，树皮长约5厘米、宽约2厘米，将其对折，用剪刀剪成上弧下平形状，有如大拇指指腹大小，在弧形顶端留缝隙为发音吹口，吹口长径0.4~0.6厘米、短径0.2厘米，折好的狍哨周边可以用树胶粘贴，也可以不封口直接吹响。吹奏时，用食指、中指把握住狍哨下端两侧，将吹口置于两唇间，便可吹气发音。将两个狍哨并排绑扎在一起，粘贴在对折长10厘米、宽2厘米的双面桦皮上，称"双狍哨"。

狍哨不是鄂温克族独有的乐器，达斡尔、鄂伦春、满族等民族也使用狍哨。流行于内蒙古自治区呼伦贝尔市鄂伦春自治旗、鄂温克族自治旗、莫力达瓦达斡尔族自治旗和黑龙江省呼玛、逊克等地。

图片来源
图一　吴佳苑　摄影
图二　陈玢羽　制图
图三　张杰夫　制图

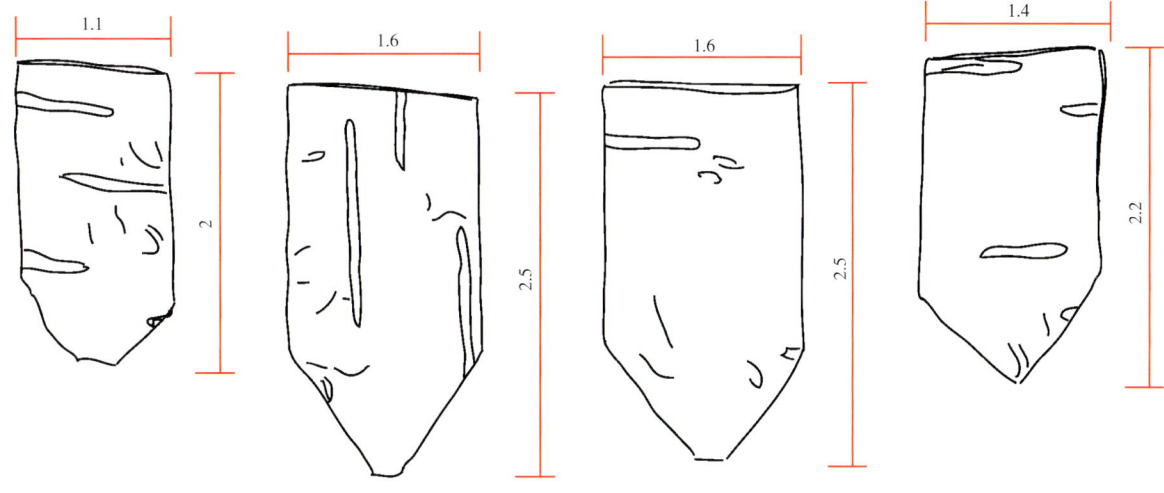

图二 鄂温克族桦树皮狍哨尺寸图(单位：cm)

图三 鄂温克族桦树皮狍哨设计分析图

用一片薄桦树皮折制，用剪刀剪成一端弧、一端平的形状

第五章 鄂温克族传统生产工具

鄂温克族猎刀

图一　鄂温克族猎刀主图

　　鄂温克族属于使用铁很早的民族。鄂温克族猎刀都是猎民自己用铁打制的，猎刀的形状都是柳叶形，一头直，一头弯，很尖，剥皮子和剔肉都非常方便，这样的形状外面很少见。为了有把好刀子，男人多数都要学会打铁，在部落里，总有几个是打铁和做刀子出了名的。

　　猎人们在一起常常炫耀自己的猎刀，获取成就感，猎刀也是非常正式和贵重的礼物，猎人之间送猎刀表示关系非常密切，是他们信任、尊重你的表现。森林里，猎人们什么时候都把猎刀挂在身上，除了防身，还用来剥兽皮或者吃饭时候做餐刀剔肉。有时还要用作砍削工具，如果刀口不好，在冷的时候很容易崩断。

　　森林里打刀的工具很简单。风箱是用袍子皮做的，两边是木板，还有砧千和锤子，用的木炭就是把木头拿来烧，一直烧到接近碳化的时候用风箱加温就行了。林中的鄂温克族猎民的铁匠炉，要避开春季和秋季的防火期，只有短暂的夏季才能开炉锻造猎刀等铁器用品，但是必须避开多雨天气，所以制造猎刀的日子其实没有几天。铁匠要赶在为数不多的几个晴天里将氏族里所需要的猎刀等铁器制作完成。猎刀的把儿多用木质和骨制，在刀鞘上多用皮或桦树皮包裹，并进行装饰。一般一个猎人就有一把刀，多用。女人都是有好几把刀，有大的和小的，因为她们还需要熟皮子等，做一些细致的活儿。鄂温克族猎刀是鄂温克族制铁技艺和民族艺术的代表。

图片来源

图一　吴佳苑　摄影
图二　陈玢羽　制图
图三　张杰夫　制图
图四　丁萨音　制图
图五　白丽民.鄂温克传统社会与文化.北京：科学出版社，2007：97.

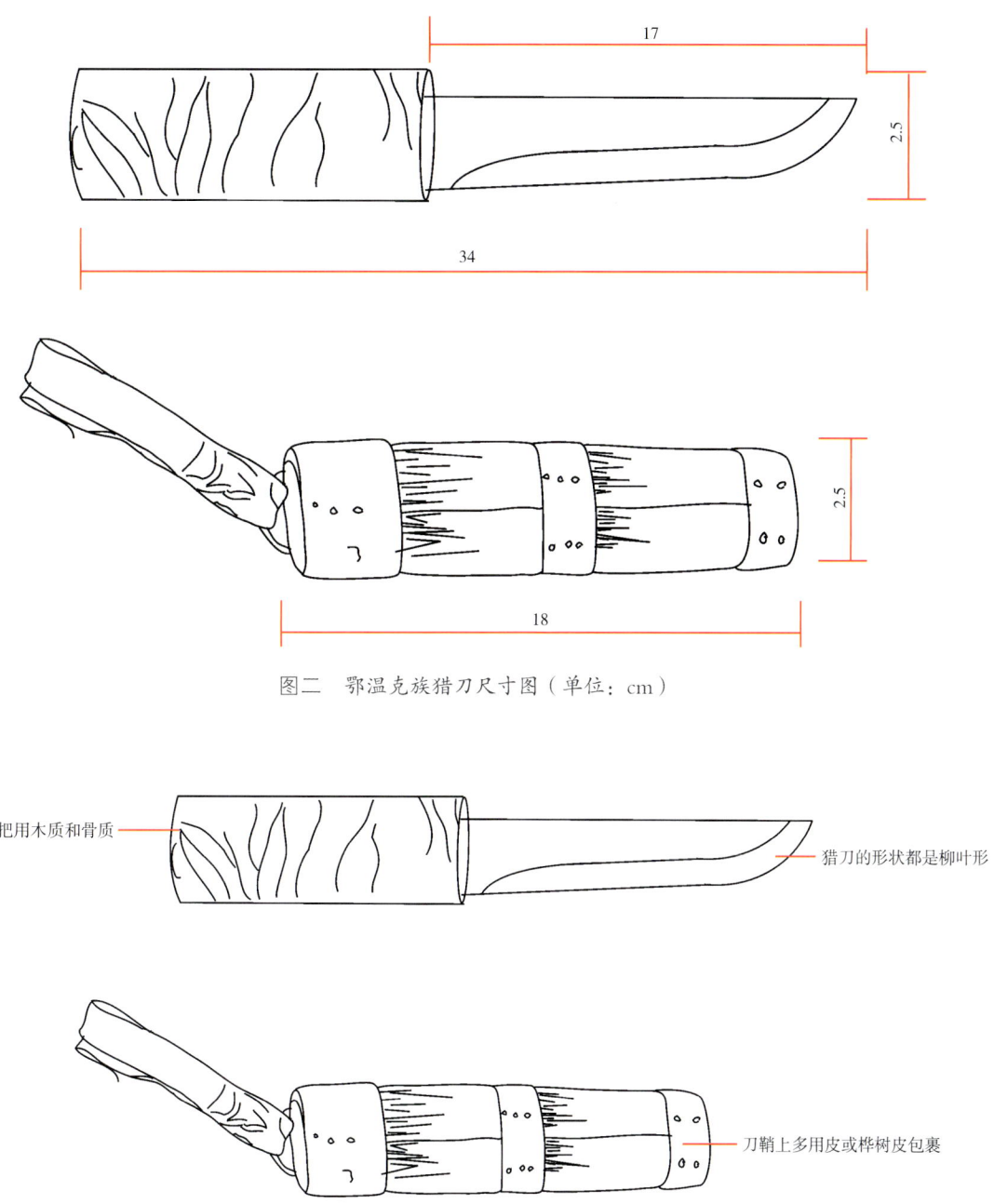

图二　鄂温克族猎刀尺寸图（单位：cm）

图三　鄂温克族猎刀工艺分析图

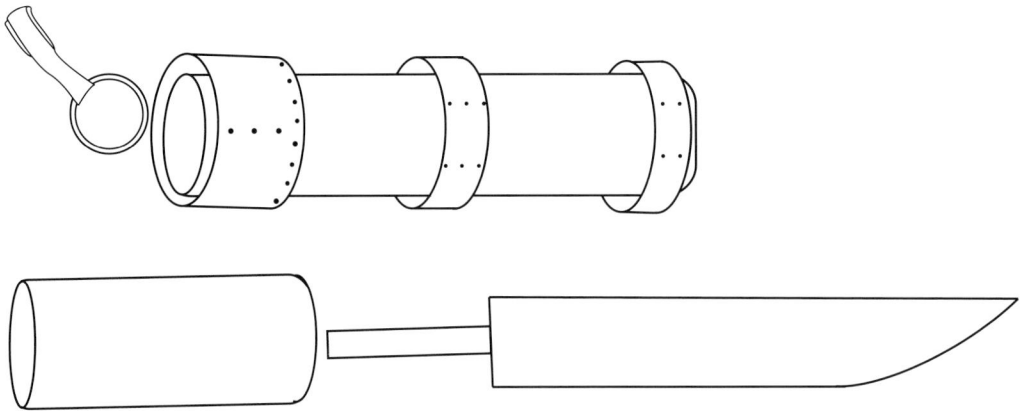

图四　鄂温克族猎刀细节图

图五　鄂温克族猎刀使用情境图

鄂温克族猎夹

图一　鄂温克族猎夹主图

猎夹是鄂温克族狩猎工具，主要是用铁制作而成，带着粗壮的铁齿，连着一条半米多长的铁链，拴在插入泥土的一根铁棍上。一般夹口底部直径为20~30厘米。上为两个夹子，小型铁夹重达5公斤，大型重达15公斤。鄂温克族狩猎方式分官围、弓箭狩猎、绳套狩猎、步枪狩猎等，猎夹产生于近现代，主要是方便猎人捕捉小兽作为食物，如灰鼠、黄鼬、貂等。通常将猎夹掩藏在小兽常出没的路上，只露食物，不露夹身。

猎夹威力很大，在应用过程中具有一定的危险性，主要存在于山间，人们有时会因看不到等原因不小心被误夹受伤。在狩猎过程中，只需将其掩藏在地上，在上面铺满树叶遮挡，便是一个未知的捕食陷阱。

猎夹给了猎户们极大的帮助。只要将一些食物放在上面，当小兽们经过时吃上面的食物，便会被夹住，这样也就解决了那时人们的温饱，若是遇到大型动物，也可以将其毛皮剥下作为取暖之物。

图片来源

图一　吴佳苑　摄影
图二　陈玢羽　制图
图三　张杰夫　制图
图四　丁萨音　制图

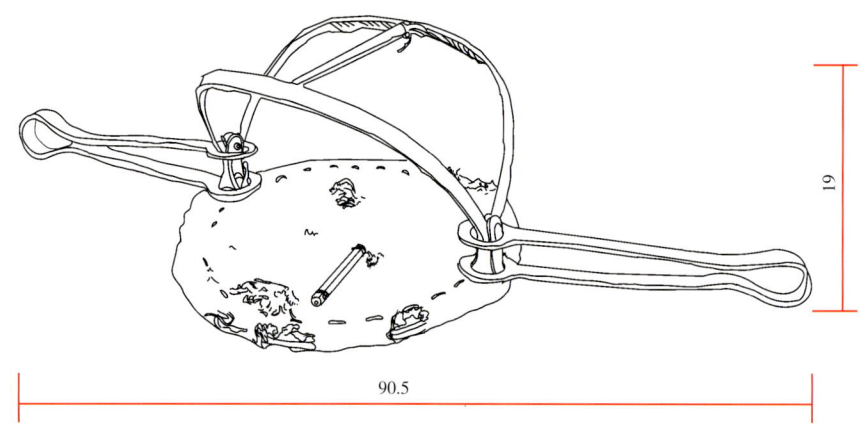

图二　鄂温克族猎夹尺寸图（单位：cm）

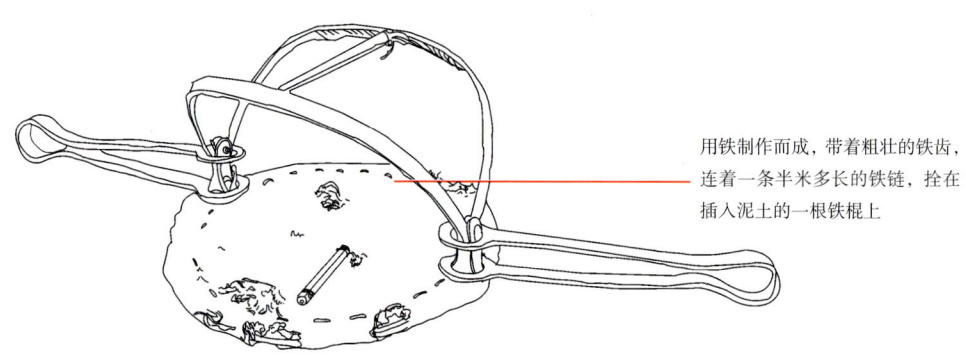

用铁制作而成，带着粗壮的铁齿，连着一条半米多长的铁链，拴在插入泥土的一根铁棍上

图三　鄂温克族猎夹工艺分析图

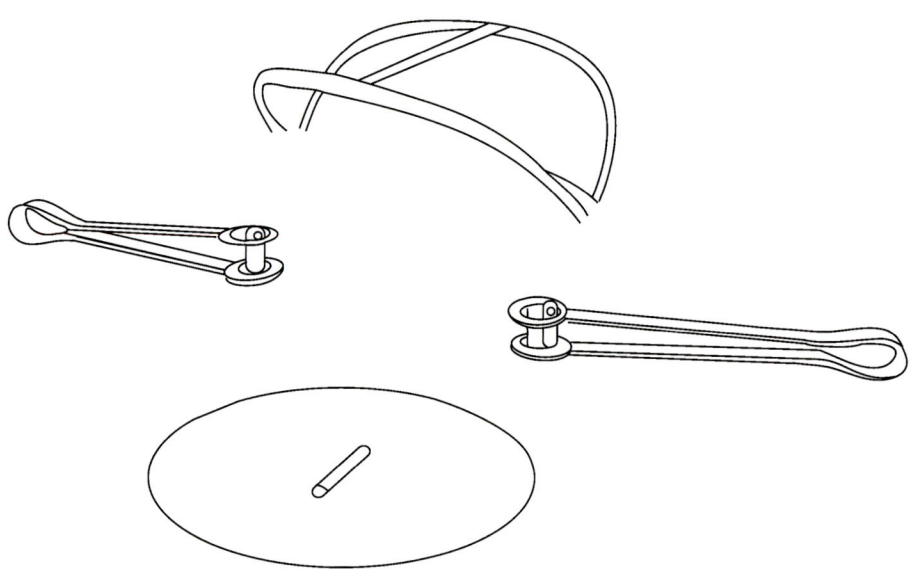

图四　鄂温克族猎夹细节图

鄂温克族马绊

图一 鄂温克族马绊主图

马绊是系马的绳索，即控制马匹行动的器具，又叫绊马索，设计产生于20世纪70年代的鄂温克族牧区，展开长度约110厘米，是用一条编制精密结实的骆驼皮条或羊毛绳或者天然结实的牛皮绳，两端有可以系扎的活扣制成，通过简洁的设计就可以满足限制马匹活动范围的功能需要，是很好的设计案例，体现了鄂温克族的设计意识。

鄂温克族牧民生活方式分为游牧和狩猎，因此骑马是必会的出行方式。牧民们一年四季狩猎时都在野外露天宿营，狩猎回营地时就用马绊把马腿绊好。老实的马绊两条前腿，烈性马绊三条腿，因此马绊有两腿和三腿之分，马绊使马既不能快速奔跑，还能在一定范围内移动，这样马可以自行吃草又不至于走失，使用时也便于抓握。

马绊是鄂温克族牧民常用的方法，解决了草原上树木少难以找到拴马的地方时的不便，并且精巧、体量小、便于携带。需要注意的是进蒙古包时不要将马绊带入蒙古包内，而要挂在马鞍上或立放于门外。马绊是游牧人民根据自己自古以来总结的经验所研究的发明，集结了从古至今的智慧结晶，无论是从外观还是实用方面都极具价值，大大方便了牧民们的生活。

图片来源

图一　吴佳苑　摄影
图二　陈玢羽　制图
图三　张杰夫　制图
图四　丁萨音　制图

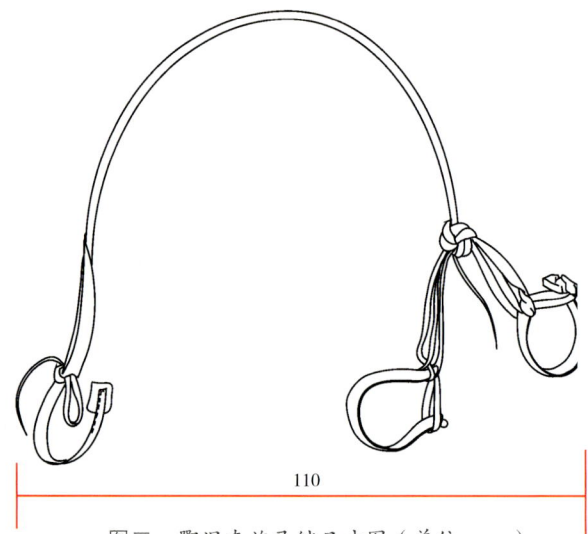

图二　鄂温克族马绊尺寸图（单位：cm）

用一条数尺长的结实的骆驼皮条或羊毛绳或结实的牛皮绳制作而成

两端有可以系扎的活扣

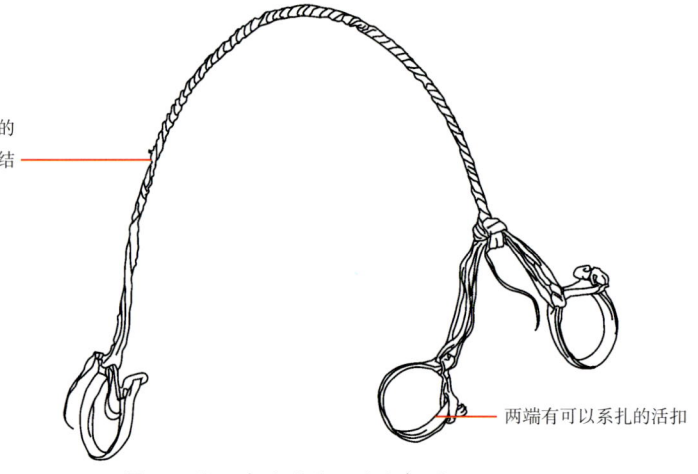

图三　鄂温克族马绊工艺分析图

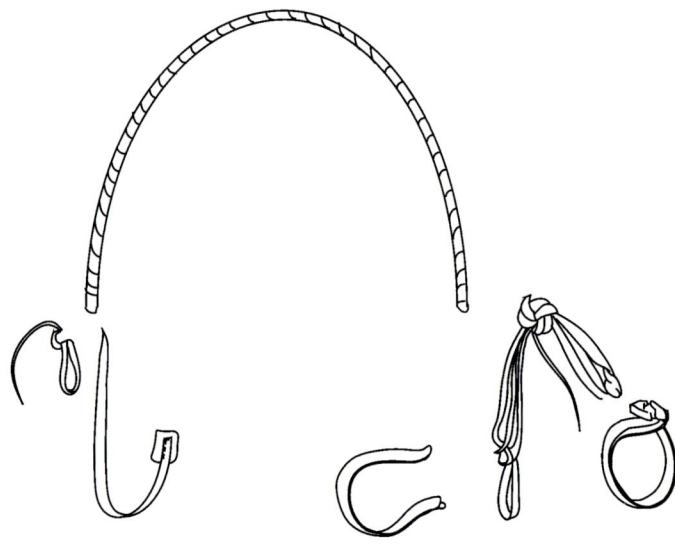

图四　鄂温克族马绊细节图

鄂温克族马棒

马棒是牧区鄂温克族放牧、防身兼打猎于一体的多用途工具。它的主体制作材料是木头和皮革，手感舒适有弹性，有很强的攻击性能，手执的一端钻有小孔，用牛皮制成的皮环穿入，以便在不使用的时候挂在手腕上，方便随时取用。马棒两端采用皮革进行包裹，并且手工缝制，长度约30厘米，简洁有力。

马棒基本使用功能是用来催坐骑，功用相当于马鞭。但是在20世纪80年代前的鄂温克族牧区，时常都会有狼群等野兽的出没，牧民们为了防止狼群攻击牲畜和牧民，常采用此器具来抵挡侵袭，十分实用，不再是设计最初的驱赶马匹的功能需要，而是防身、防野兽的新功能需要的发现和添加，马棒的设计使用发展是适应了牧区鄂温克族的生活需求。由于可以作为武器，为了安全和礼节，鄂温克族的传统是马棒不允许被带入住处，只能留在马棚中。

马棒是游牧民族智慧的结晶，有效地利用了现有物质资源，实现了物品的多样化利用，反映出了鄂温克族人民勤劳、勇敢、纯朴、爽快的优秀品质，马棒的设计体现了浓郁的草原民族文化气息，具有一定的典型性。

图片来源
图一　吴佳苑　摄影
图二　陈玢羽　制图
图三　张杰夫　制图
图四　丁萨音　制图

图一　鄂温克族马棒主图

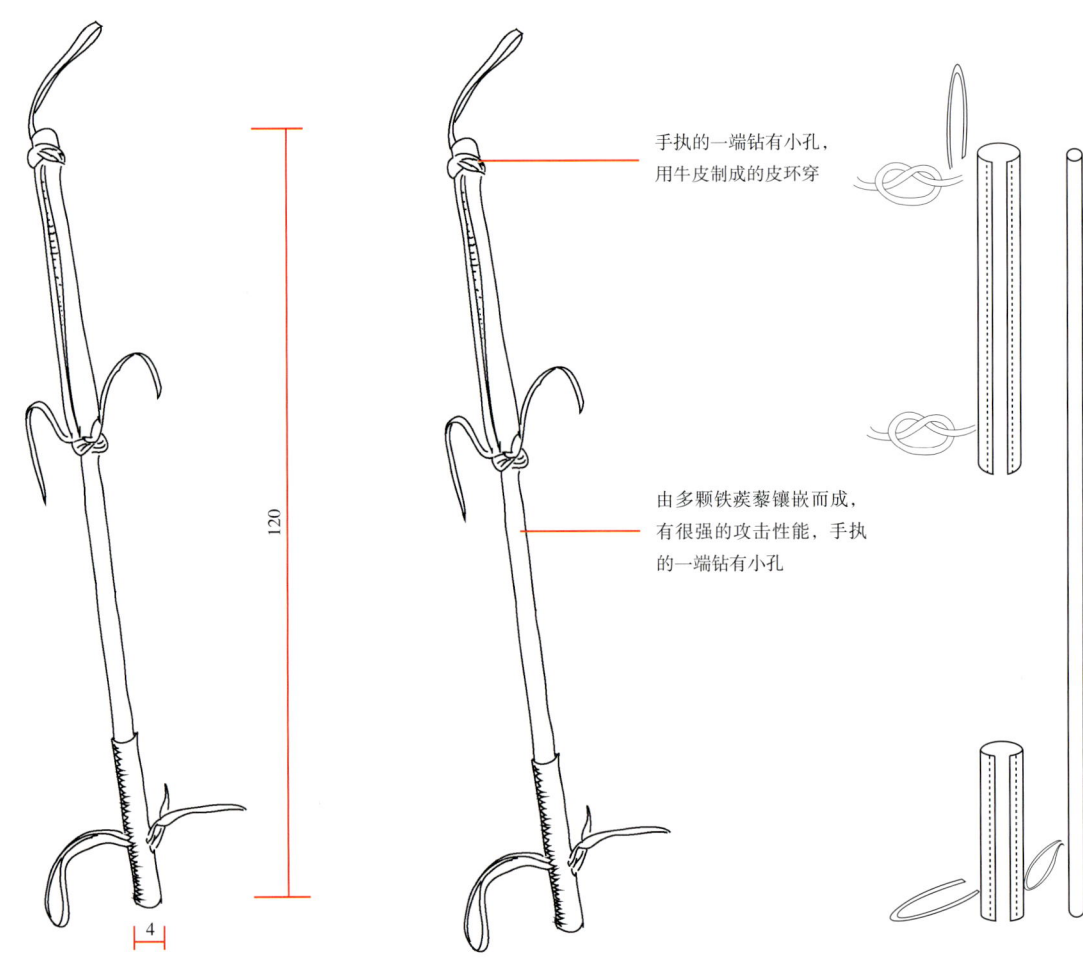

图二　鄂温克族马棒尺寸图（单位：cm）　　图三　鄂温克族马棒工艺分析图　　图四　鄂温克族马棒细节图

鄂温克族马汗刮板

马汗刮板是鄂温克族创造的生活用具，是刮马汗时使用的用具，长约 30 厘米。马汗刮板多用木板、竹板作为材料并制成剑形，上雕刻变形如意纹图案，板上方多有一圆孔便于穿绳，有利于携带。众所周知，马匹对于游牧民族来说，有着非同寻常的意义，于是刮马汗成了游牧民族每天必做的事情，所以才有了马汗刮板的发明。马汗刮板常见于内蒙古自治区呼伦贝尔市的鄂温克族自治旗、陈巴尔虎旗、阿荣旗、根河市、莫力达瓦达斡尔族自治旗、鄂伦春自治旗及黑龙江省讷河等地。

从历史价值来看，马汗刮板历史悠久，是游牧民族人民生活不可或缺的工具，它体现了游牧民族人与动物之间相互依存相互尊重的情感，是鄂温克族智慧的结晶和历史进步的标志，被世世代代传承并保存下来，作为历史的产物已经打上了时代的烙印。马汗刮板同时也具有相当大的艺术价值，留传至今，虽然其使用功能已经淡化，但是依然具有一定的欣赏价值，并且在创作新的艺术品时可以在其外形、纹饰上进行借鉴。

图一　鄂温克族马汗刮板主图

图片来源
图一　吴佳苑　摄影
图二　陈玢羽　制图
图三　张杰夫　制图
图四　丁萨音　制图

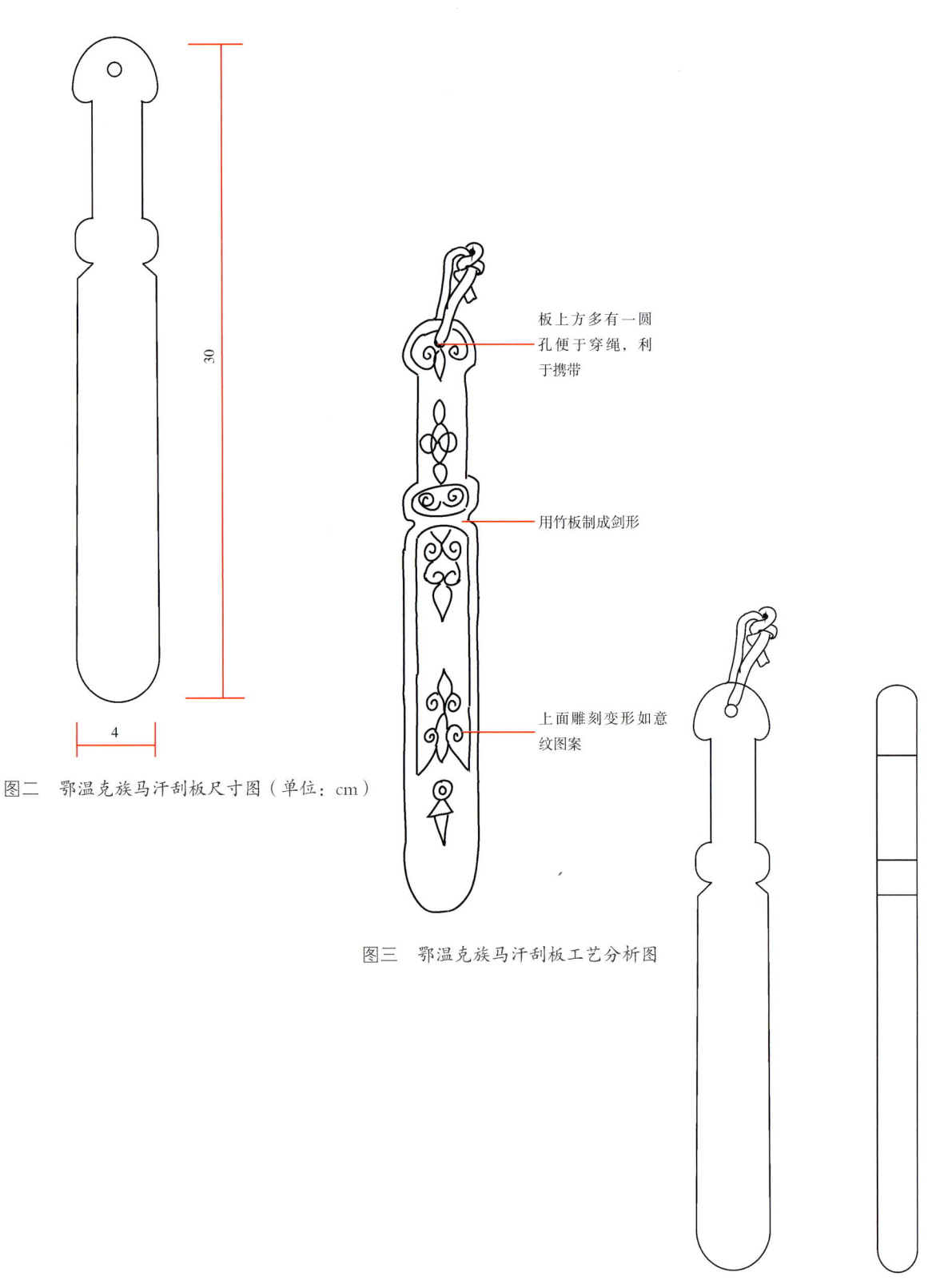

图二 鄂温克族马汗刮板尺寸图（单位：cm）

图三 鄂温克族马汗刮板工艺分析图

图四 鄂温克族马汗刮板细节图

板上方多有一圆孔便于穿绳，利于携带

用竹板制成剑形

上面雕刻变形如意纹图案

鄂温克族马印记

图一　鄂温克族马印记主图

马印记鄂温克族语称为"塔马嘎",意为"印章",是给马打印的烙铁,上有各种装饰性的镂空纹样,纹样题材符号不限,仅以马群之间不重复为原则。使用前将马印记放在火堆上加热,然后把印记烫在马的臀部,使马臀毛烫焦后形成烙印即可。

马印记长约 45 厘米,是私有马群的一个符号标记。由铁制成,一个铁制手柄前端焊接每个牧民特有的铁制印记,形状大体为一个细长的铁棍,末端分叉为两根,最后的一端焊接的是牧民的独特印记,在另一头为空心铁套可以插入木棍方便使用。每个牧民的马印记图案不同,这方便他们寻找与辨别自己的马。

马印记是游牧民族特有的一种文化习俗,游牧的生活方式使他们需要管理好很多马匹,因此产生了马印记。马印记体现了鄂温克族人民的智慧,也体现了他们独特的文化习俗,它不仅是鄂温克族手中的工具也是他们生活信息的浓缩。

图片来源

图一　吴佳苑　摄影
图二　陈玢羽　制图
图三　张杰夫　制图

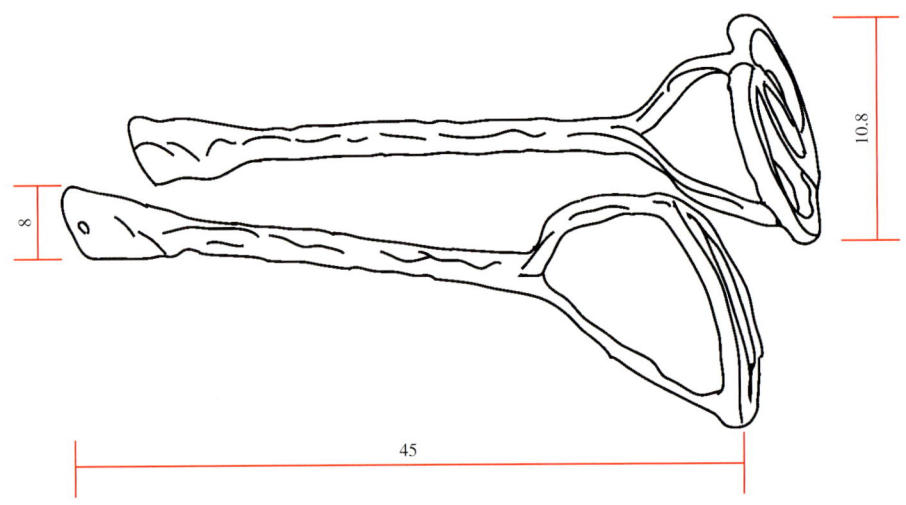

图二　鄂温克族马印记尺寸图（单位：cm）

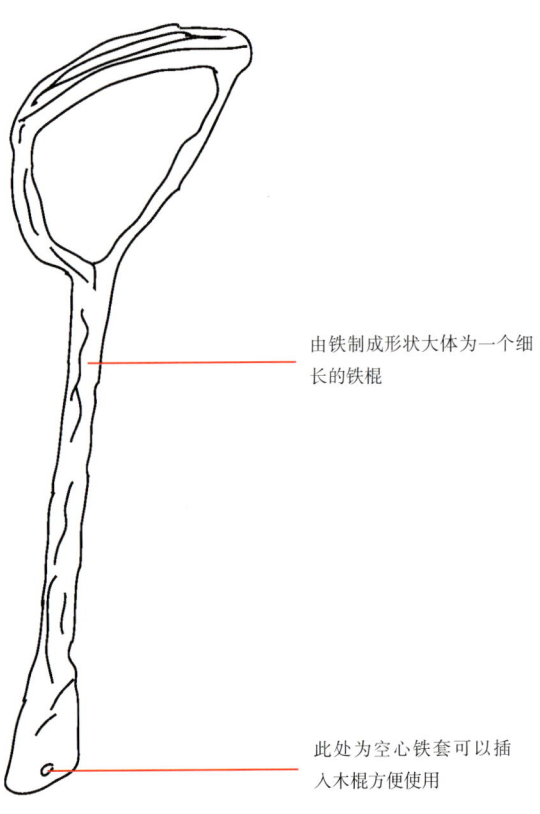

由铁制成形状大体为一个细长的铁棍

此处为空心铁套可以插入木棍方便使用

图三　鄂温克族马印记工艺分析图

鄂温克族刨子

图一　鄂温克族刨子主图

鄂温克族刨子是鄂温克族用来刨直、削平、削薄木材做平物面的一种木工工具。作为生产工具，刨子需要适应人手的使用和把握，一般总尺寸长约34厘米，槽口长约6厘米，宽约4厘米，尺寸适宜使用，由刨身（刨堂、槽口）、刨刀片（也叫刨刀）、楔木等部分组成。刀刃在中间，木头手柄在两边，木材多取用柞木、桑木、槐木，刨刀磨成圆形，避免起堑。刨子一般用手控制，前推后拉，能够较好地满足使用功能。

鄂温克族大部分器具都是采用木质材料制作的，并且工艺精美，其制作工艺中，有不少地方都需要用到刨子。过去鄂温克族猎民每个氏族都有人会做一些铁质工具，如：砍树刀、锥子、鱼叉、猎刀、熟皮子工具、刨子等。传统刨子是真正做细活用的，尤其是硬料，刨子的发明和应用，对鄂温克族木工艺起到了技术性的支持。

从某种程度上讲，刨子的使用改变了鄂温克族的生产方式并且促进了他们的手工文明的发展，鄂温克族精心制作的木制生活器具和生产工具离不开刨子等工具的作用，它体现了鄂温克族对于设计创造和制作工艺的智慧和才能。

图片来源

图一　吴佳苑　摄影
图二　陈玢羽　制图
图三　张杰夫　制图
图四　丁萨音　制图

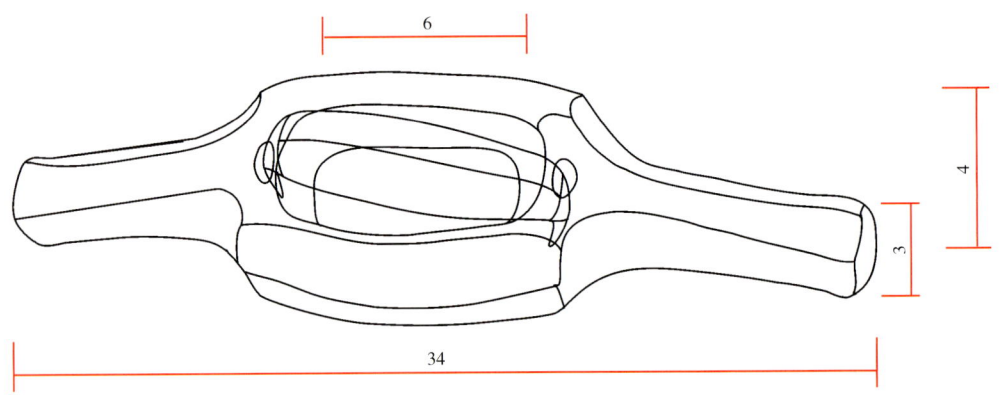

图二　鄂温克族刨子尺寸图（单位：cm）

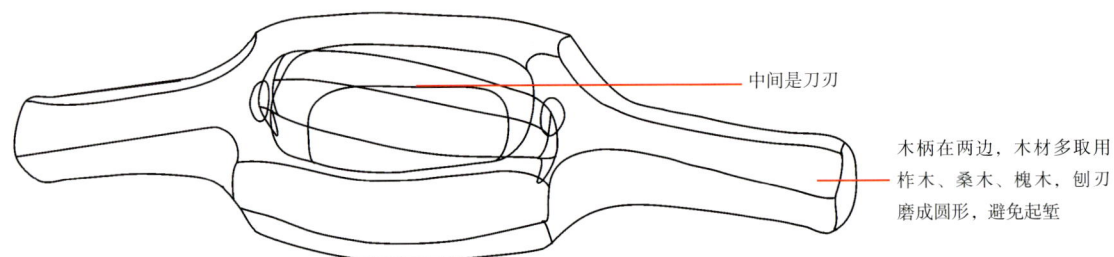

中间是刀刃

木柄在两边，木材多取用柞木、桑木、槐木，刨刃磨成圆形，避免起埂

图三　鄂温克族刨子工艺分析图

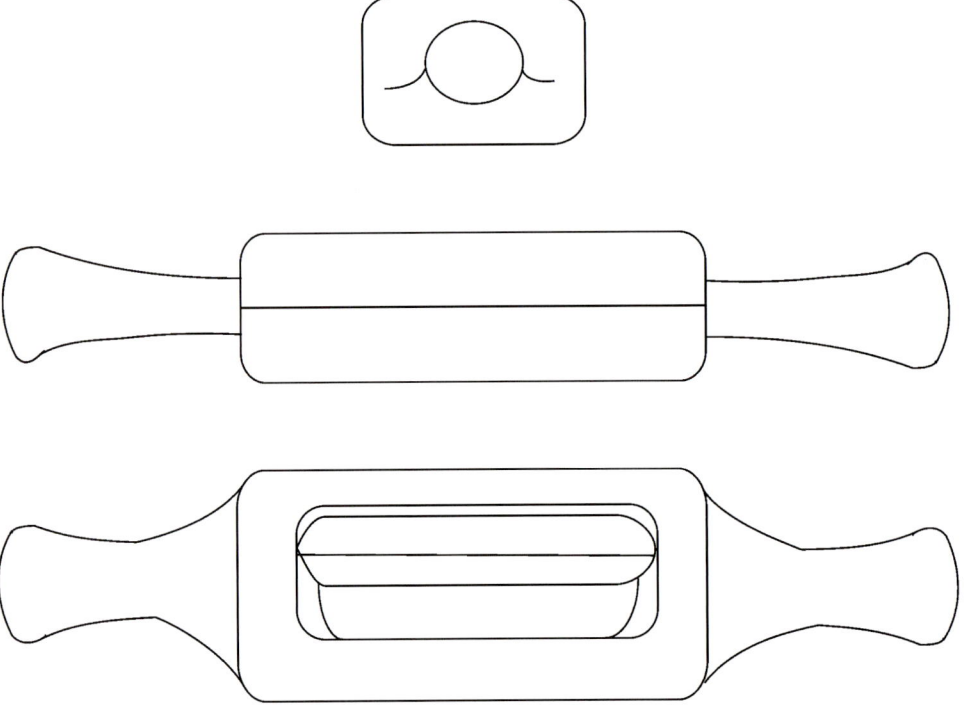

图四　鄂温克族刨子细节图

鄂温克族牛粪叉

牛粪叉是鄂温克族拾牛粪使用的工具。一般长约126cm，齿宽32cm左右，把柄长100cm左右。牛粪叉整体为木质，它的手柄承棍状，木棍的顶端连接齿状的拾捡装置，齿是用与手柄一致但较粗的木头制作而成，在齿和把柄之间用3~4根木条咬合固定而成。粪叉顶端呈扇面状，便于提高工作效率，粪叉手柄尺度适宜，便于手握操作，符合人体工学，是鄂温克族非常重要的农用工具。它具有多重使用功能，主要用来扯田坎、碎土、抓牛粪等。

牛粪如果处理不得当很容易造成严重的环境污染问题，而鄂温克族很早就有了这种保护环境的意识，这或许也是受其宗教文化等多方面因素的影响，对于鄂温克族来说牛粪是最佳的燃料。鄂温克族以游牧为主，牲畜较多，所以动物产生的粪便也相对较多，而鄂温克族人民通过采用牛粪做燃料这样的方法来解决牛粪污染的难题，既环保又不污染环境。这是鄂温克族人民在长期的游牧生活中总结出来的生活经验。

图一　鄂温克族牛粪叉主图

图片来源
图一　吴佳苑　摄影
图二　陈玢羽　制图
图三　张杰夫　制图
图四　丁萨音　制图

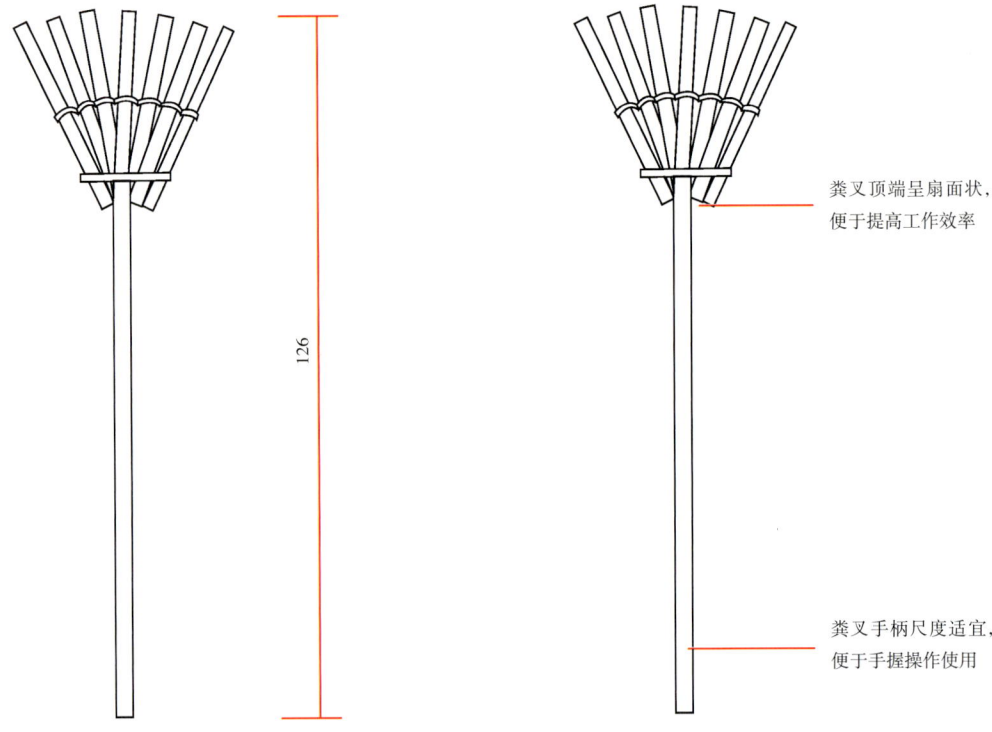

图二 鄂温克族牛粪叉尺寸图（单位：cm） 　　图三 鄂温克族牛粪叉工艺分析图

粪叉顶端呈扇面状，便于提高工作效率

粪叉手柄尺度适宜，便于手握操作使用

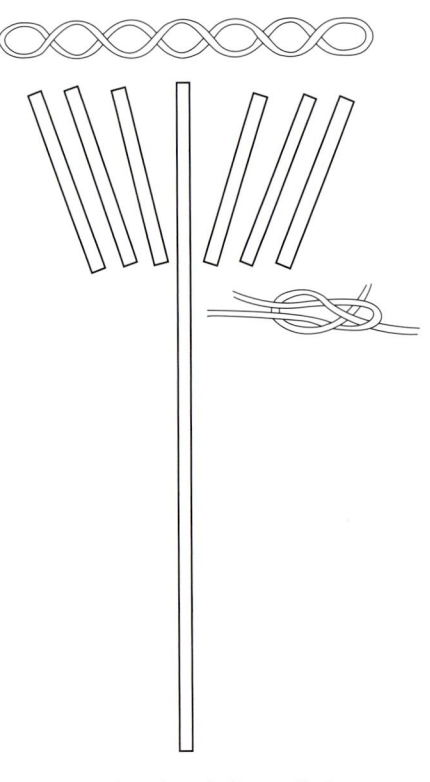

图四 鄂温克族牛粪叉细节图

鄂温克族熟皮环首刀

图一　鄂温克族熟皮环首刀主图

熟皮环首刀鄂温克族语称"秋群"，是熟皮子的日常生产工具，长约36.5厘米，常见形态是将一个圆形带光滑的小锯齿的铁环安装在扁圆形的木把上。

动物皮张晾干后坚硬且容易变质、不便于直接使用，将这种生皮鞣制成软皮，便可以用来制作皮制品，这种技艺俗称熟皮子，就是利用鞣质导致皮张内的蛋白质变性。鄂温克族擅长运用油鞣法，即用动物脑浆、肝脏等涂抹、浸润生皮，再用熟皮工具使其发生物理变化，鄂温克族人熟皮的关键环节是要将初步软化的生皮用熟皮环首刀再处理，使其在环形铁圈刮刀的内齿上反复穿拉、刮制，同时用手反复揉搓，直到皮张非常柔软能用针轻松扎透为止。熟制好的柔软皮张牢固、耐磨，更适合制作衣物及实用美观的皮制品，其制成的衣物使用舒适、保暖性能好、易于保存、不易变质、经久耐穿。

林区鄂温克族一直沿用古老、独创的熟皮方法。鄂温克族学会锻造铁质的熟皮环首刀后，熟皮的效能和工艺水准也大大提高，对于在深山密林中生活的鄂温克族而言，这也象征着他们生产生活的改善和提高，是鄂温克狩猎文化的符号和标志。

图片来源

图一　吴佳苑　摄影
图二　陈玢羽　制图
图三　张杰夫　制图
图四　丁萨音　制图

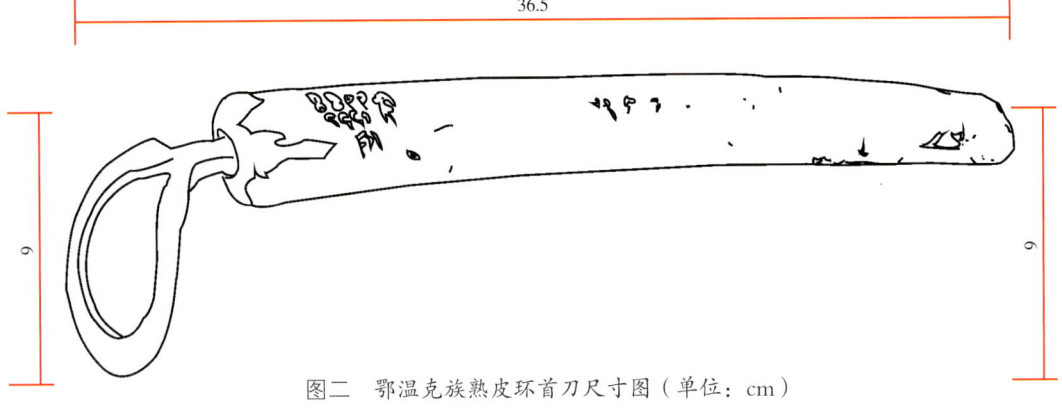

图二　鄂温克族熟皮环首刀尺寸图（单位：cm）

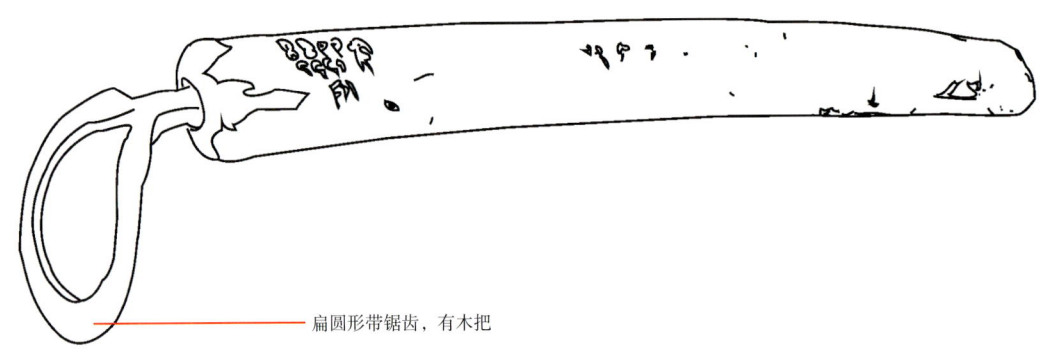

扁圆形带锯齿，有木把

图三　鄂温克族熟皮环首刀工艺分析图

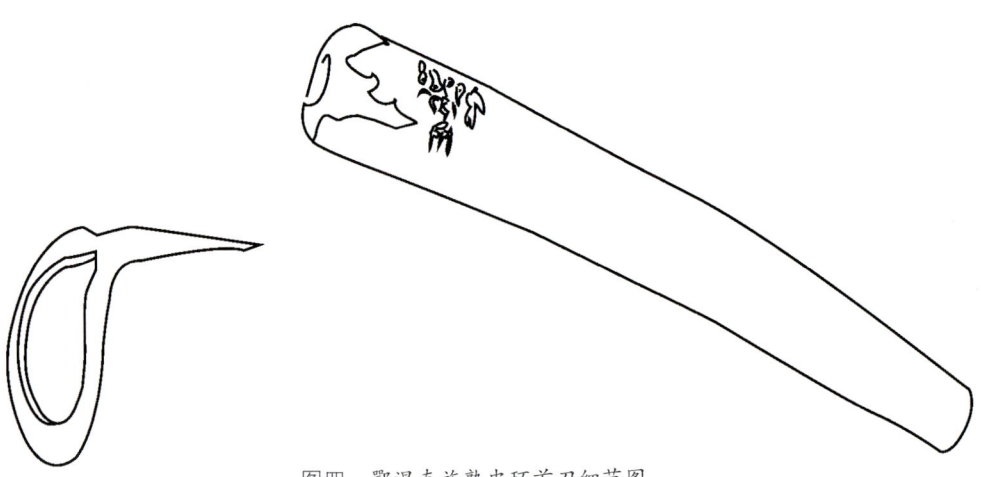

图四　鄂温克族熟皮环首刀细节图

鄂温克族双筒猎枪

图一　鄂温克族双筒猎枪主图

鄂温克族双筒猎枪是林区鄂温克族猎民的狩猎工具。可分为水平排列或上下排列两根枪管的猎枪，可算是最早期的猎枪之一。它是鄂温克族的猎人最重要的狩猎工具。猎枪的出现提高了生产力，改善了猎民的生活水平。双筒猎枪长约119厘米，宽约7~13厘米。枪由金属材质的枪管和木材质的枪柄两部分构成，猎枪配有肩带，其在狩猎途中起到了良好的减缓狩猎疲惫感的作用。

鄂温克族的祖先发源于黑龙江附近的石勒喀河一带，主要靠采集野果、草根、苔藓类食物为生，当时的狩猎工具粗劣，狩猎收获很少。鄂温克族广泛使用弓箭狩猎后，狩猎生产上升到鄂温克族的整个生活主导地位，形成以狩猎为主，捕鱼和采集业为辅的生产和生活方式。猎枪是林区鄂温克族现当代重要的狩猎生产工具，他们使用不同型号和效能的枪支进行狩猎生产，包括燧石枪、别拉弹克枪、三九式、九九式等枪支类型。猎枪的使用客观上也改变了猎民的狩猎合作方式，使得林区的鄂温克族可以进行单独的狩猎作业，同时围猎等狩猎方式也渐渐不再被采用。

图片来源

图一　吴佳苑　摄影
图二　陈玢羽　制图
图三　张杰夫　制图
图四　丁萨音　制图

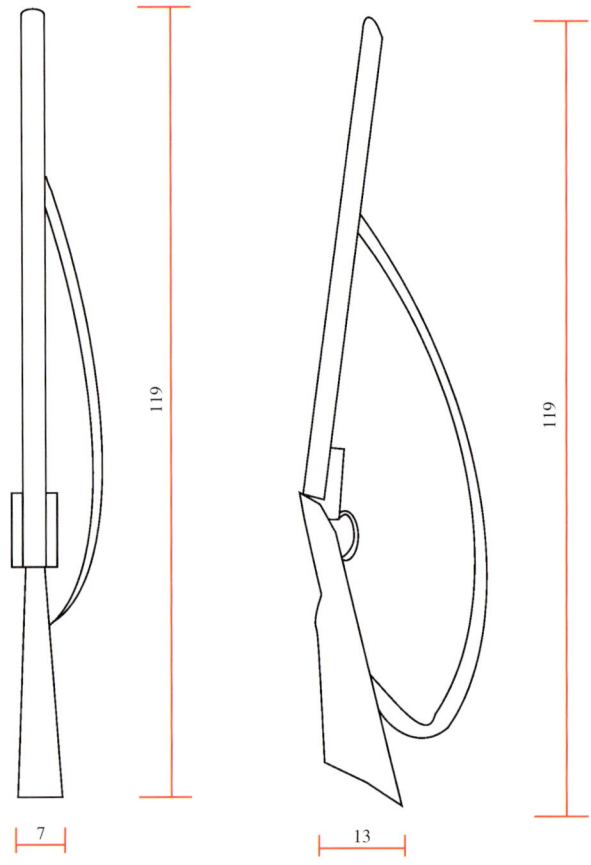

图二　鄂温克族双筒猎枪尺寸图（单位：cm）

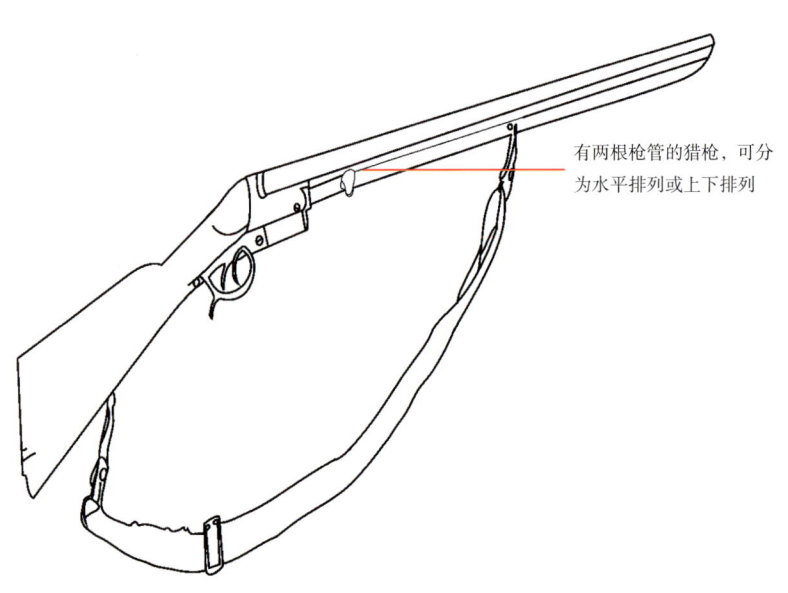

有两根枪管的猎枪，可分为水平排列或上下排列

图三　鄂温克族双筒猎枪工艺分析图

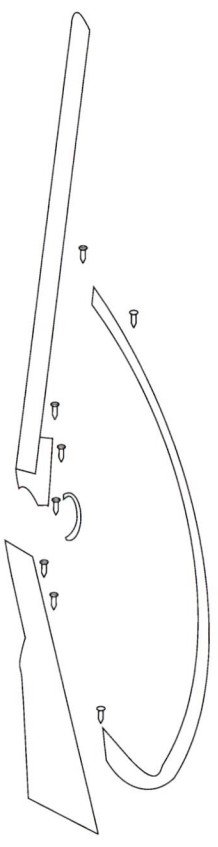

图四　鄂温克族双筒猎枪细节图

鄂温克族铁羊绒挠

图一　鄂温克族铁羊绒挠主图

铁羊绒挠是鄂温克族用来抓取加工羊绒的特制铁梳工具，鄂温克族用其去除羊身上所含粗毛和杂质，分离出洁净的细绒毛。产羊绒的绒山羊一般生长于高寒地区，入冬时节，绒山羊为适应自然气候条件，身体厚密粗长的羊毛内层还会生长出细绒毛抵御严寒，属于稀有珍贵的动物纤维。获取羊绒不需要剪，开春转暖后，绒山羊会自然脱落细软的绒毛，每到这个时节，就要用铁梳工具来挠取绒山羊身上掩在粗羊毛根部的那层薄薄的细绒。

铁羊绒挠的一端是用于把握的木制手柄，另一端是用于挠取羊绒的梳齿。梳齿是直径为0.3厘米的钢丝，梳齿前端弯成钩状，梳齿尖形态打磨的光滑圆润。梳绒用的羊绒挠分两种：一种是稀梳，由8~10根钢丝组成，钢丝间距为1~1.5厘米；一种是密梳，由12~14根钢丝组成，钢丝间距为0.5~1厘米。十几根铁羊绒挠梳齿排列整齐，均穿过一个打着多个对应圆孔的钢片，钢片上的圆孔等距排列成一排，和手柄一起起到固定梳齿的作用。钢片还可以平行滑动，可以调节梳齿间的距离，并且使梳绒时梳齿可以保持稳定和平行。

图片来源

图一　吴佳苑　摄影
图二　陈玢羽　制图
图三　张杰夫　制图
图四　丁萨音　制图

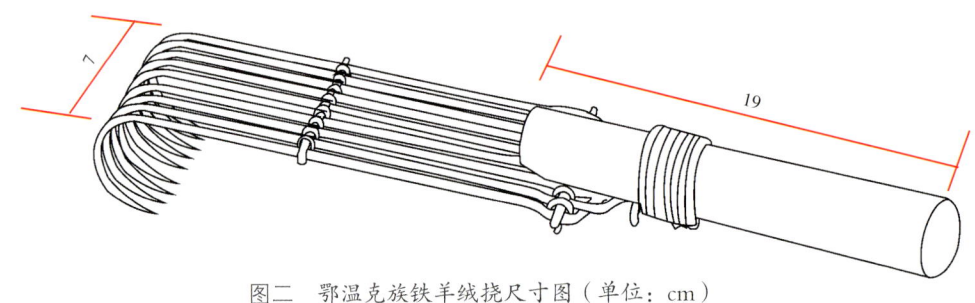

图二　鄂温克族铁羊绒挠尺寸图（单位：cm）

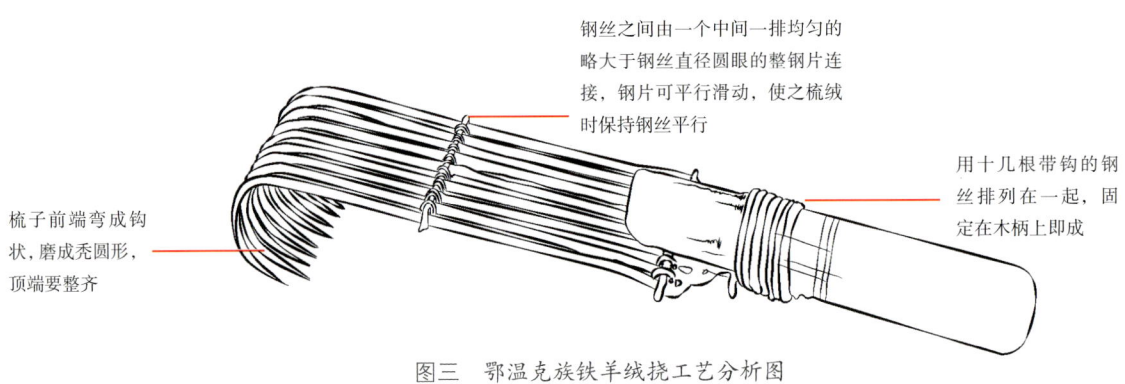

钢丝之间由一个中间一排均匀的略大于钢丝直径圆眼的整钢片连接，钢片可平行滑动，使之梳绒时保持钢丝平行

用十几根带钩的钢丝排列在一起，固定在木柄上即成

梳子前端弯成钩状，磨成秃圆形，顶端要整齐

图三　鄂温克族铁羊绒挠工艺分析图

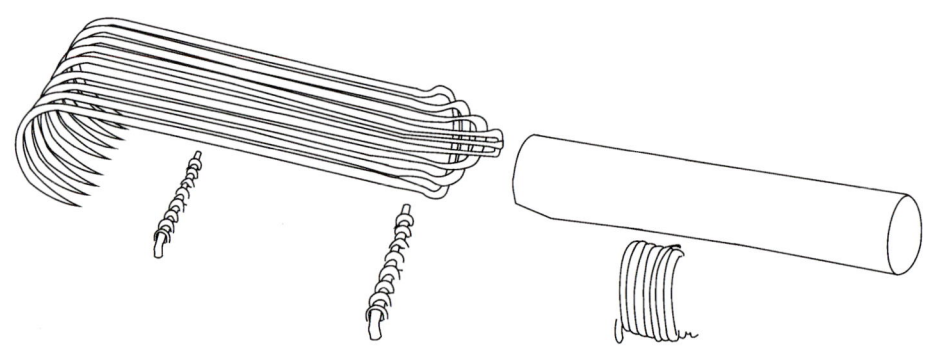

图四　鄂温克族铁羊绒挠细节图

鄂温克族贮火器

图一　鄂温克族贮火器主图

贮火器是鄂温克族照明或夜间行走可以作为火炬的工具，一般长约47厘米，贮火器多用柳木制成柄，上端嵌有铁丝，铁丝上可以插一个有油脂的树结。

古代鄂温克族长期使用摩擦取火技术，一直保留到公元17世纪，他们在森林中经常拣枯干倒木燃起"火堆"烧烤兽肉食用，猎人们往往高兴地在"火堆"旁跳起来，手舞足蹈，只有脚步声、呼应声，没有唱词，称"篝火舞"，代代相传，逐渐成为鄂温克族节日的雏形，后来融入民族节日"瑟宾节"的主要内容和形式。与敬仰火神的族人一起围着火把跳舞，体现了猎民对火的崇拜，这是鄂温克族文化中独特的不可或缺的重要组成部分。可以说人类的文明是被火的光芒照亮的。火在人类发展的历史长河中，一直起着巨大的作用。鄂温克族敬火如神。吃肉、喝酒时也要先敬火，祈求得到火神的保佑。在婚礼活动举行时，大家围着熊熊篝火举行仪式，要先向火神敬酒，然后才向双方父母敬酒，即使搬家也不忘保存火种。

神圣的敬火神仪式：首先鄂温克族猎民从撮罗子内取来常年不灭的火种，点燃篝火后焚燃杜香敬火神，然后洒酒敬火神。

图片来源

图一　吴佳苑　摄影
图二　陈玢羽　制图
图三　张杰夫　制图
图四　丁萨音　制图
图五　白丽民.鄂温克传统社会与文化.北京：科学出版社，2007：92.

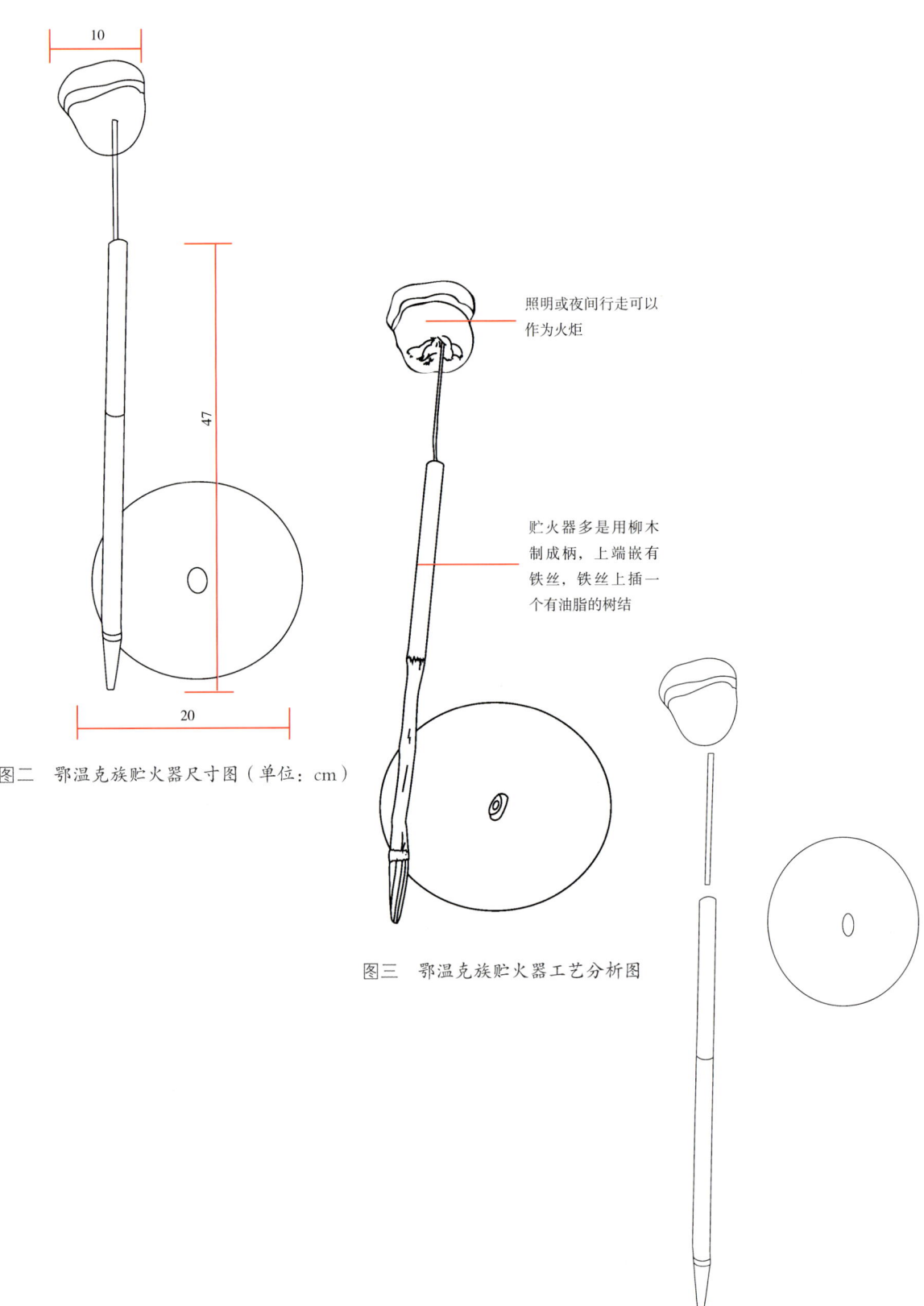

图二　鄂温克族贮火器尺寸图（单位：cm）

图三　鄂温克族贮火器工艺分析图

图四　鄂温克族贮火器细节图

照明或夜间行走可以作为火炬

贮火器多是用柳木制成柄，上端嵌有铁丝，铁丝上插一个有油脂的树结

图五　鄂温克族贮火器使用情境图

鄂温克族子弹袋

图一　鄂温克族子弹袋主图

　　子弹袋由皮绳和皮制袋子两部分构成，皮绳长度约50厘米，一端有铁环，可系在腰间，皮制袋子长约12厘米，宽约5厘米，每个皮制袋子上有两个穿孔，便于固定在皮带上，子弹袋主要是外出狩猎时使用的工具，用来放子弹。鄂温克族的妇女擅长手工艺品制作，一般从七八岁就开始学习世代相传的手工艺，与鄂温克族的服饰相似，子弹袋也多用皮毛制成。

　　鄂温克族的孩童从小就随父兄狩猎，十二三岁时便可试枪，先学打灰鼠，再学打大兽，十六七岁时已经可以单独狩猎。鄂温克族多数人青年时已成为优秀猎手，因而子弹袋是必不可少的用具。鄂温克族狩猎活动一年四季不息，分别猎取不同的动物，冬季是狩猎的黄金季节，这时皮毛最为珍贵，肉也易保存，猎人们根据不同的野兽特性采取不同的猎取方法。鄂温克族通过长期的狩猎实践，积累了丰富多样的狩猎技术和经验。他们制作了子弹袋，更加方便，利于狩猎，子弹袋也可以说是狩猎过程的衍生品。

　　皮质的子弹袋十分耐用，皮质厚实、小巧轻便、适于子弹整理和安放，可环在腰部系好，也可单独做包状造型，穿在皮裤的腰带上，不论哪一种款式和造型，子弹袋都适合使用。装饰及工艺也很精美，端头常饰有皮条穗，使用时可以通过触感直接摸到子弹袋并使用其中的子弹，搭配服饰，行走起来独具美感。

图片来源

图一　吴佳苑　摄影
图二　陈玢羽　制图
图三　张杰夫　制图
图四　丁萨音　制图

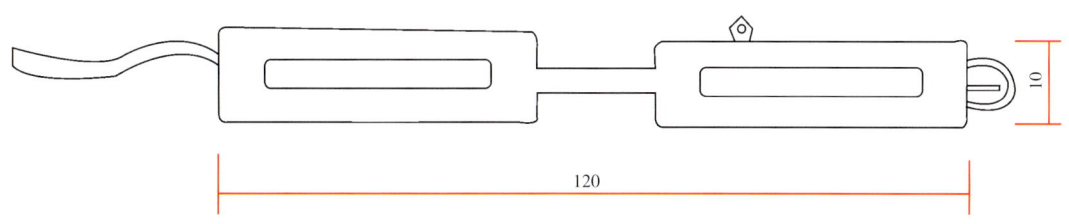

图二　鄂温克族子弹袋尺寸图（单位：cm）

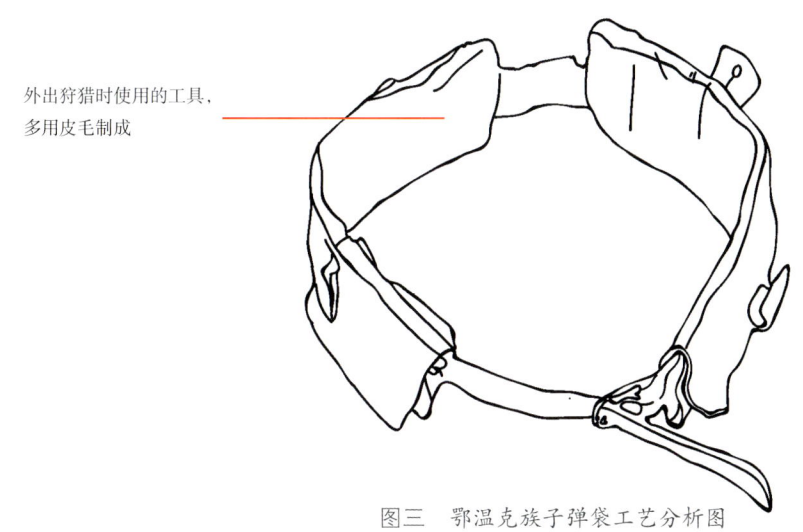

外出狩猎时使用的工具，多用皮毛制成

图三　鄂温克族子弹袋工艺分析图

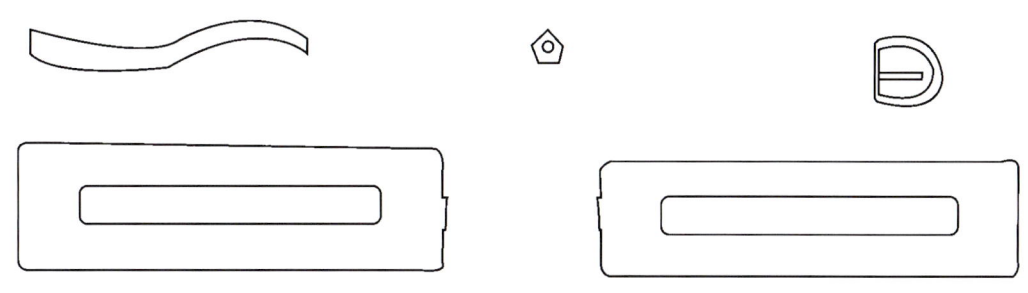

图四　鄂温克族子弹袋细节图

鄂温克族犴皮袋

图一　鄂温克族犴皮袋主图

　　犴皮袋是鄂温克族用犴达罕的皮缝制的盛物用具，圆柱形竖式口袋，袋口可用皮绳抽紧，高约26厘米，便于携带，结实耐磨。犴皮袋造型符合使用需要，一般鄂温克族猎户每次出猎，他们都要从仓房里取一些食物，有奶制品、面包、肉干等，直接放入犴皮袋里背在身上用以充饥。

　　犴达罕是鄂温克族生活的针叶林区的典型动物，世界上现存体态最大的鹿科动物，学名驼鹿，体色棕、黄、灰混合，喜欢栖息在森林的湖沼附近，善游泳，单独或小群生活。鄂温克族猎获犴达罕后剥皮，用半个月左右时间将生皮熟制好，取一小整块犴皮围成圆筒状，用兽筋线缝合，下部封底，上部用长而窄的犴皮条制成提手，包体轻盈，便于取放和折叠。鄂温克族在犴皮袋正面腰部两侧及底部四周各缝上狍皮条制成的流苏以装饰，富有民族特色，狍皮袋上用精美的狍皮条染色后缝制的涡旋状枚红色曲线做装饰，纹样纯朴、适宜，纹饰语义与鄂温克族崇尚自然息息相关。

狍皮袋是实用的生活物品，生动形象地展现了鄂温克族的生活习俗及美学观念，是鄂温克人兽皮文化的典型设计作品。

图片来源

图一　吴佳苑　摄影
图二　陈玢羽　制图
图三　张杰夫　制图
图四　丁萨音　制图
图五　白丽民.鄂温克传统社会与文化.北京：科学出版社，2007：47.

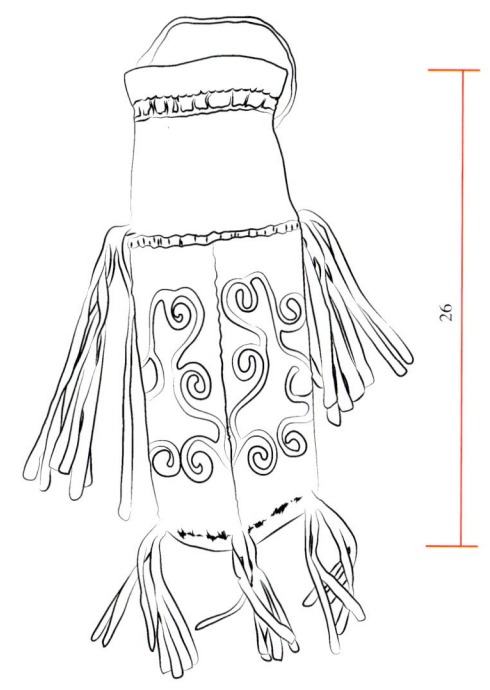

图二　鄂温克族狍皮袋尺寸图（单位：cm）

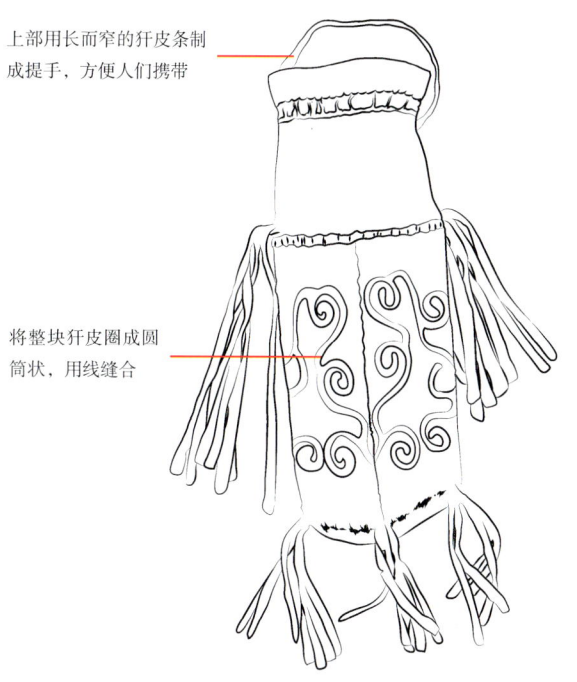

图三　鄂温克族狍皮袋工艺分析图

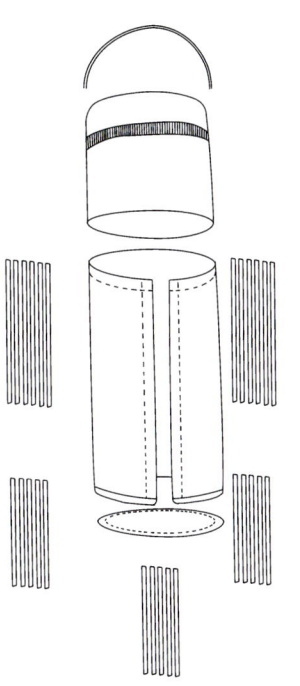

图四　鄂温克族狍皮袋细节图

图五　鄂温克族犴皮袋使用情境图

鄂温克族驯鹿笼头、毛甩

图一　鄂温克族驯鹿笼头主图

驯鹿笼头是林区鄂温克族使用驯鹿时需要的工具，一端为圆形笼头，一端为牵绳，鄂温克族称驯鹿笼头为"乌黑"，绳套部分长度大概为60厘米，分为皮子制作和布制作两种，做工很细致。驯鹿毛甩，是一种为驯鹿而设计的常用工具。毛甩是一根短棍上拴一束马尾，用来驱赶蚊虫、苍蝇，长度大约为70厘米。

鄂温克族妇女日常用鹿筋线缝制驯鹿笼头，尺寸可调试，根据需要笼头上面也会绣有几何植物、动物图案花纹。使鹿鄂温克族在装饰题材上非常广泛，装饰纹样多以几何纹、动物纹、植物纹、鹿角纹为主，还有蝴蝶纹等。其中驯鹿纹样、鹿角纹样在使鹿鄂温克族的装饰艺术上，具有典型意义和特征，而变形的几何鹿角图案鄂温克族称为"奥豪尔"，这是象征不让驯鹿跑掉的花纹。并且使鹿鄂温克族习惯用公鹿脖子上长长的毛缝在笼头上，不仅美观，还有吉祥的寓意。

驯鹿笼头在实际使用过程中除了牵鹿之外，还有些别的功能，例如锯茸时，首先用皮条笼头套好驯鹿，并将它绊倒在地，再用驯鹿笼头拴好驯鹿并用力握住笼头一侧，使其不能乱动，然后锯鹿茸。传说林区鄂温克族的祖先神"舍卧克"也喜欢驯鹿笼头。

图片来源

图一　吴佳苑　摄影
图二　陈玢羽　制图
图三　张杰夫　制图
图四　丁萨音　制图

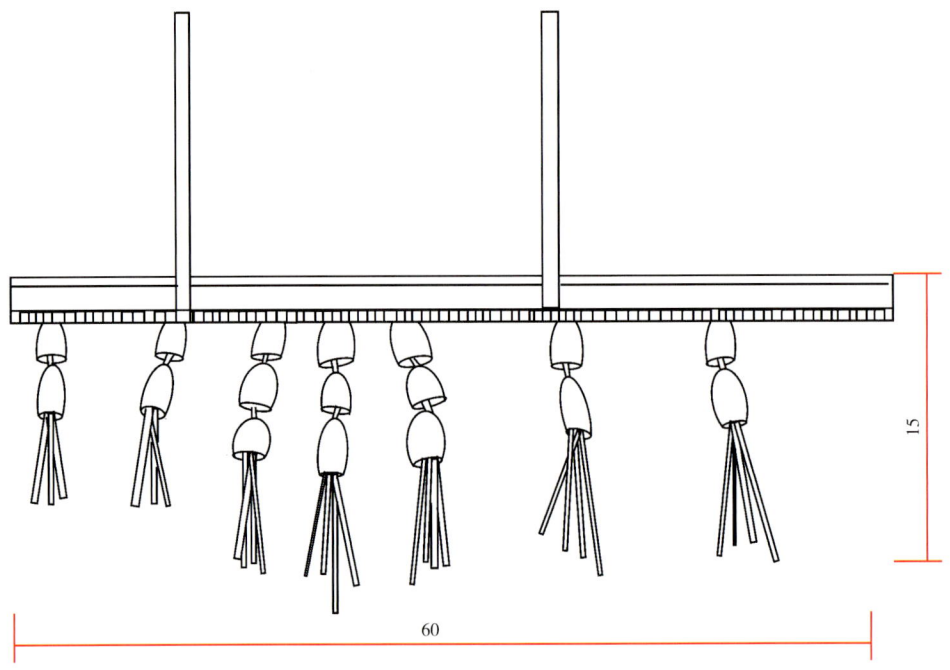

图二　鄂温克族驯鹿笼头尺寸图（单位：cm）

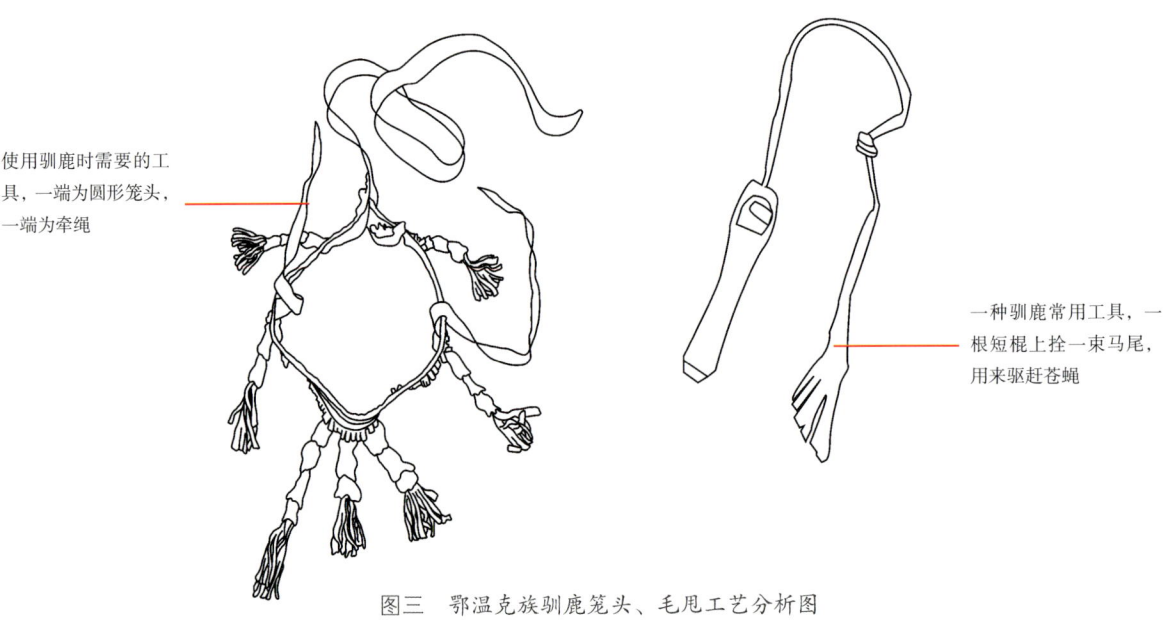

使用驯鹿时需要的工具，一端为圆形笼头，一端为牵绳

一种驯鹿常用工具，一根短棍上拴一束马尾，用来驱赶苍蝇

图三　鄂温克族驯鹿笼头、毛甩工艺分析图

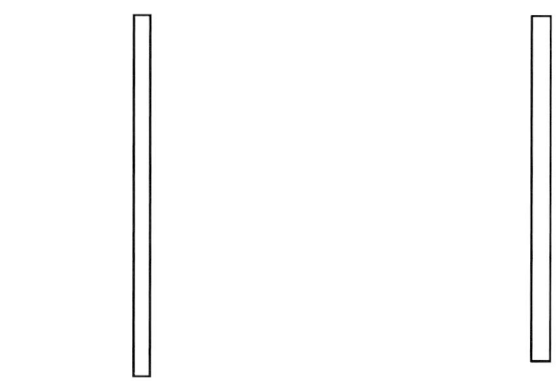
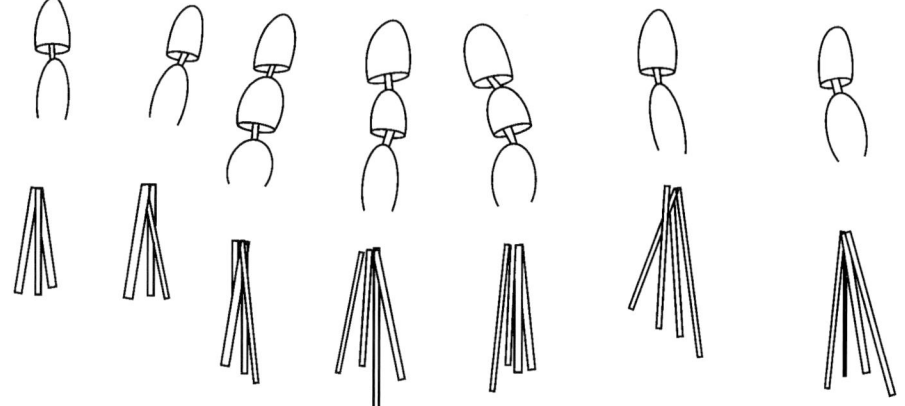

图四　鄂温克族驯鹿笼头细节图

鄂温克族松木鹿哨

图一 鄂温克族松木鹿哨主图

松木鹿哨,林区鄂温克族称为"敖列温",又称鹿笛、呼鹿,长度55~80厘米,常见牛角形和喇叭形,是拟声狩猎工具。

松木鹿哨制作工艺简单,但制作出好的鹿哨不易,需由有经验的猎人手工制作,可使用数十年。鹿哨没有烦冗装饰,造型设计符合功能,根据材料形态及特性设计,具有变化。制作材料选用林区常见的桦木、松木等,易于获取,多用针叶树红松木制作,鄂温克语称"哈克热"树根部制作而成,将松木雕成形剖开,挖出内膛再拼起,用细鳞鱼皮胶黏合,并用线或桦树皮在前后及中段分几道固定箍紧成器,可在靠近前后的平衡位置缠绕细皮绳并系好宽皮带,方便外出携带或收置悬挂。

松木鹿哨有粗细两端,分别吹奏可发出不同的音色,细的一端可以模拟雌鹿的叫声,粗的一端可以模拟雄犴的叫声,用于引诱犴、鹿以捕获。猎人使用鹿哨模拟野兽的叫声,吸引野兽的同类接近,进入猎人的射程之内,极大地提高了狩猎的收获水平。后来,鹿哨逐渐发展出乐器功能,用作吹奏乐器。鄂温克族松木鹿哨是采集狩猎时代的重要实物遗存,具有特殊的文化意义。

图片来源

图一 吴佳苑 摄影
图二 陈扮羽 制图
图三 张杰夫 制图

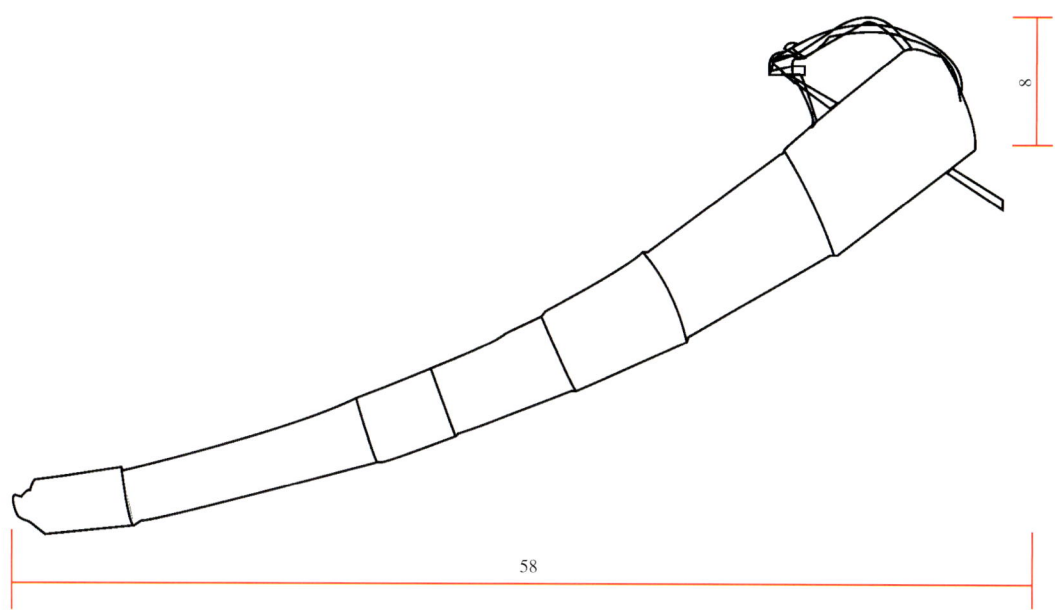

图二　鄂温克族松木鹿哨尺寸图（单位：cm）

多用红松木制作，中间镂空，哨子一端较细，另一端较粗，用鱼皮胶粘合

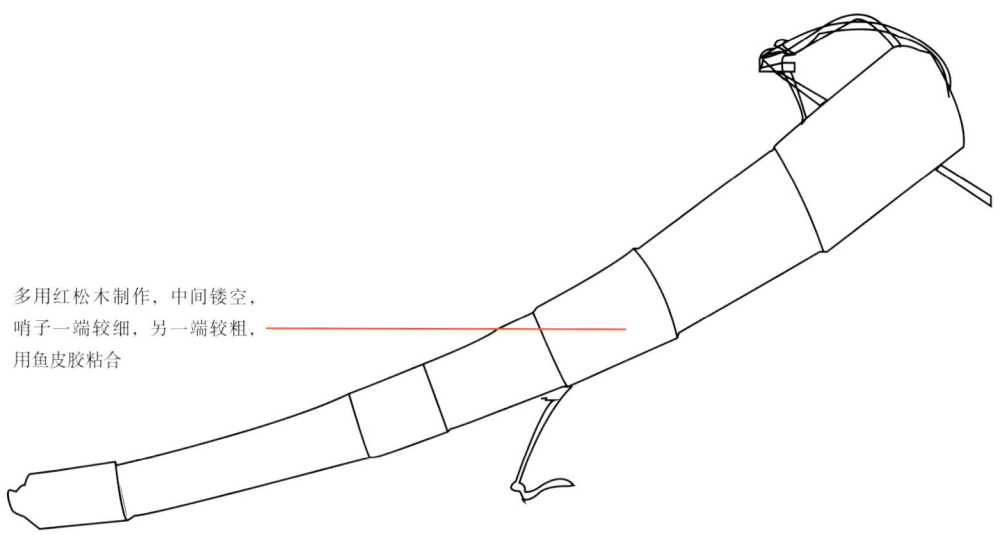

图三　鄂温克族松木鹿哨工艺分析图

鄂温克族驯鹿驮箱

图一　鄂温克族驯鹿驮箱主图

驯鹿驮箱是鄂温克族随驯鹿迁徙时，用以搭在每头驯鹿鞍鞒两侧驮运物品的容器，林区鄂温克族称其为"因莫克"。单侧驯鹿驮箱的造型为倒梯形，敞口无盖，口大底小，长约40厘米，宽约15厘米，高约28厘米。

驯鹿驮箱是鄂温克族传统兽皮工艺与桦树皮工艺自然融合的体现。驮箱以桦树皮做内胎，弹性好，容易塑造成型，不易碰坏。驮箱外侧以犴或驯鹿腿皮全部包裹至驮箱内侧上端，也有的驯鹿驮箱内外均以兽皮包合，所用皮毛密实质硬、防水防潮。皮料包裹后的驮箱内部胎体挺括、自重轻、便于驮运，外部皮毛富有光泽、素雅别致、增加缓冲和摩擦力，更加经久耐用。

驯鹿驮箱的装饰性与实用性统一。驮箱两侧缝的驮箱拎带既美观大方，也很实用，拎带宽厚提拎舒适方便，两侧拎带可以互相连接系紧，搭置在鞍鞒上用来固定驮箱。驮箱两侧还缝缀多根皮条，既可以用于固定搬运的物品，也可以将驮箱与鞍鞒侧面系住，皮带随驯鹿的步伐摆动，富有美感。包裹驮箱的皮毛运用拼接的工艺，一方面提高零碎皮料的利用率，增加皮料厚度，结实耐磨；另一方面也具有视觉美感，所用犴与驯鹿皮毛色彩呈现深灰色渐渐向灰白色过渡，驮箱敞口边缘有红、蓝相间条带状装饰，两侧端头并置贴缝红、白、蓝三色布拼接的适合纹样及条纹补花装饰，主体色彩朴素，辅助色彩对比鲜明，富有特色。

图片来源

图一　吴佳苑　摄影
图二　陈玢羽　制图
图三　张杰夫　制图

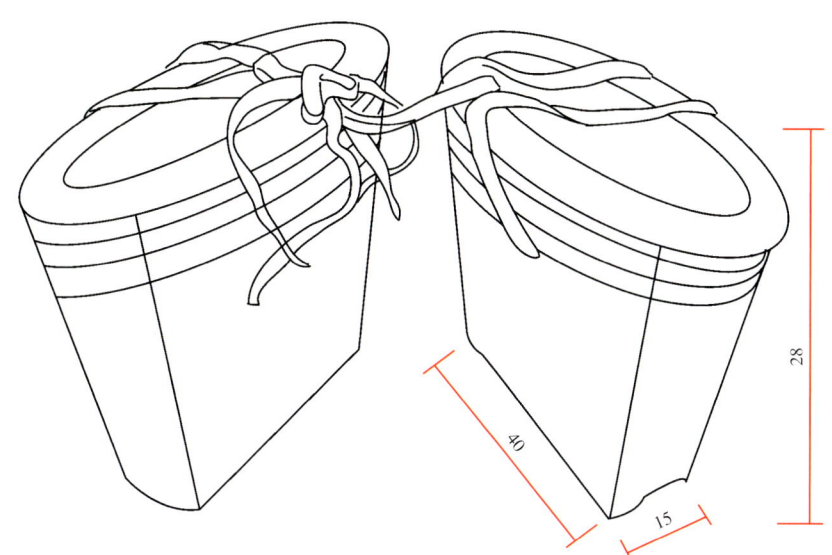

图二　鄂温克族驯鹿驮箱尺寸图（单位：cm）

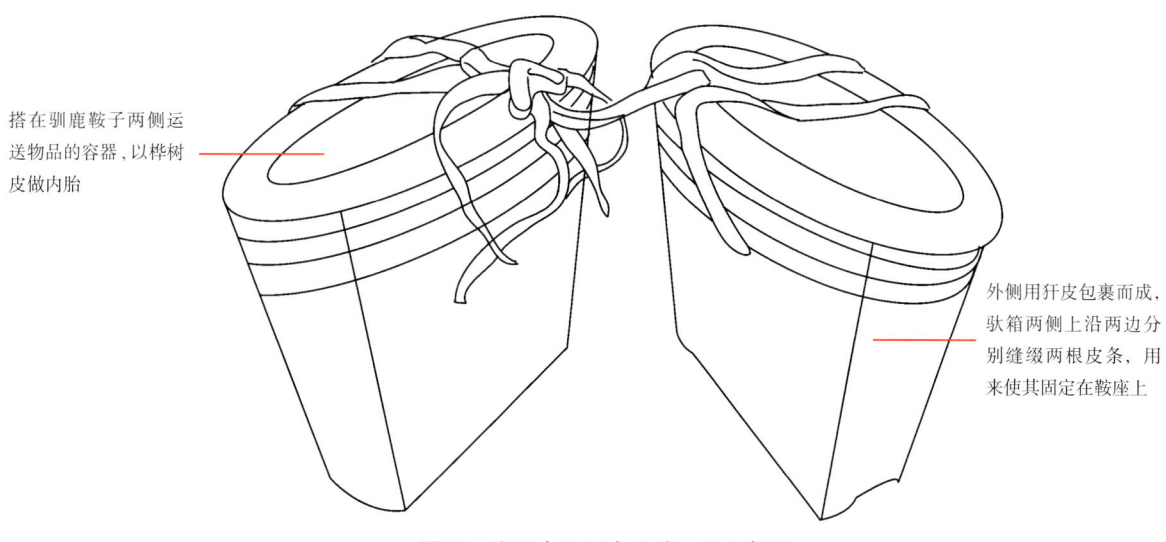

搭在驯鹿鞍子两侧运送物品的容器，以桦树皮做内胎

外侧用犴皮包裹而成，驮箱两侧上沿两边分别缝缀两根皮条，用来使其固定在鞍座上

图三　鄂温克族驯鹿驮箱工艺分析图

鄂温克族驯鹿响板

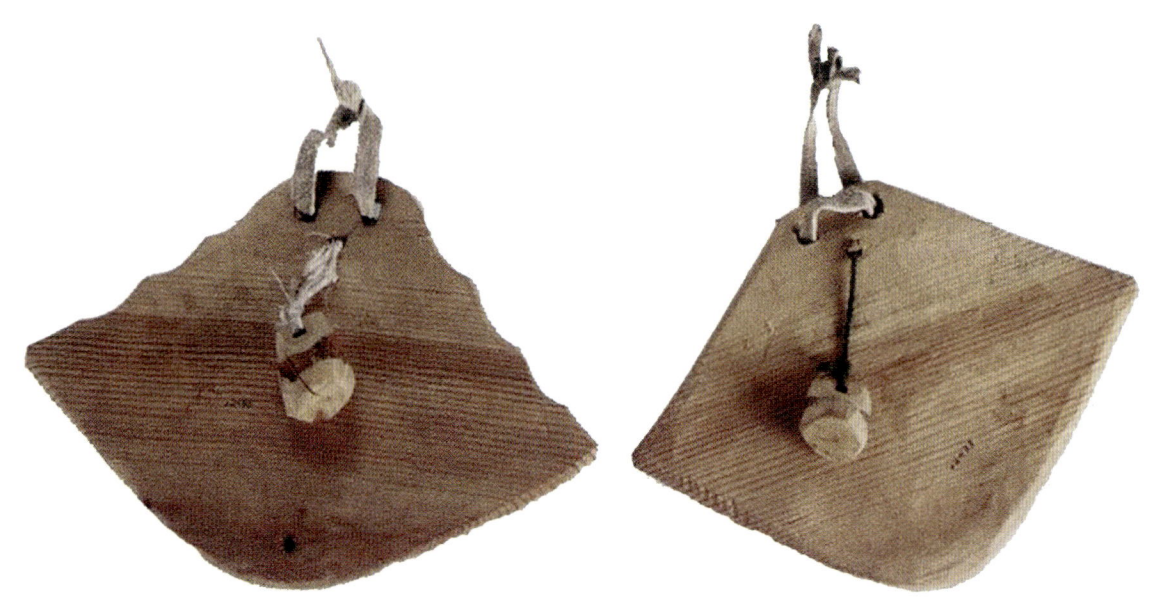

图一 鄂温克族驯鹿响板主图

驯鹿响板是林区鄂温克族用于挂在驯鹿脖子上的发声装置，是用一块长度大约 25 厘米的菱形木板和两块切挖雕刻过的小木块组合而成。驯鹿响板也可以采用动物较大的肩胛骨和两块较小的关节骨来进行组合制作，木板的一端通常都被切割成菱形，另一边则预留少许位置用来将其串联起来，外围稍做修整后，两面挂好木块或骨块，便完成了一支响板。

驯鹿通常都会被分散到较远的地方行走觅食，人们为了能够方便寻找到驯鹿，就在驯鹿的脖子上挂上响板，驯鹿在行走、觅食的过程中响板相互撞击发出声响，这样就能够便于主人找到驯鹿。响板是利用材料的发声特性，通过声音进行寻找和识别的设计。

除了给驯鹿挂响板，林区鄂温克族也会在驯鹿颈下栓铜铃。使鹿鄂温克族称铜铃为"乔尔冉"。给驯鹿戴铃铛，据说最早是因为能够祛祸祈福，后来逐渐衍生为一种民俗，也是人们为了能够在广阔的森林中比较方便快捷地寻找到驯鹿的足迹，同时也是母鹿与小驯鹿仔相认的符号，驯鹿的主人可以通过鹿的铃声辨认出是哪一头鹿，在寂静的大兴安岭里响彻山谷的鹿铃声是鄂温克族最喜爱的音乐。

图片来源
图一 吴佳苑 摄影
图二 陈玢羽 制图
图三 张杰夫 制图

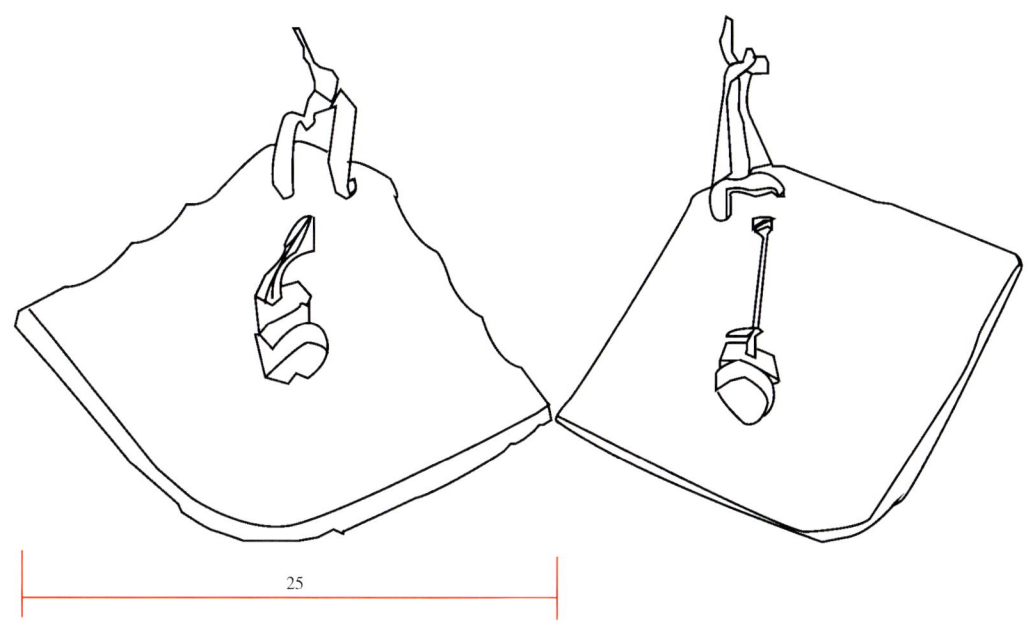

图二 鄂温克族驯鹿响板尺寸图（单位：cm）

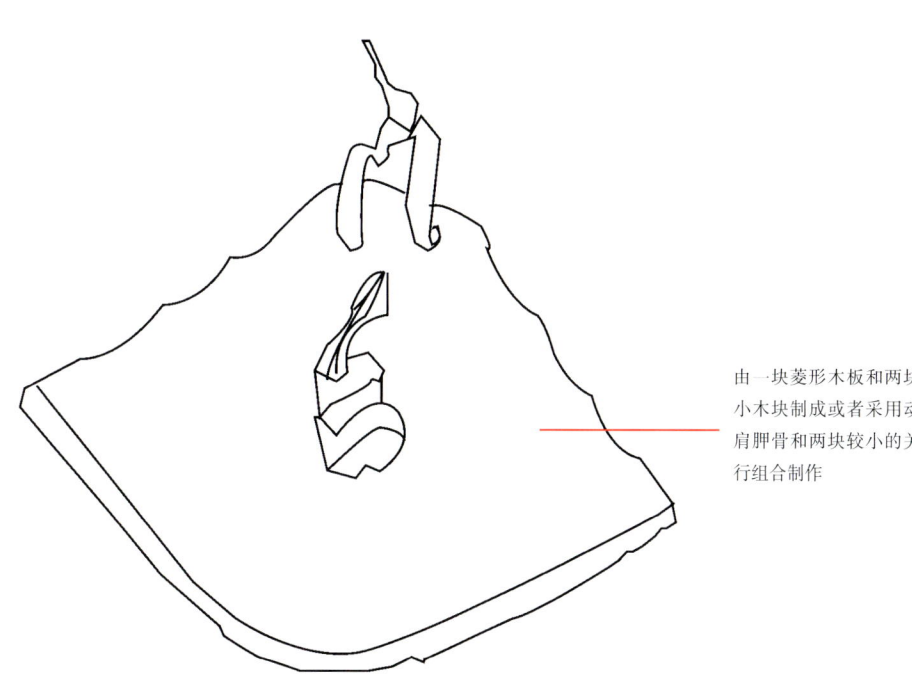

由一块菱形木板和两块雕刻过的小木块制成或者采用动物较大的肩胛骨和两块较小的关节骨来进行组合制作

图三 鄂温克族驯鹿响板工艺分析图

鄂温克族弓箭

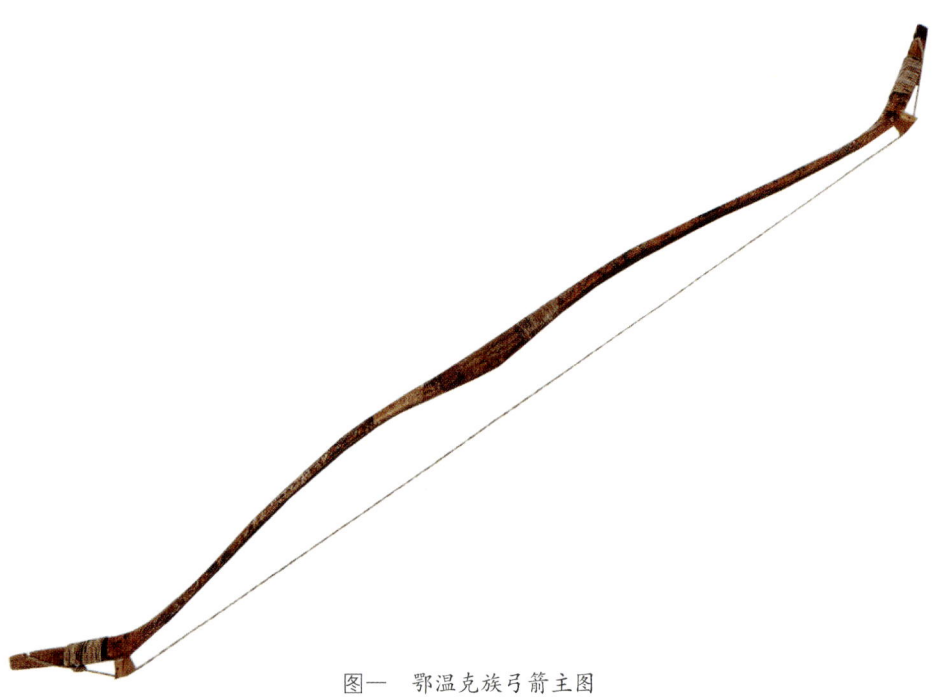

图一　鄂温克族弓箭主图

弓箭是林区鄂温克族在使用猎枪之前必不可少的狩猎工具，一般弓长100厘米左右。林区鄂温克族擅长制弓，他们使用弓箭狩猎有较长的历史，他们的弓箭设计精度、箭速、便携性和野外使用性能都非常突出，重量轻，长时间使用的状态下不疲劳，稳定性很好，任何气候下都能维持精准的力道和强度。

林区鄂温克族早期的弓是用黑桦木、落叶松木等材料黏合而成，工艺复杂，桦木带有韧性，适合作为弓的里层，两层木胎之间再夹以马鹿、犴的筋以增加弓身的弹性，用细鳞鱼皮熬胶将其粘固，使其不易折断。弓添加天然弹性材料是蓄能的主体，可以增加弓箭的使用寿命。弓弦是鹿筋制成的，箭杆是木质的，箭镞和箭羽用的野鸭翎，矢镞的选材从弓箭早期使用的石镞、骨镞转化为铁镞，使用效能和准确度越来越高。林区鄂温克族的弓箭经过百十道工序加工而成，工艺精细，制作一副好弓箭，大约需20天。

弓箭是人类开始制作和使用工具以来最重大的发明之一，弓箭使人的手臂得以延长，鄂温克族制作弓箭的技艺很高，鄂温克族猎人运用弓箭的本领十分娴熟。林区鄂温克族从幼儿时就开始练习射箭，弓箭是鄂温克族男子不能离身之物。

图片来源

图一　吴佳苑　摄影
图二　陈玢羽　制图
图三　张杰夫　制图
图四　丁萨音　制图
图五　白丽民.鄂温克传统社会与文化.北京：科学出版社，2007：12.

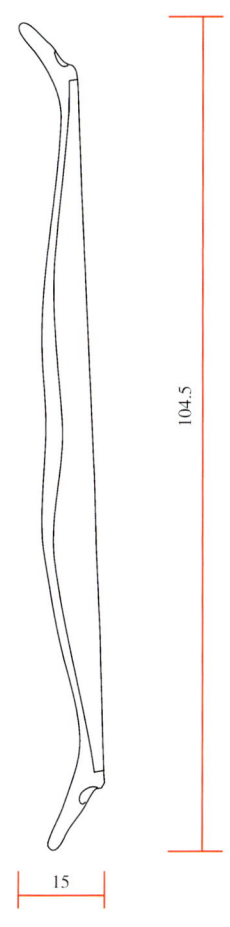

图二　鄂温克族弓箭尺寸图（单位：cm）

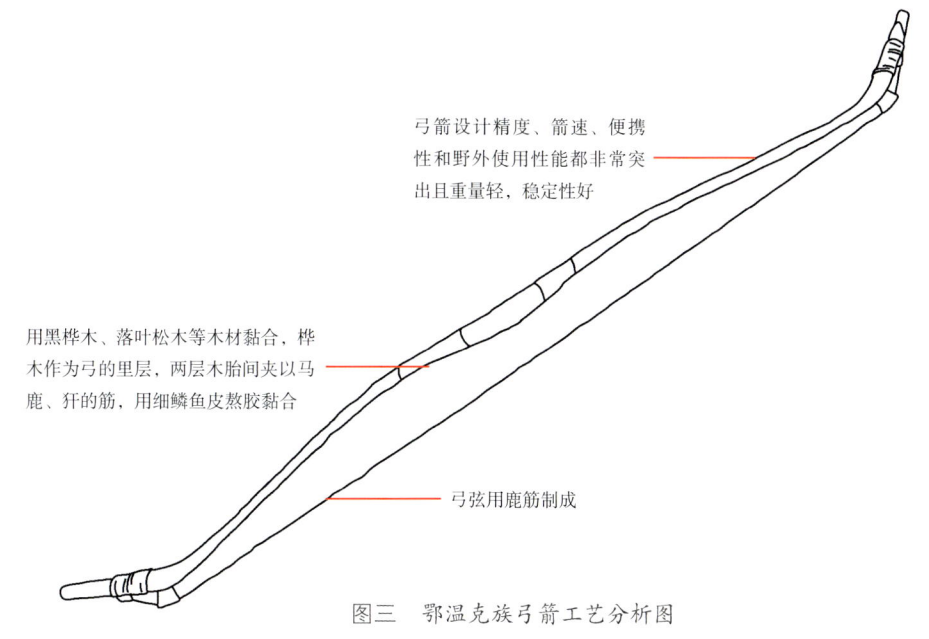

弓箭设计精度、箭速、便携性和野外使用性能都非常突出且重量轻，稳定性好

用黑桦木、落叶松木等木材黏合，桦木作为弓的里层，两层木胎间夹以马鹿、犴的筋，用细鳞鱼皮熬胶黏合

弓弦用鹿筋制成

图三　鄂温克族弓箭工艺分析图

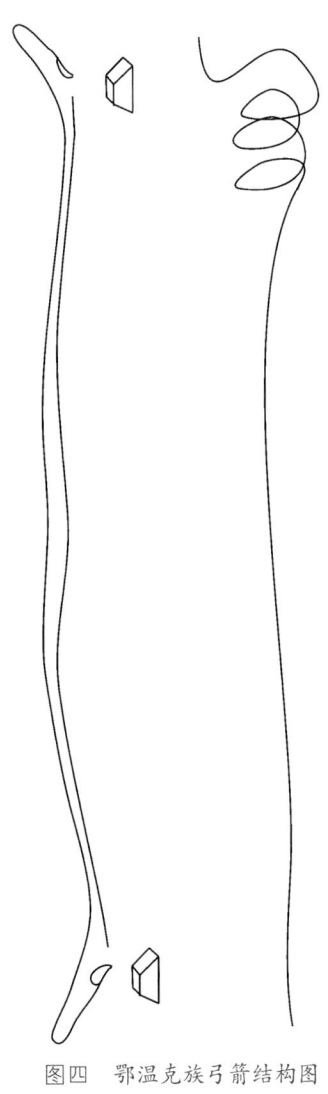

图四　鄂温克族弓箭结构图

图五　鄂温克族弓箭使用情境图

第六章 鄂温克族传统手工艺

鄂温克族桦树皮剪贴画

图一　鄂温克族桦树皮剪贴画主图

　　桦树皮剪贴画是鄂温克族用桦树皮剪贴的图形，鄂温克族语称"阿尼罕"，既可以用作儿童游戏，也可以用作雕刻或绣花的底样。桦树皮剪贴画在鄂温克族实际生活中的使用灵活，具有教育、娱乐、生产等多种功能。

　　鄂温克族喜欢用桦树皮剪成各种动物的剪影形象，多是驯鹿、驼鹿、马、狗、鸭子、天鹅、松鼠、狗子、蝴蝶等动物形象，猎民们利用这些动物的剪影形象，模拟狩猎场景，让孩子们在游戏中学习和了解狩猎知识和技能。鄂温克族桦树皮剪贴画的花纹图案简单原始、形象洗练、美观大方，剪贴的动物形象具有识别性和典型性。

　　这种用桦树皮剪出的图形，还可以直接用于制作桦树皮盒时压花、描绘的图案底稿，剪影形象剪好后粘贴在桦树皮器皿上或桦树板面上，进行描绘或雕刻，也可以将剪好的图形不用，而是利用树皮上剪出图形后镂空的图形在桦树皮器具上进行勾勒和填色。剪贴好的画面也可以利用整块桦树皮的天然色彩，不施以任何颜色，凸显桦树皮天然色泽和自然生长纹理的美感，成为一幅幅自然的剪贴画。桦树皮剪贴画与鄂温克族的桦树皮文化密切相连，是研究鄂温克族视觉文化的重要途径。

图片来源
图一　吴佳苑　摄影
图二　陈玢羽　制图
图三　张杰夫　制图

图二 鄂温克族桦树皮剪贴画尺寸图（单位：cm）

图三 鄂温克族桦树皮剪贴画工艺分析图

桦树皮剪贴画属于鄂温克族最早的剪纸艺术，具有教育、娱乐、生产等多种功能

第六章 鄂温克族传统手工艺

鄂温克族皮马褡子

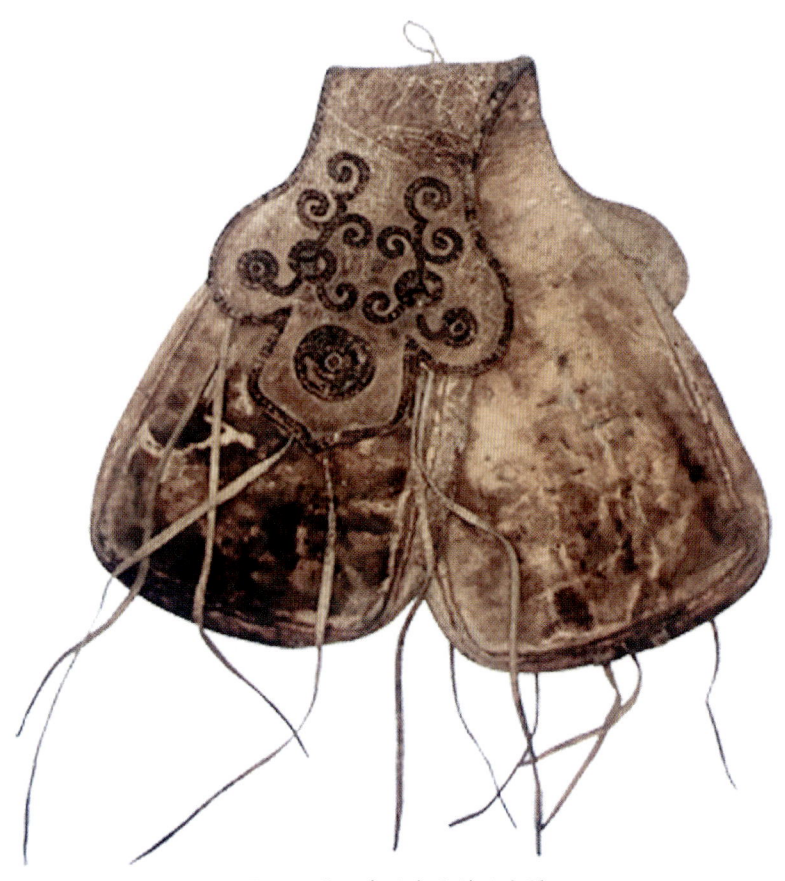

图一　鄂温克族皮马褡子主图

皮马褡子是鄂温克族搭在马身上的盛物褡裢，对称结构，宽约 30 厘米，高约 56 厘米。鄂温克族无论男女老少均有极强的射猎能力，以狩猎为生，骑着马，背着猎枪去打猎的生活方式，促成了鄂温克族独特的造物文化，皮马褡子成为鄂温克族的重要用品。

过着游猎生活的鄂温克族更依赖于自然环境，野生动物是重要的生活物资来源，鄂温克族生活的区域具有得天独厚的野生动物资源，在此基础上鄂温克族发展和练就独特的狩猎方式，因而，他们的衣服、鞋帽等都可以用各种兽皮生产制作。鄂温克族善于充分利用本地天然资源解决服饰及生活用品问题，又形成了鄂温克族独具民族特色的兽皮服饰民俗。他们把猎获的狍子、鹿、犴、野猪、狐狸等动物剥皮之后，经过传统的皮革加工技术，制作成皮袍、皮裤、皮靴、皮袜、皮马褡子等服饰品。

皮马褡子一般做工比较精细，在开口处镶有鼠皮花边，盛物的袋口边缘镂空或绣有精巧的花纹，并挂以皮条作为装饰，格外精美。皮马褡子还会镶嵌云纹、波纹、花朵、蝴蝶等精巧图案的装饰，是鄂温克族独特的兽皮文化的典型。

图片来源
图一　吴佳苑　摄影
图二　陈玢羽　制图
图三　张杰夫　制图

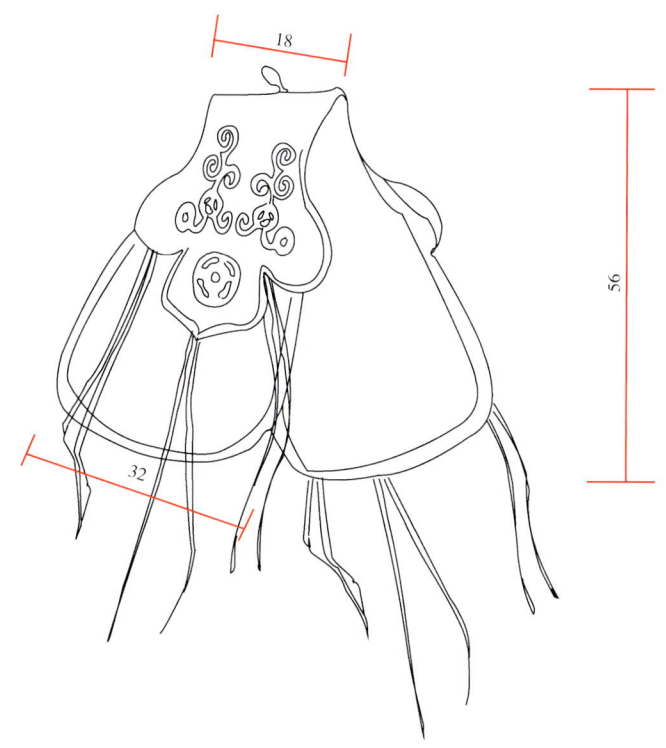

图二　鄂温克族皮马褡子尺寸图（单位：cm）

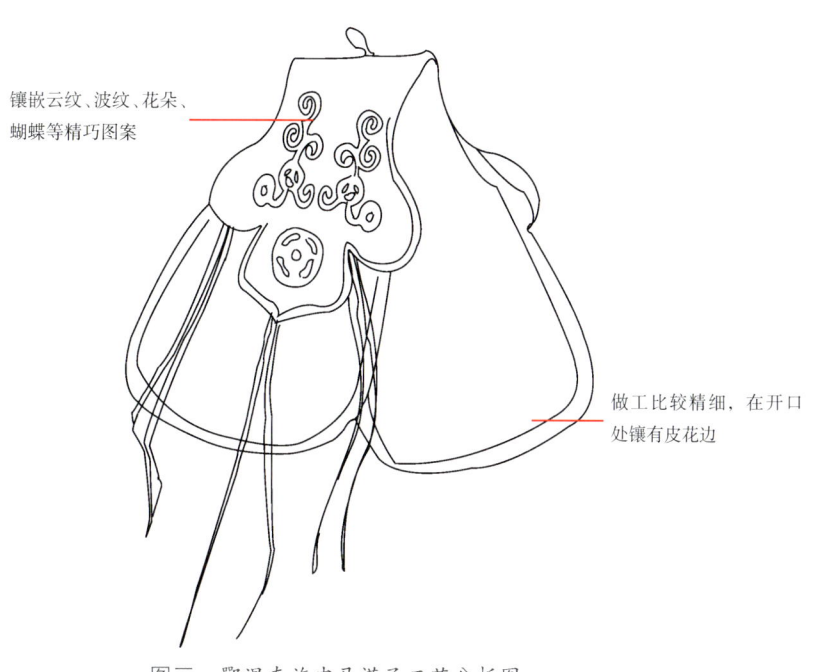

图三　鄂温克族皮马褡子工艺分析图

鄂温克族牵鹿图桦皮筒

图一　鄂温克族牵鹿图桦皮筒主图

牵鹿图桦皮筒是鄂温克族日常使用的桦树皮生活用具，高约 20 厘米。鄂温克族喜爱用桦树皮制作各种各样的器具，并在其上进行装饰，常用的手法包括刻压出图案和花纹，再施以彩绘等。制作桦树皮筒要先将桦木切成段，高温蒸煮树段并剥取树皮，然后捆扎压平晾干，再通过选料、裁剪、粘接、用兽筋线缝制等多道工序制成。桦树皮器具的使用与鄂温克族日常的生活方式密切相关，林区鄂温克族使用的桦树皮器具形体都偏小且便于携带，这与他们游猎生活和饲养驯鹿时需不断随驯鹿迁徙的生活习惯有关。

鄂温克族牵鹿图桦皮筒运用精湛的桦树皮工艺体现了鄂温克族的驯鹿文化，整件作品设计精巧，刻压、绘制的装饰手法细腻。筒身正面用骨质压花器刻压出妇女牵鹿的线条图案，并施以鲜艳的色彩描绘，筒盖上刻绘驯鹿头图案，筒盖边缘还有镂空并剪切出垂饰状二方连续的花纹，花纹的边缘也用骨质压花器进行边缘细致的刻压，具有典型的驯鹿文化视觉及符号特征。

鄂温克族往往喜爱就地取材，运用天然的色料为桦树皮器具着色，常用对比强烈的色彩并用纯色做基色，较少用暗沉的色彩及灰色调，喜欢突出对比色的纹样。林区鄂温克族以野生浆果的汁液或松树皮中提取的颜色画桦树皮器具。野生浆果常用两种：一种鄂温克族语称"雅各达"，果汁呈红色，另一种叫"笃实"，果汁呈蓝紫色，把雅各达和笃实挤出汁后加盐作颜料，色泽透明，有水彩颜料的特性。松树皮经熬制滤去杂质后有一层沉淀，也可作颜料用。鄂温克族牵鹿图桦皮筒通过色彩对比形成的视觉节奏突出，奔放自然，由此可见鄂温克族独有的色彩审美意识。

图片来源
图一　吴佳苑　摄影
图二　陈玢羽　制图
图三　张杰夫　制图
图四　丁萨音　制图

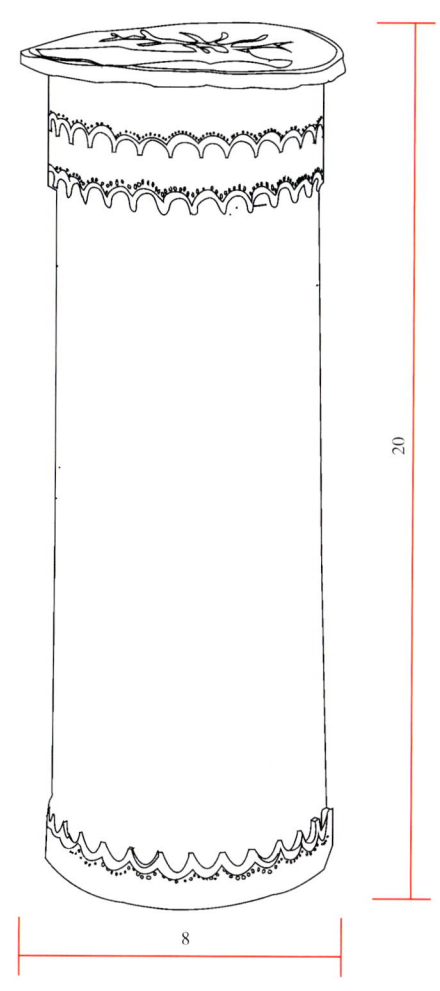

图二　鄂温克族牵鹿图桦皮筒尺寸图（单位：cm）

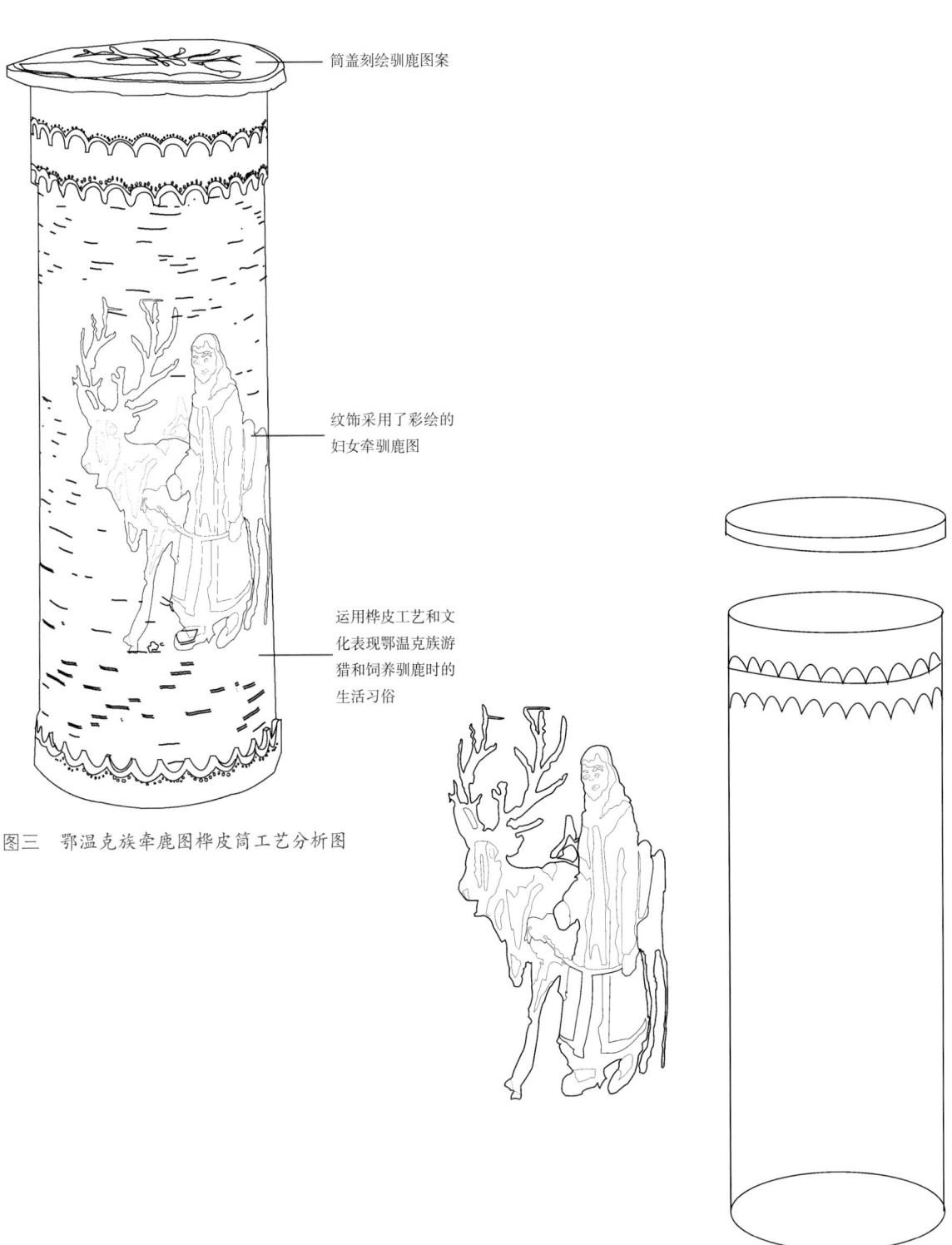

图三　鄂温克族牵鹿图桦皮筒工艺分析图

图四　鄂温克族牵鹿图桦皮筒细节图

鄂温克族彩绘桦树皮包

图一　鄂温克族彩绘桦树皮包主图

彩绘桦树皮包是鄂温克族喜爱的服饰用品，一般用于收纳妇女们随身携带的物品，是鄂温克族"桦树皮文化"的典型器具。鄂温克族日常生活所使用的桦树皮制品形态各异，运用丰富的花纹图案装饰，独具鄂温克民族工艺风格。

鄂温克族妇女喜爱桦树皮制作的生活用品及装饰品。彩绘桦树皮包质地天然、材质柔韧、做工精细、不怕碰撞、防腐耐潮、经久耐用，集中体现了桦树皮工艺的特色。在鄂温克族生活中桦树皮包的样式和用途多样，依据造型特征分为背包、手提包、钱包等种类，体现手工技艺特点。形态各具特色，其中背包按照形态又分为长方形、圆柱形、梯形等不同款式。手提包的样式、尺寸也很多，美观大方，小巧轻盈、提拎舒适方便。

鄂温克妇女将桦树皮包又称作"特供"，精美的桦树皮包上还刻有各式各样的花纹或图案，常见的花纹如云卷纹、花草纹等，常见的动物图案有鹿纹、鹤纹等。鄂温克族妇女喜欢将彩绘的桦树皮包作为独特的生活用品。在鄂温克族妇女之间，会将精心制作的桦树皮包作为礼物相互赠送，这也是鄂温克族"桦树皮文化"交流性的重要体现。

图片来源
图一　吴佳苑　摄影
图二　陈玢羽　制图
图三　张杰夫　制图

图二 鄂温克族彩绘桦树皮包尺寸图（单位：cm）

上面都刻有各种各样的花纹或动物图案

质地柔韧、做工精细、便于携带、不怕水、不怕碰撞、经久耐用

图三 鄂温克族彩绘桦树皮包工艺分析图

鄂温克族鱼形挂饰

图一　鄂温克族鱼形挂饰主图

　　鱼形挂饰是鄂温克族少女随身佩挂装饰民族服装的小件绣品。鱼形挂饰运用适合纹样的表现形式和鱼形图形搭配，用十几种不同颜色的丝线绣制在红色绸缎上，突出规律的针法，构思精巧、针脚均匀、纹饰饱满、色彩明亮、寓意吉祥，工艺非常精美别致。

　　鄂温克族少女随身佩戴的挂饰体现了每个人的爱好和个性，各式各样的服饰挂饰体现了鄂温克族女性心灵手巧。鱼形挂饰的造型和可以选择的花样很多，图案造型生动美观，也是鄂温克族手工艺的象征。挂饰的制作纹样上面也有很多讲究，刺绣图样多取自于生产、生活素材，具有独特的民族风格。鄂温克族女性擅长刺绣、雕刻、剪纸等工艺，鄂温克族女孩从七八岁就开始学习包括雕刻、压印、绘画、拼贴等手艺，同时也要认真地学习刺绣。鄂温克族刺绣常用的技法有平绣、锁绣、额绣补花等，鄂温克族挂饰上的刺绣要采用多种绣法、针法，极富装饰特色，配色讲究，色彩醒目夸张，制作精美。鄂温克族刺绣图案有云卷纹、几何纹、花草、动物、人物等，多姿多彩。鄂温克族女性也将染色皮剪出来的各类图案绣缀在生活用品上。

第六章　鄂温克族传统手工艺

这些装饰的表现形式不仅表现在服饰上，还表现在撮罗子的门帘边上、马鞍垫上等，处处可见精美的绣花图案和装饰。

图片来源
图一　吴佳苑　摄影
图二　陈玢羽　制图
图三　张杰夫　制图

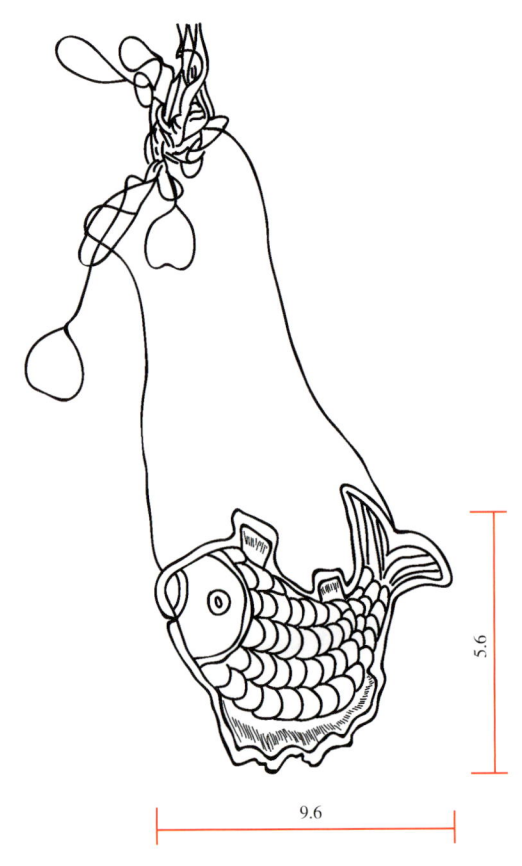

图二　鄂温克族鱼形挂饰尺寸图（单位：cm）

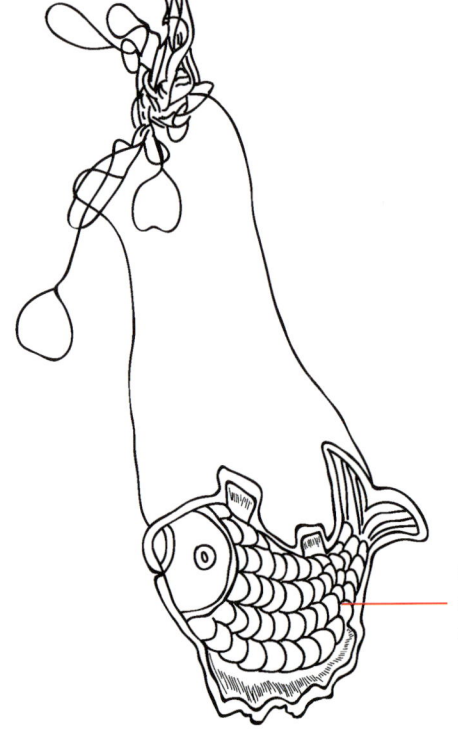

鱼形挂饰用五彩丝线绣成，造型生动美观，为鄂温克族少女佩挂之绣品

图三　鄂温克族鱼形挂饰工艺分析图

鄂温克族木雕玩具

图一　鄂温克族木雕玩具主图

　　鄂温克族木雕玩具以大兴安岭松树或桦树为原料雕刻而成。鄂温克族木雕玩具使用铁制刻刀采用圆雕手法雕刻，形态逼真自然，主要用作儿童的玩具，尺寸较小，适合拿在手中把玩，一般高度在8~15厘米左右。同其他雕塑艺术一样，雕刻时，先用小刀或锥子把图案轻画在木块上，再用铁刻刀耐心地刻出大致形态，然后再用刻刀精心雕制，雕刻手法自然细腻、浑厚朴实。

　　在鄂温克族民间，有许多精美洗练的木雕作品，木雕工艺的发展也源于鹿围棋雕刻的需要以及与其他北方民族雕刻技术的学习和交融。林区鄂温克族猎人闲暇时也会雕制木雕玩具。鄂温克族雕刻者往往就地取材，多以桦木为原料，雕刻前会仔细观察木头的纹理，雕刻的内容大多来自鄂温克族生活中可见的动物，包括与鄂温克族生活关系密切的鹿、马、骆驼等；林中的猛兽虎、狮等；还有其他的小动物野兔、鸟等。雕刻时一气呵成，风格自然，较少施彩。熊是鄂温克族重要的图腾形象，也是鄂温克族神话中与人关系十分密切的动物，熊的形象经常出现在鄂温克族的文学及艺术作品中，所以在鄂温克族木雕玩具中熊的形象憨态可掬、亲切自然，具有丰富和生动的特色。鄂温克族认为雕好的木玩具要栩栩如生，适合多角度观赏。

图片来源

图一　吴佳苑　摄影
图二　陈玢羽　制图
图三　张杰夫　制图

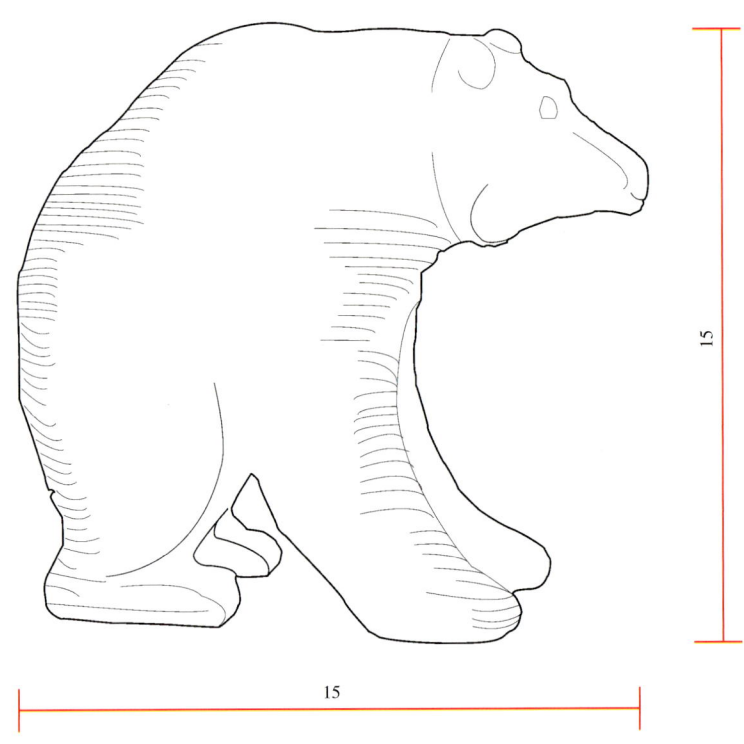

图二　鄂温克族木雕玩具尺寸图（单位：cm）

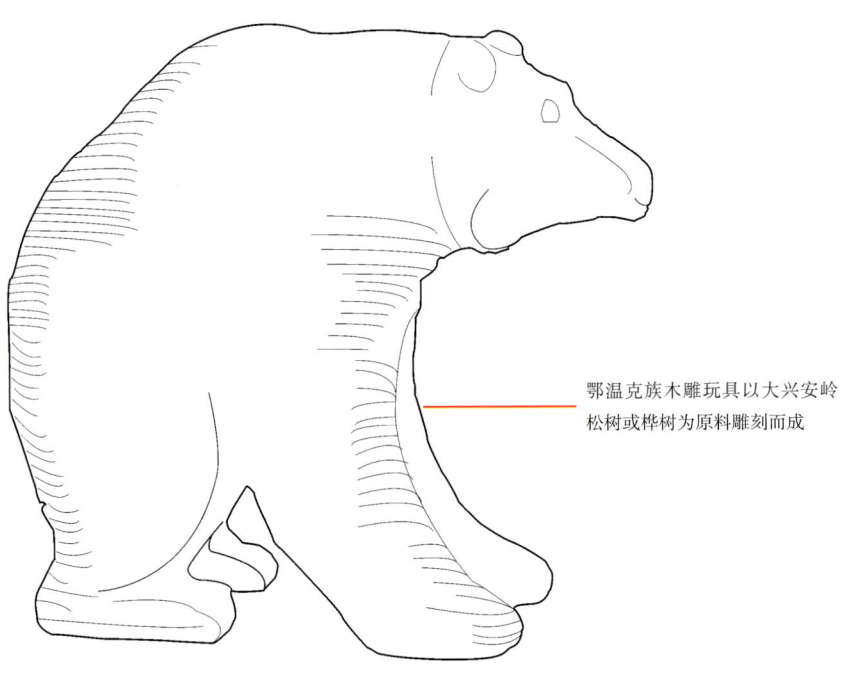

鄂温克族木雕玩具以大兴安岭松树或桦树为原料雕刻而成

图三　鄂温克族木雕玩具工艺分析图

鄂温克族驯鹿鞍雕刻

图一　鄂温克族驯鹿鞍雕刻主图

驯鹿鞍雕刻是鄂温克族民间手工艺术，具有狩猎民族的设计及雕刻工艺特色。驯鹿鞍鄂温克族语称"图如克如"，一般长50厘米，宽25厘米，驯鹿鞍及雕刻工艺代表了鄂温克族"驯鹿文化"的典型特征。

驯鹿鞍是林区鄂温克族生活中必不可少的驮运辅助工具，每只成年驯鹿都配有一副鞍子。驯鹿鞍主架多用桦木制作，辅以狍骨、狍角骨、驯鹿角、鹿骨、桦木等材料。鞍子前后都有鞍桥额面，鞍桥额面的造型有两种基本形式，一种是呈微弧面的适合形，另一种是"人"字或等腰三角形的平面适合形。木板做的鞍托连接两个鞍桥，鞍托外面裹皮制或布制的内塞兽毛或驯鹿毛的托垫，将托垫放在驯鹿背上，方便出行。驯鹿鞍子前后都有"人"字形鞍桥额面未被托垫包裹，这部分会进行雕刻装饰，高约8~10厘米，宽约10~12厘米，鄂温克族语称"浩饶琳"，一般驯鹿鞍的附属连接构件、固定绑带和垂饰都用雕刻好的骨质装饰。

驯鹿鞍雕刻题材丰富，造型美观，这些图案源于自然环境、源于林区生活，雕饰符号往往具有特殊的意义，与鄂温克族的居住环境、生活习俗、宗教信仰有着密切的关联。雕刻多为阴刻线纹饰，一种是单线阴刻装饰，雕刻呈现浅浮雕的视觉效果，另一种是双线阴刻装饰，在两条阴线之间形成凸起的纹饰。驯鹿鞍纹样有鹿角纹、驯鹿纹、树形纹、火纹、天象星座纹、北斗星纹、花草纹、云朵纹、"十"字形花瓣纹等。阴线刻遒劲，构图丰满，纹饰粗犷而豪放。其中鹿角纹是鄂温克族驯鹿鞍雕刻艺术的一大特色，驯鹿鞍桥上的鹿角纹不是对驯鹿角的真实描摹，而是提取了驯鹿角弯曲、多杈、对称的特点，经过抽象变形创作出的左右对称的回旋状的鹿角复合纹样，对鹿角纹的刻画是他们对驯鹿崇拜的表现。

图片来源
图一　吴佳苑　摄影
图二　陈玢羽　制图
图三　张杰夫　制图
图四　白丽民.鄂温克传统社会与文化.北京：科学出版社，2007：97.

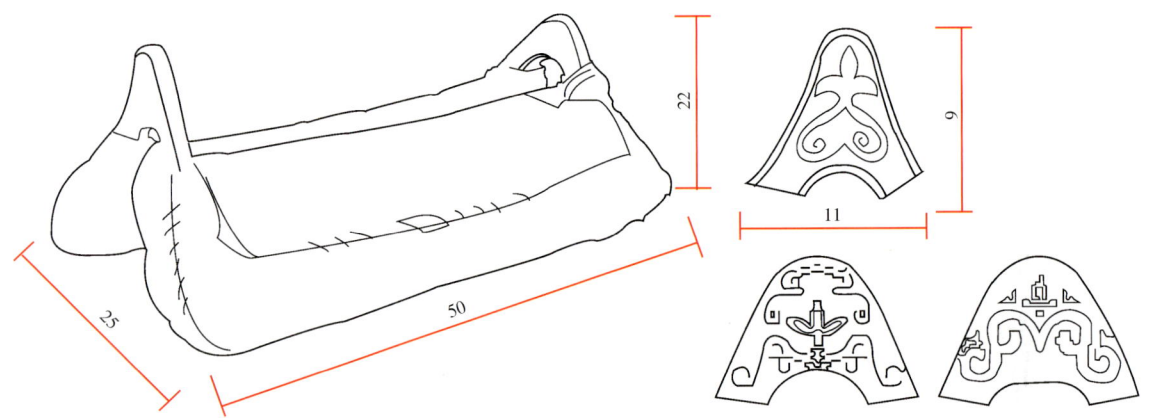

图二　鄂温克族驯鹿鞍雕刻尺寸图（单位：cm）

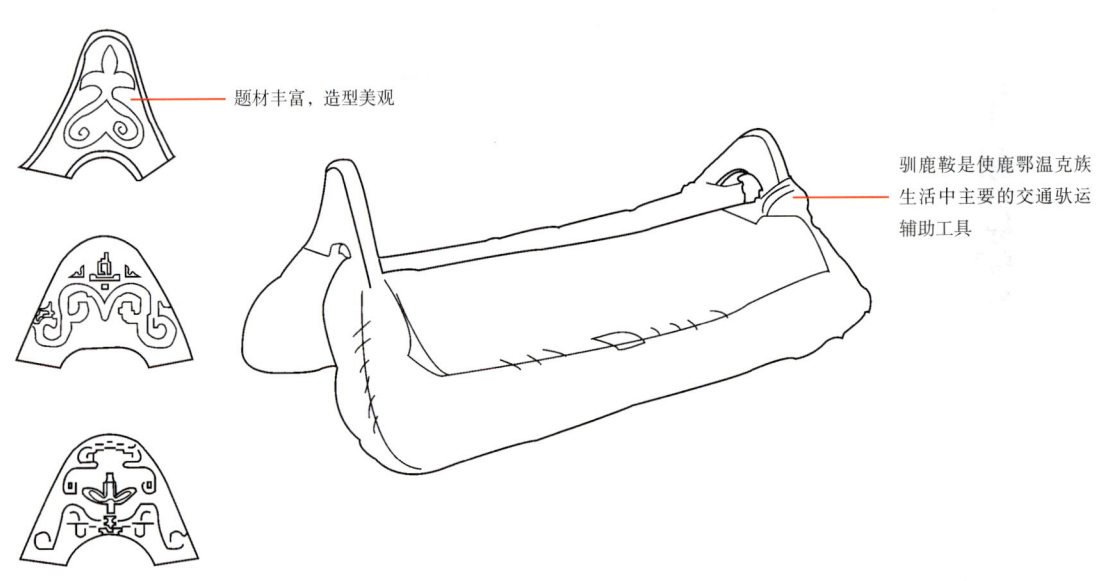

图三　鄂温克族驯鹿鞍雕刻工艺分析图

题材丰富，造型美观

驯鹿鞍是使鹿鄂温克族生活中主要的交通驮运辅助工具

图四　鄂温克族驯鹿鞍雕刻使用情境图

鄂温克族咬合纹桦树皮筒

鄂温克族善用桦树皮制作器具，特别是以桦树皮制作的筒状器物居多，使用较为普遍。桦树皮筒运用桦树皮特有的便于裁切的特性，设计为咬合结构，精巧紧密，具有防潮透气、自然经久、不易腐烂、不易变形、轻巧耐用的特征。

咬合纹桦树皮筒高约20厘米，上口直径约8~12厘米，以双层桦树皮套扣而成，器身咬合，筒内壁和外层都选用桦树皮光洁的内层，富有油脂、手感柔韧光滑、纹理细腻，器底和器物口盖以桦木制成圆形，口盖提手再以桦木制成便于提起的钮把。鄂温克族器物的咬合纹样形式变化丰富，桦树皮筒的咬合纹样利用了桦树皮的自然纹理，设计成回转纹、云卷纹等吉祥纹样，多以锯齿形咬合纹为纹样构成基础，经过巧妙的设计和加工。鄂温克族在锯齿形纹样的基础上创造出多种纹样形制，例如梯形咬合纹、波浪形咬合纹、半圆形咬合纹、流线型咬合纹等。鄂温克族桦皮工艺的精湛之处是咬合纹既是工艺流程的一个部分，也具有装饰纹样的审美变化的特征。桦皮工艺辅以剪拼、镶嵌、压花、拼贴、雕刻、上色、绘画、烫、编等艺术手法，形成丰富的桦树皮咬合纹设计制作的器具。

一件桦树皮制品，可以用十几年，而且用的时间越长，其色泽越趋向于古朴沉稳，这反映出鄂温克族朴实的艺术素养和审美能力。

图一　鄂温克族咬合纹桦树皮筒主图

图片来源

图一　吴佳苑　摄影
图二　陈玢羽　制图
图三　张杰夫　制图
图四至图五　丁萨音　制图

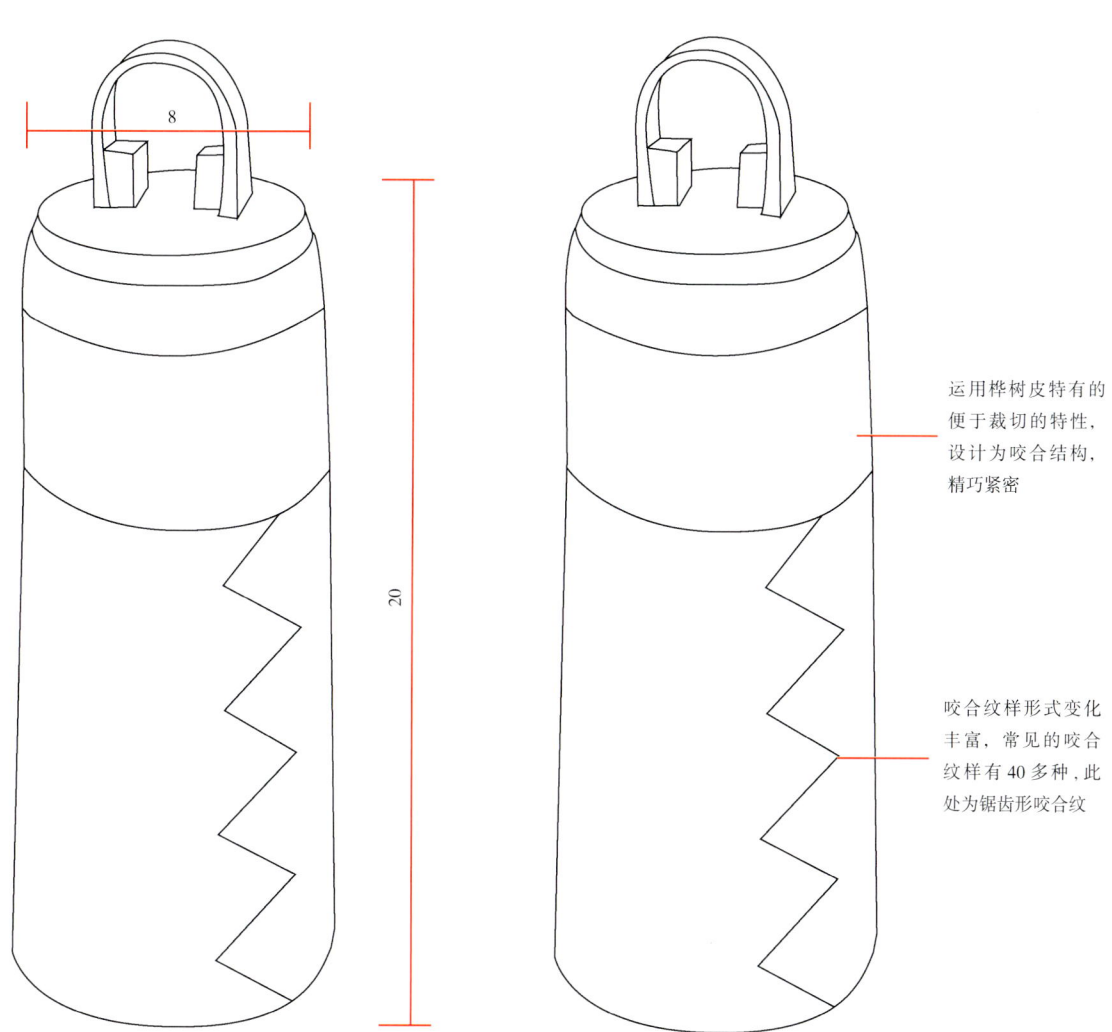

图二　鄂温克族咬合纹桦树皮筒尺寸图（单位：cm）　　图三　鄂温克族咬合纹桦树皮筒工艺分析图

第六章　鄂温克族传统手工艺

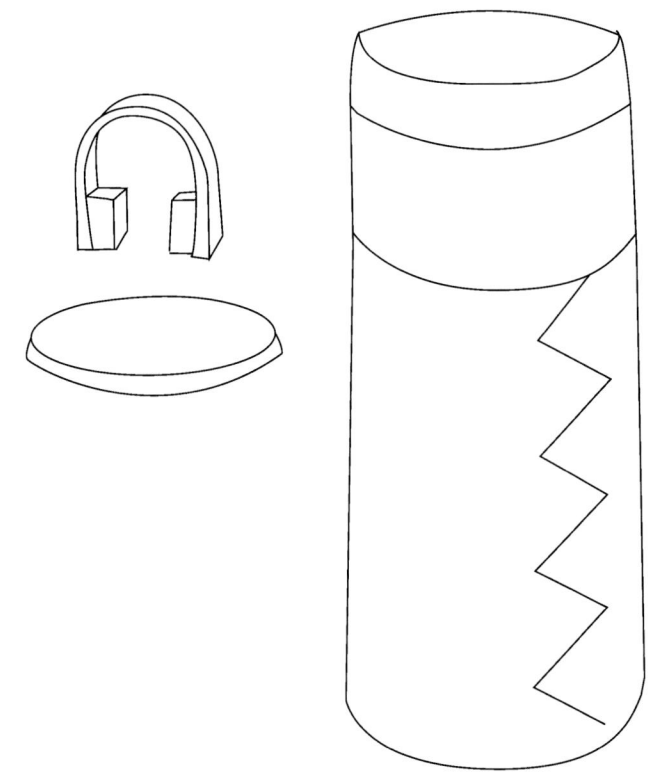

图四　鄂温克族咬合纹桦树皮筒细节图

图五　鄂温克族咬合纹细节图

鄂温克族柳木玩具

图一　鄂温克族柳木玩具主图

柳木玩具是林区鄂温克族用柳木条给孩子做的玩具，单个玩具通长约8厘米，宽1.5厘米左右，厚约1.5厘米，多运用线与几何图形进行装饰，图案简洁抽象，具有几何纹样的美感。林区鄂温克族爱护驯鹿，保护山林，他们在和孩子游戏时也喜爱用与驯鹿有关的主题，也会将玩具比拟为驯鹿。主图中这四个木玩具的纹饰含义为：从左往右看，第一个是专门驮运玛鲁神的花鹿；第二个是白鼻梁的驮物驯鹿；第三个是驮行李的鹿；第四个是人骑的鹿。图案寓意表现出驯鹿鄂温克族高度的图形概括能力和大胆的想象力，塑造了富有特色的驯鹿符号形态。

柳木木质结构细密、质软，刨光后光滑，具有精细均匀的纹理。通常在制作过程中将柳木条截成条状小段，经过鄂温克族工匠的精心雕琢，造型精巧别致、生动传神，用大小刻刀在其上雕刻出各种各样的纹饰，柳木玩具采用单阴线和双阴线两种雕刻技法，营造出不同的凹凸浮雕感。不同的纹饰有其各自的含义，图案寓意丰富、民族特征浓郁、引人入胜。柳木玩具向世人展示了鄂温克族艺术性的创造力，抽象地表现了林区鄂温克族的生活形态，寄托鄂温克族对于自然的深刻情感以及文化积淀。

图片来源
图一　吴佳苑　摄影
图二　陈扮羽　制图
图三　张杰夫　制图

图二 鄂温克族柳木玩具尺寸图(单位:cm)

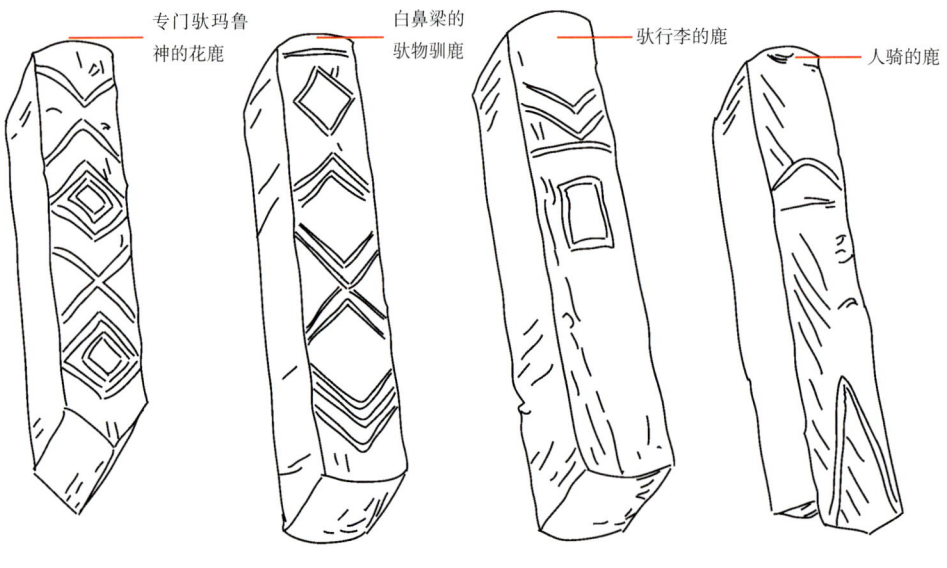

图三 鄂温克族柳木玩具工艺分析图

鄂温克族木雕五畜

图一　鄂温克族木雕五畜主图

鄂温克族木雕五畜为鄂温克族的木雕制品，有牛、绵羊、骆驼、马、山羊，均用桦木运用圆雕手法雕刻而成，可以给孩子作为游戏的玩具，十分精美。

木雕艺术在鄂温克族中历史悠久，源远流长。很早以前鄂温克族便开始使用木材制作盆、碗、盒、桶、箱等生活用具。在长期的生产生活实践中，他们观察到可以让木材的加工制作更加富有艺术性，由此派生出独特的木雕艺术。雕刻的题材大多与日常的生活和劳动相关，能反映鄂温克族周围的事物和环境。

鄂温克族的衣食住行都离不开"五畜"。五畜中，马占有重要的地位，马不仅是鄂温克族的交通工具，同时也是鄂温克族民族文化的重要组成部分。牛则是第二畜，牛是勤劳的象征，牛性情温和、驯顺、善良，具有极强的耐力和吃苦的精神，因此在木雕中，牛的形象逼真，多表现出对力量的崇拜。羊对鄂温克族而言也很重要，羊肉供他们饱腹，羊皮供他们保暖，而且他们也有以羊为善、以羊为美的观念，因此他们在作品中刻画深入。骆驼以耐寒、耐渴、耐饥、耐劳著称。木雕作品中的骆驼形体生动，线条简洁流畅。木雕五畜有"五畜祈福"的寓意，做工精细，动物形态圆润饱满，栩栩如生。

图片来源

图一　吴佳苑　摄影
图二　陈玢羽　制图
图三　张杰夫　制图

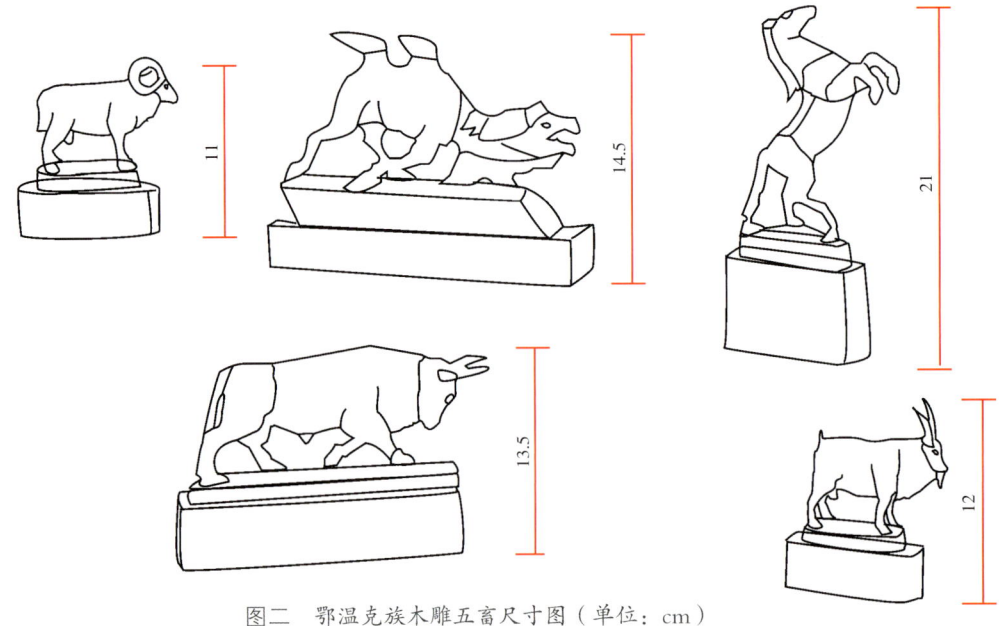

图二　鄂温克族木雕五畜尺寸图（单位：cm）

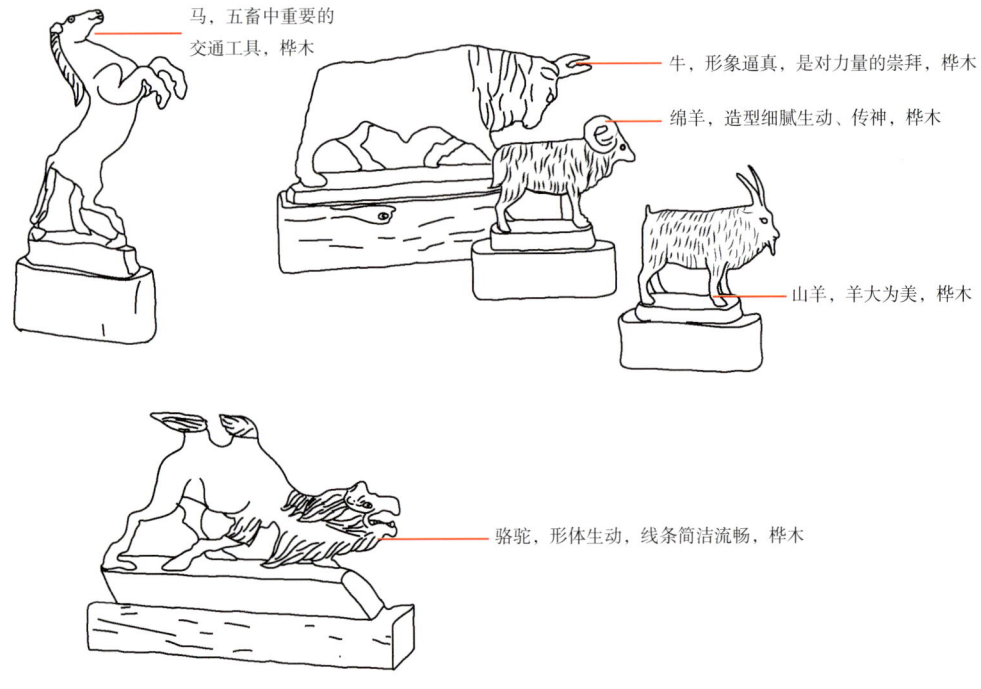

图三　鄂温克族木雕五畜工艺分析图

第七章 鄂温克族传统民俗和宗教造像

鄂温克族嘎拉哈

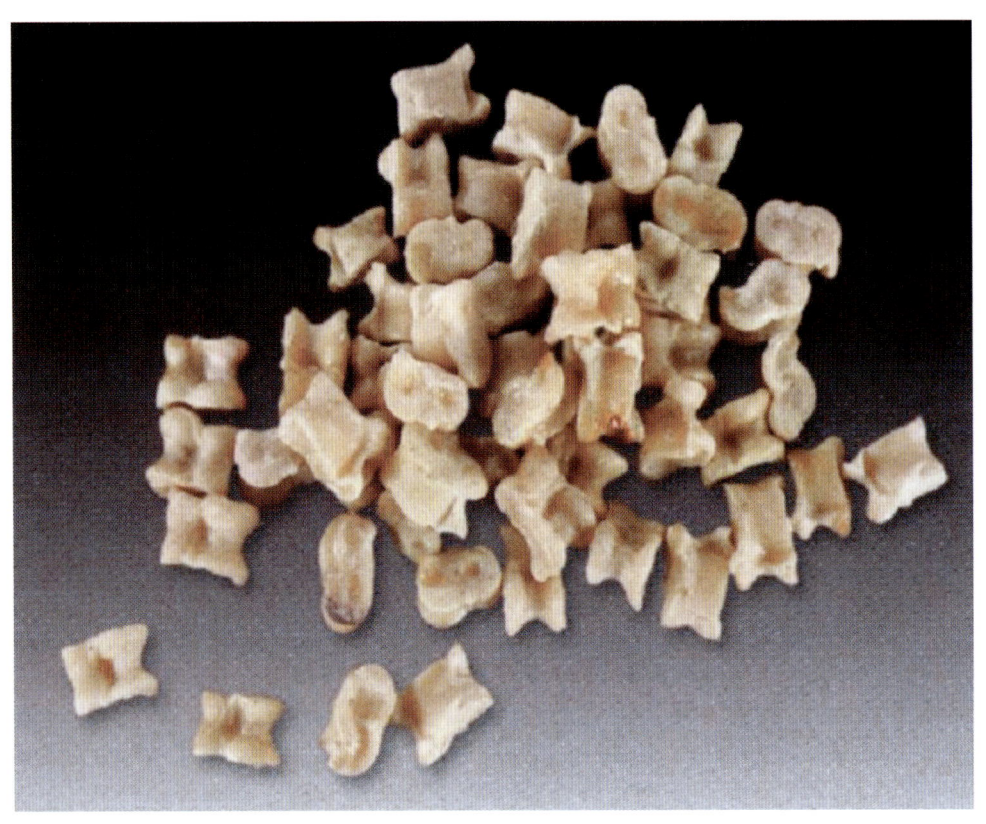

图一　鄂温克族嘎拉哈主图

嘎拉哈是鄂温克族语音译，也叫羊拐，是鄂温克族的游戏玩具，在中国北方各民族民间流传甚广，原始巫术将其用于占卜，也可见作为饰品佩戴。嘎拉哈是指动物后腿的膝盖处，有一小块连接胫骨和腿骨的独立距骨，接近长方体形态，多取自羊、猪、狍、鹿等动物。羊嘎拉哈形态规整、骨质细腻、大小适中，所以也可见用玛瑙、玉、金属等材料仿效成羊嘎拉哈的形态雕制的装饰。

嘎拉哈制作时要经过蒸煮，去除其上的肉、筋和油脂，反复刮净并晾晒后可以上色，常涂以红、紫、蓝、绿等色，红色多见。玩嘎啦哈游戏常用"欻"的方式，也有弹着玩儿的方式。

欻嘎拉哈充分利用骨骼自然形态的特点展开游戏，玩法多样，有翻、抓、接，每四个嘎拉哈凑成一副，还有可以同时多副一起来玩，手巧的一次能同时玩三四副。玩游戏的时候要搭配一个用来抛起沙包，沙包就是内装红豆、绿豆、米或沙子缝制的布袋子。每颗嘎拉哈都是六面体，难度不高的游戏是可以翻转四个大一些的面，每个面都根据形态特征标注不同的名称，面积大的两个面有个凹陷的，一面叫"坑儿"，鼓起的一面叫"背儿"（肚儿），侧面像人的耳朵叫"轮儿"，还有一侧什么都不像就叫"真儿"。因为嘎啦哈的形态不同，反转难度有差别，玩之前先设定游戏规则，欻嘎拉哈也有多种玩法，一种常见的玩法是：首先用手将嘎拉哈自然地撒在游戏区域（炕上或桌上等），然后扔高沙包，并利用沙包抛起和落下的置空时间，完成翻转（称作"搬"）嘎啦哈的动作，要分别翻真儿、肚儿、坑儿、轮儿，然后把口袋抛起，用手把都翻成轮儿的嘎拉哈一手欻起，并接住沙包，空中抛接在手背上，翻转过来，一个不掉就算赢；还有一种玩法：抛起沙包时，用手快速抓或捡起同样面的嘎啦哈，抓起2个得10分，抓起3个得20分，抓起4个得40分，谁先得到100分谁就赢了，如果没有适合的相同面，就要先完成翻转面的步骤。欻嘎拉哈为提高游戏难度，也可以将上下骨骼突起处磨平，玩的时候可使其竖向立起为赢。

图片来源

图一　吴佳苑　摄影
图二　陈玢羽　制图
图三　张杰夫　制图

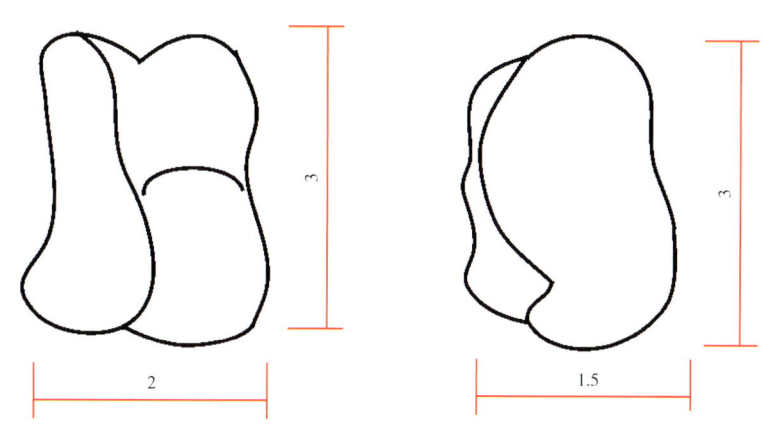

图二　鄂温克族嘎拉哈尺寸图（单位：cm）

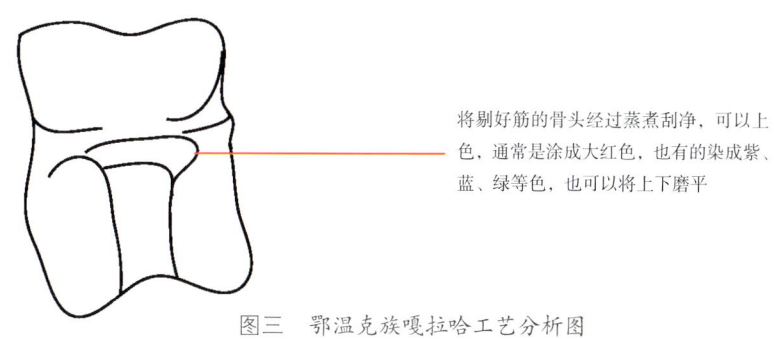

将剔好筋的骨头经过蒸煮刮净，可以上色，通常是涂成大红色，也有的染成紫、蓝、绿等色，也可以将上下磨平

图三　鄂温克族嘎拉哈工艺分析图

鄂温克族围鹿棋

图一　鄂温克族围鹿棋主图

鄂温克族围鹿棋是鄂温克族的传统体育游戏，也叫鄂温克族鹿棋，鄂温克族语称为"呼莫哈奥克特"，即"围猎"之意。围猎是林区鄂温克族主要的狩猎方法之一，需要狩猎者群体性的参与，是鄂温克族旧石器时代就开始使用的狩猎方法。围鹿棋的设计来源于围猎的神话故事，游戏模拟了猎场复杂的环境、狩猎生产的过程、围捕狩猎的技巧。鄂温克族用智慧创造了围鹿棋，在鄂温克族地区流传已久，深受鄂温克族喜爱。

鄂温克族围鹿棋棋盘多由木板制，上绘5条纵线、8条横线和8条斜线交叉的交点式棋位，设计组合制成35个交叉点。棋盘中部表示猎手们围鹿狩猎的主猎场，称为山坳，山坳的中心点称为泉眼。棋盘两侧表示鹿躲逃藏身的两座山，菱形的表示小山，三角形的表示大山，两座山与正方形山坳相连接的点称为山口。鄂温克族围鹿棋的棋子是精心雕刻的木质棋子，也可用小兽踝骨、小石子、小木棍代表下棋的甲乙两方使用的棋子。

鄂温克族木雕的围鹿棋规则为对局双方共26个棋子，一方执2颗鹿棋，象征着被围捕的鹿。另一方执24颗猎狗棋，象征着追捕鹿的猎狗。鄂温克族围鹿棋的棋子雕刻都各具特色，造型生动、姿态丰富，十分精致。鄂温克族不仅通过圆雕的围鹿棋棋子塑造了精彩的围猎场景，还会对棋子进行再次设计及装饰，给予参与游戏者丰富的想象空间和情境体验。

图片来源

图一　吴佳苑　摄影
图二　陈玢羽　制图
图三　张杰夫　制图
图四　白丽民.鄂温克传统社会与文化.北京：科学出版社，2007：36.

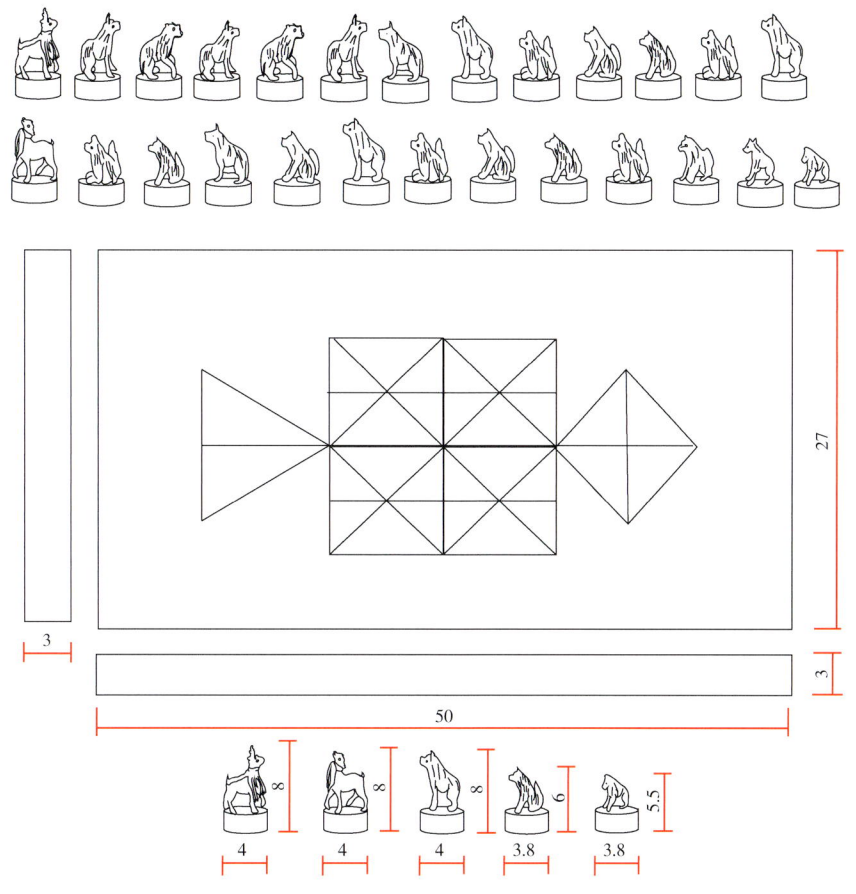

图二　鄂温克族围鹿棋尺寸图（单位：cm）

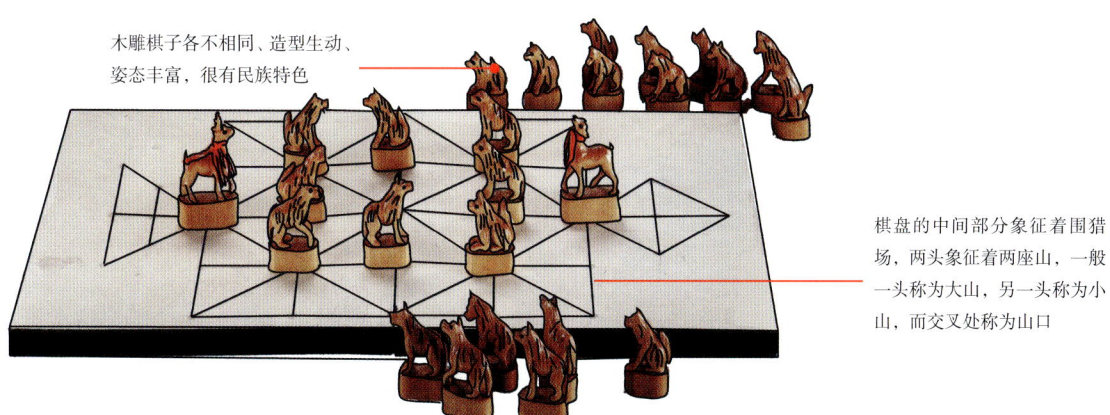

木雕棋子各不相同、造型生动、姿态丰富，很有民族特色

棋盘的中间部分象征着围猎场，两头象征着两座山，一般一头称为大山，另一头称为小山，而交叉处称为山口

图三　鄂温克族围鹿棋工艺分析图

图四　鄂温克族围鹿棋使用情境图

农区鄂温克族始祖神像

图一 农区鄂温克族始祖神像主图

农区鄂温克族始祖神像又称"布贴日月双龙联臂九神像",画面表现了农区鄂温克族始祖神"敖卓勒"的图像,农区鄂温克族的"敖卓勒"是"根子"的意思,是体现鄂温克族萨满信仰的形象设计的符号。通常画面上方需有太阳和月亮的图形,画面中间有九个并排的人形图案。画面下方是两条相对的龙或蛇。日、月、龙、蛇和人几个要素是始祖神"敖卓勒"图像中的基础视觉元素。此外有的画像上面还会有莲花、北斗星等视觉符号元素,这些视觉符号的运用和变化也说明农区鄂温克族与其他各民族和区域文化交流的相互影响。

鄂温克族信仰自然,崇拜神化的自然力量,天体崇拜主要是日月星辰、风雨雷电,这些崇拜在古老的装饰物上被反映出来。鄂温克族的各氏族都有自己的祖先神,多是由被雷击死的先人的灵魂变成的。鄂温克族神话中,农区鄂温克族始祖神"敖卓勒"是在外出途中被雷电击死,下半身变成九个"道尔保如"神。农区鄂温克族认为"敖卓勒"神是保护自己氏族的神,所以将代表他的"道尔保如"神的9个小人,包括5个金色的女人,4个银色的男人与用灰鼠皮做的太阳、月亮等神像置于蓝布之上,供奉在撮罗子内部最高处的圆顶位置,以极其虔诚的心敬仰他们,并且用肉、乳制品祭祀。农区萨满跳神时，也须先呼"敖卓勒"来表明他们对始祖神的崇拜。

农区鄂温克族始祖神像关于画面中龙的图腾形象来源于鄂温克族民间流传着的萨满对鄂温克族源流的描述："日月之间，黄龙是我的渊源；蓝云之上，蓝龙是我的氏族神；双龙是我的先辈……"鄂温克族以独特的方式口口相传呈述历史，他们认为龙是自己的始祖并供奉。

图片来源

图一　白丽民.鄂温克传统社会与文化.北京：科学出版社，2007：181.

图二至图三　丁萨音　制图

图二　农区鄂温克族始祖神像尺寸图（单位：cm）

图三　农区鄂温克始祖神像工艺分析图

鄂温克族玛鲁神

图一　鄂温克族玛鲁神主图

　　玛鲁神是鄂温克族萨满信仰中的主神，也是众神之统称，包含"舍卧克""嘎黑鸟""皮绳""驯鹿龙头""灰鼠皮""刻如那斯皮""水鸭皮""色勒""乌麦""阿隆""熊神"等12种神像，将这些神位和神像装入桦树皮做的玛鲁神盒之内，此皮盒名为"玛鲁"，意为群神。舍卧克神是玛鲁神盒中的主神，神盒中的神位和神像也多和"舍卧克"神的喜好有关。

　　玛鲁神盒中的乌麦神和阿隆神的设计极具特色。乌麦神是保护婴儿的神，供奉的目的是为儿童祛病消灾。乌麦神是以桦木做内胎的皮偶，先将桦木雕成鸟形，再以鹿皮缝制皮套缝在木雕鸟上，鸟尾和羽翅等则用剪好的皮穗表示，五官用墨绘而成。阿隆神是驯鹿的保护神，是为驯鹿祛除瘟疫的神，鄂温克族在驯鹿发生疫病时，会把阿隆神拿出来挂在驯鹿王的脖子上，一般用奇特的弯曲的"又"字形白桦木或落叶松制作。制作时，先从林中选取"又"字形的白桦木或落叶松的枝丫，并去掉所有的棱角和多余的枝丫，弄成光面干净平滑的"又"字形树条，将其放入水中浸泡后晾晒，然后在"又"字形两头的枝端分别雕刻出驯鹿头像，驯鹿没有角，却有十分清楚的五官，双头鹿造型优美，生动形象。

玛鲁神位一般在撮罗子的东北或西北角，平时以兽肉供养。鄂温克族猎民每当打到犴或鹿时，必须祭奠玛鲁神，求神保佑再次打到野兽。在搬家时，玛鲁神盒必须由白色驯鹿驮着，驮运玛鲁神盒的驯鹿被称为驯鹿王，要走在搬家队伍的最前面，平时要系红色的笼头来与别的驯鹿区分。

图片来源

图一　吴佳苑　摄影
图二至图三　刘璐　制图

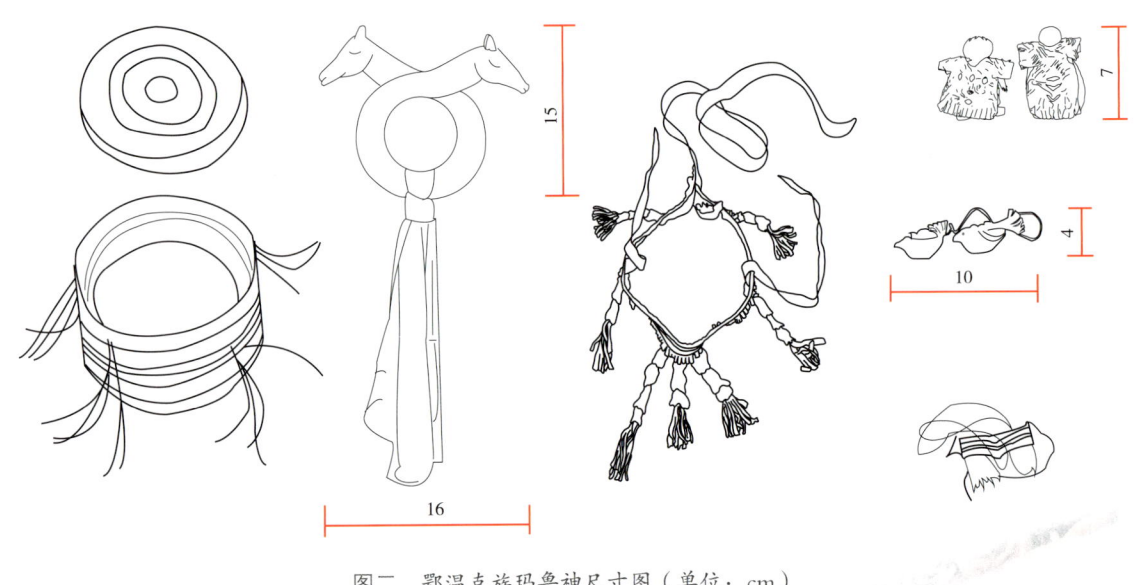

图二　鄂温克族玛鲁神尺寸图（单位：cm）

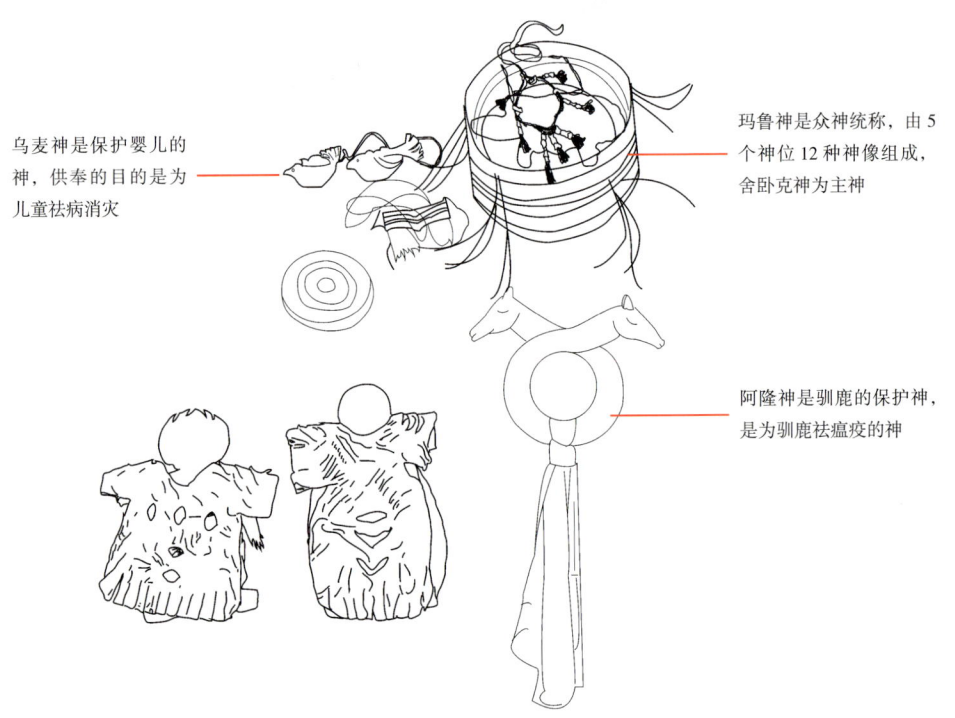

乌麦神是保护婴儿的神，供奉的目的是为儿童祛病消灾

玛鲁神是众神统称，由5个神位12种神像组成，舍卧克神为主神

阿隆神是驯鹿的保护神，是为驯鹿祛瘟疫的神

图三　鄂温克族玛鲁神工艺分析图

林区鄂温克族萨满服饰

图一　林区鄂温克族萨满服饰主图

鄂温克族的"萨满"是人们向大自然、图腾信物及祖先的神灵祈求生产发展、民族部落繁荣、驱鬼治病等祭祀仪式的中心执行者，萨满意为"因兴奋而狂舞的人"。萨满在祭祀活动中，需在身上披挂一些与鄂温克族信仰"万物有灵论"观念密切相关的衣裙、饰物等，它们统称为萨满服饰。生活区域不同的鄂温克族萨满服饰不同。

林区鄂温克族萨满服饰由神帽、神衫、胸兜、神裙等组成。萨满巫师头戴铜盔或裹着鹿皮黑布铁丝制的瓜形框架神帽，神帽底边饰有长约2厘米的鹿皮短穗半遮前额。在内衬帽所饰宽边饰带的两侧又加饰彩线，帽下沿前额处垂饰15根长约20厘米以鹿皮条拧成的辫绳至颈部，形成了皮辫绳垂饰遮面罩，为萨满面具的代替形式。盔顶两侧插有一对左右对称的铜制鹿角，鹿角叉的数目因萨满的等级而有所不同。

萨满身着的神衫、神裙多用熟制后的鹿皮缝制，神衫的造型通常为窝领、紧袖对襟式的短衫，上缀珍宝、铜铃、铜片和绣花等装饰，下身连身衣外围一条彩条穗裙，腰系腰铃和铜片。神裙由裙腰和飘带两个部分组成，其裙腰上有长短宽窄不等的条线式装饰；飘带分为上下两层，上层较短，约长25厘米，下层飘带较长，长约50厘米，宽约5厘米，上下层飘带的末端都接有8厘米长的十几根穗饰。在飘带的正面，饰有距离相等的蓝、红交替的横条彩线装饰，飘带间又加饰有以两种色彩反差较大的螺旋状缝捻的皮毛绳装饰，常见黑白或黄白两色缝制的皮毛绳条，以及用黑色线绳与红色线绳拧成的辫式带，其末端也饰有皮穗，大约有6~8条。

在萨满神衫胸兜靠下处有圆形铜片式的护心镜，背面一般也有三五块护背铜片。林区萨满服多图腾物件，有日、月、雷神、鸟神、熊神、狼神等几十种。日神的造型是环形圆铁片，直径约10厘米，中间镂空，其次为两只敖腾鸟，星辰在萨满神衫的后背正中，雷神造型似一种昆虫，挂于萨满神衫左右肩上，视为雷公雷母。垂饰两侧长约100厘米的象征脊椎骨和脊髓的饰物。脊椎骨造型是以柳叶形的铁片连接而成的，共有十节，每片都可以活动。脊髓造型也是由环形铁片相扣而成的链条状造型，每节造型是用铁条拧成的麻花形状，节数与脊椎骨造型相等。

林区鄂温克萨满所用的萨满鼓是用狼皮或山羊皮制作，木制鼓框，鼓背面的上半部分设有铁环，内用牛皮筋交叉系于框边绷紧，鼓槌用狍腿皮制做，毛朝外，敲打时轻松如意。

图片来源
图一　吴佳苑　摄影
图二　陈玢羽　制图
图三至图四　张杰夫　制图
图五　白丽民.鄂温克传统社会与文化.北京：科学出版社，2007：68.

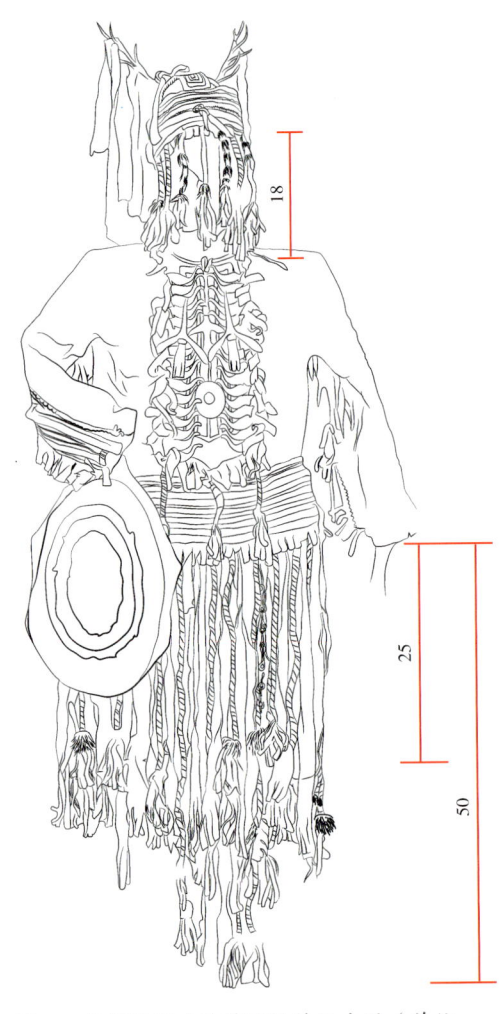

图二　林区鄂温克族萨满服饰尺寸图（单位：cm）

头戴铜盔或裹着鹿皮黑布铁丝制的瓜形框架神帽，帽下沿前额处垂饰以鹿皮条拧成的辫绳至颈部，形成了皮辫绳垂饰遮面罩

萨满神衫胸兜靠下处有似铜镜的圆形铜片饰的护心镜。背面一般有三五块护背铜片

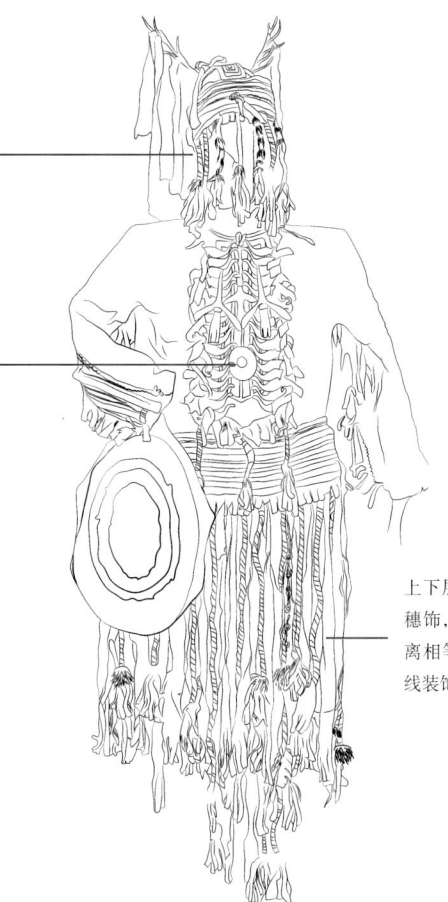

上下层飘带的末端都有十几根穗饰，在飘带的正面，饰有距离相等的蓝、红交替的横条彩线装饰

图三　林区鄂温克族萨满服饰工艺分析图

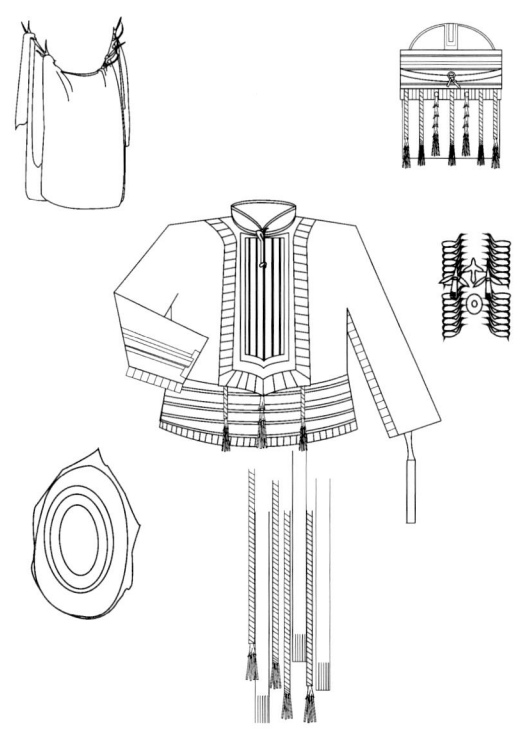

图四　林区鄂温克族萨满服饰细节图

图五　林区鄂温克族萨满服饰穿着情境图

农区鄂温克族萨满服饰

图一 农区鄂温克族萨满服饰主图

农区鄂温克族萨满服饰与其他地区的鄂温克族萨满服饰有很大区别,如神帽神袍,出现了佛教的五福冠,而在五福冠的五个莲花瓣造型上,开始出现了佛的形象。在萨满的神袍上又出现了红或紫红外罩,这同样是受佛教文化的影响。

农区鄂温克族萨满服饰由神帽、神衣、披肩、神裙四个部件组成。萨满半圆形神帽由内衬帽和以铁或铜制作的鹿角外套框架结构帽组成,帽上部有一对左右对称的铜制鹿角,鹿角叉中间有只布谷鸟或鹰,鹿角叉分三至九叉不等,等级高的萨满的鹿角叉的数目高达12叉,象征着萨满的威力四射。有的在鹿角造型上饰以红、黄、蓝三色布条或绸带,神帽前面帽檐垂有珠饰,遮过双眼,但不超过鼻尖,显示出萨满的神奇色彩。

神衣为无领、削肩、对襟、直通的长衣,长袍上加坎肩,肩上部左右两侧有库鸟神,是阴阳相通的使者,指路传播神灵信息。用衣布做编花纽扣,脐处纽扣上挂有两个直径

10厘米的薄的黄铜镜，衣摆的上部即大腿处左右挂满24片直径为10厘米的薄的黄铜镜。在前面的两片下摆处有间隔地饰有三条宽10厘米、长30厘米的黑绒布饰带，并在黑绒布饰带上绣有四瓣花及其两片叶的各色植物连续花纹，在上一道和中间一道黑绒饰布左右分别各挂坠有3个铜铃铛和5个铜铃铛。衣袖有2道宽10厘米和1道宽15厘米的黑绒布做的环形宽条带，在第一条和第二条饰带上绣有四瓣花及其两片叶的植物连续花纹，在第三条饰带上绣有玫瑰红的有勾有弯的传统花纹"敖教尔"。后腰处正中挂有直径26厘米的大黄铜镜，两边分别挂坠有两个直径为13厘米的中黄铜镜。坎肩盖满前胸和后背，在前胸处为对襟并以细绳系且饰满白色海贝90枚，后背绣满在云中的二龙戏珠和一对在玩耍的展翅的凤鸟图案。

神衣背后有一条神裙，由裙腰和飘带两个部分组成。裙腰约有20厘米宽，绣有日、月、星星、彩虹、云彩、树木等花纹。裙腰接缝里外层长30厘米、宽5厘米，飘带末端呈外凸形三角形并饰以黄穗，飘带上以各种颜色绣有两朵四瓣花及其两片对称绿叶的二方连续图案。这12条飘带象征着一年四季有12个月，里外层共24条飘带象征着一年有24个节气，飘带上的红花绿叶装饰则象征着一年四季鲜花盛开，整个飘带象征着萨满在生机盎然的人世间生活。

图片来源
图一　吴佳苑　摄影
图二　陈玢羽　制图
图三　张杰夫　制图
图四　丁萨音　制图

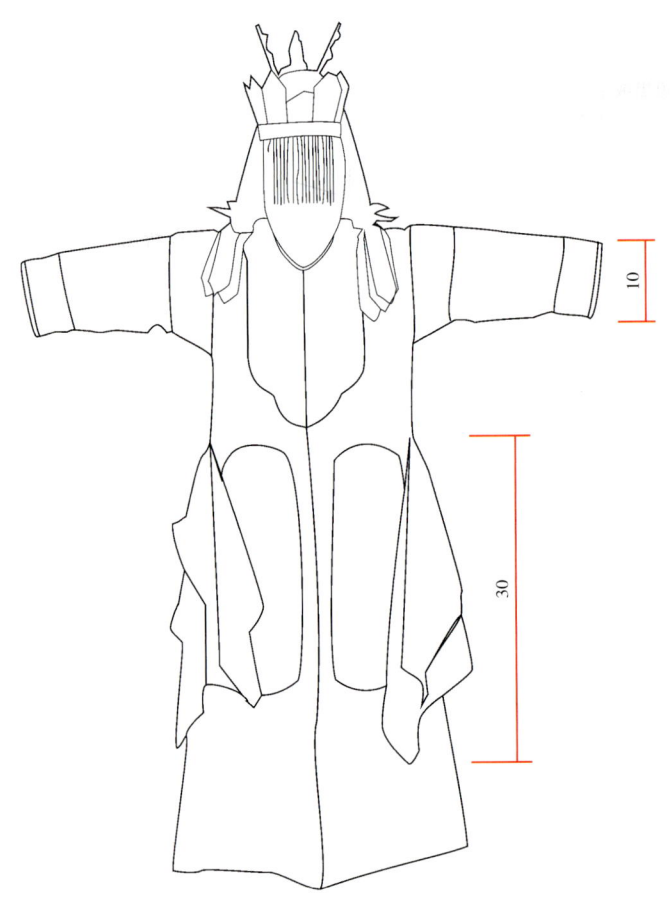

图二　农区鄂温克族萨满服饰尺寸图（单位：cm）

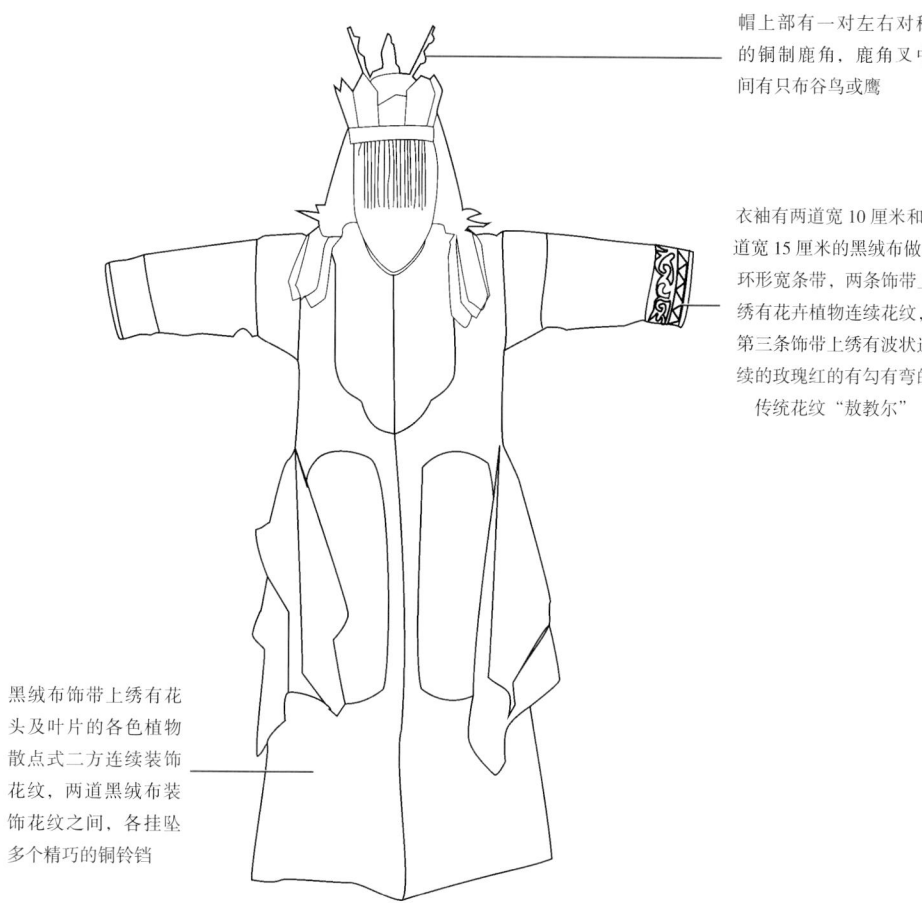

图三 农区鄂温克族萨满服饰工艺分析图

图四 农区鄂温克族萨满服饰细节图

鄂温克族谢考达热勒神

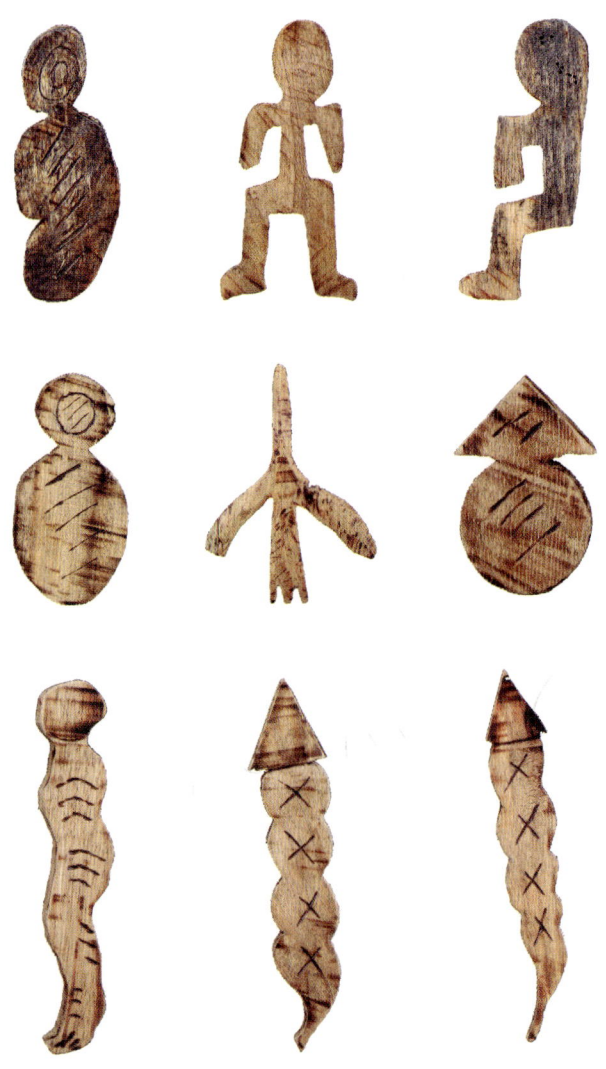

图一　鄂温克族谢考达热勒神主图

谢考达热勒神是鄂温克族氏族部落的守护神，是一组群神造像，农区鄂温克族用不同的木质神像来象征谢考达热勒神，包括侧身人形神像、正面弓腿人形神像、圆形神偶、椭圆形神偶、蛇形神偶、头部为三角形的蛇身神偶、头部为圆形的蛇身神偶等。

谢考达热勒神与鄂温克族的始祖神敖卓勒有关，传说鄂温克族的祖先在外出途中被雷电击中后，上半身到天上变成"保勒索合鲁勒"神，身体中部留在地上变成"谢考达热勒"神，下半身分成九个"道尔保如"神，这个传说也表达了鄂温克族萨满信仰中多层宇宙的观念。

鄂温克族认为，人被雷击死是出于天

意，而天的旨意是非常神圣的，死于天意的人其灵魂也非常圣洁，所以他们把有这样灵魂的人视为祖先神，并加以供奉。鄂温克族认为神灵身上的每片碎片都有神奇的力量，这些神灵的象征物，既有一般祖先神画，也有以神灵各种身体部位为标志的象征符号。

谢考达热勒神群神造像的每一件神偶，来源都是始祖神敖卓勒被雷击碎的身体部件的象征物，这也表达了所有不同的、零碎的象征物组合和代表了同一个始祖神。这种基于多层面、系统化、有体系、可分解、可组合的信仰与观念，是鄂温克族设计文化重要的理念支撑。

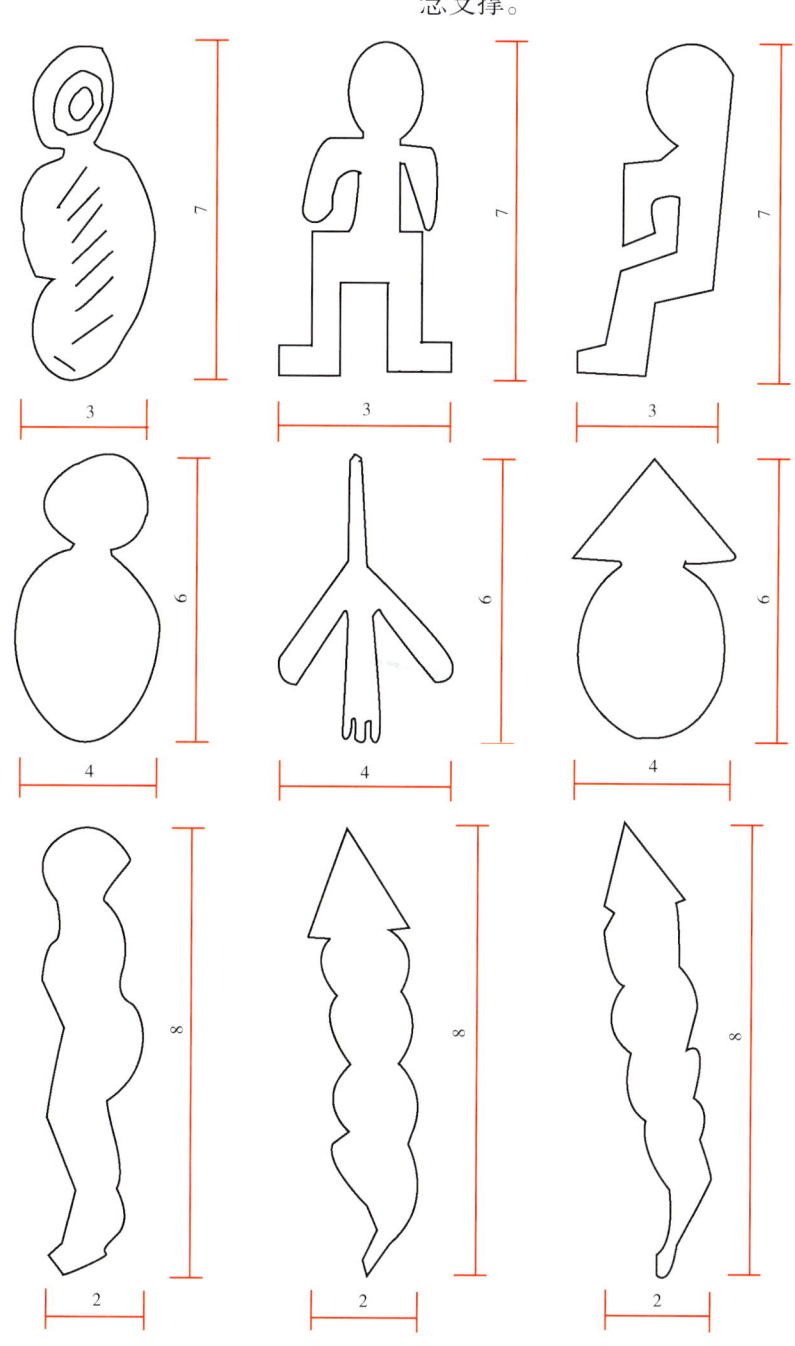

图二　鄂温克族谢考达热勒神尺寸图（单位：cm）

图片来源
图一 吴佳苑 摄影
图二至图三 丁萨音 制图

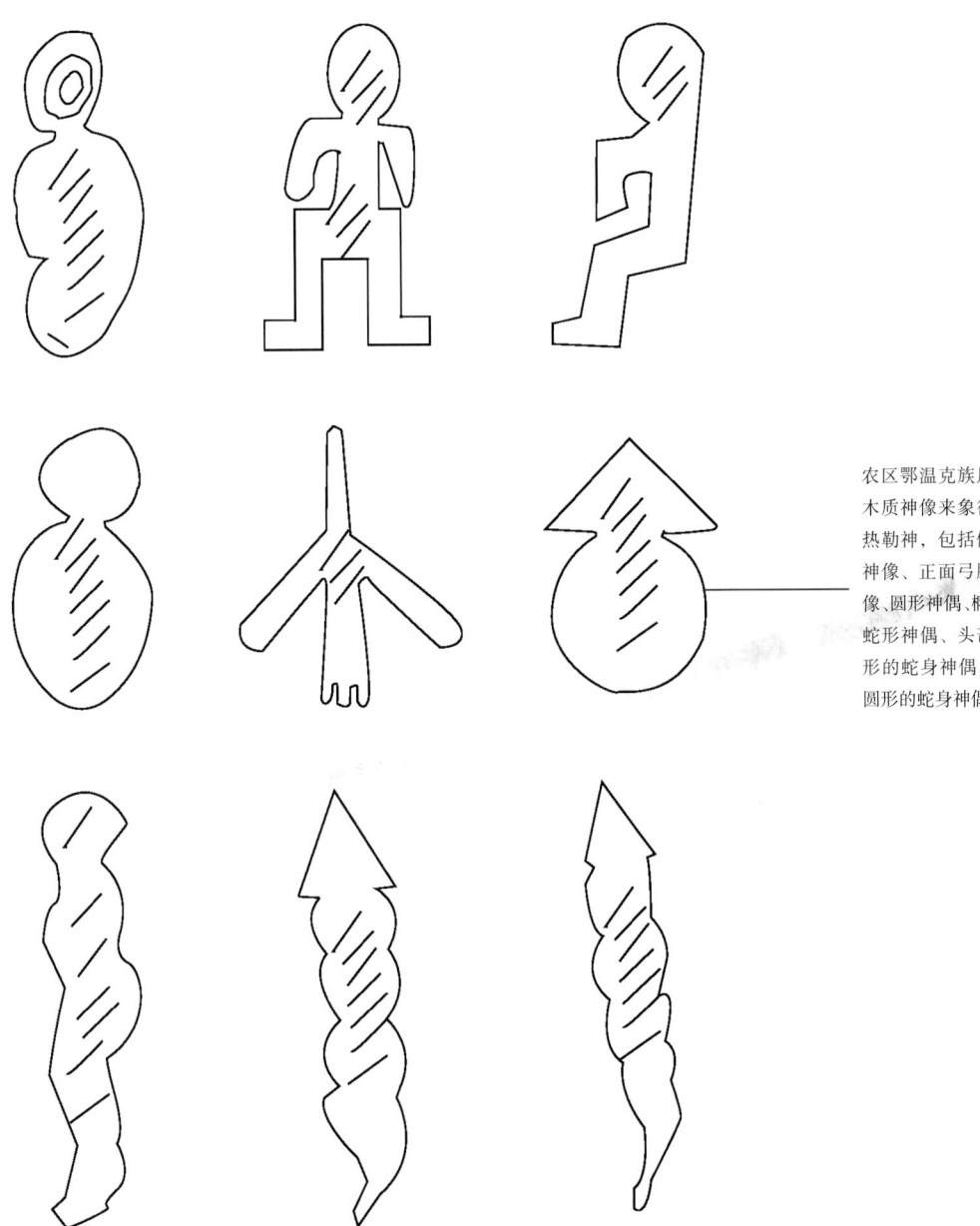

农区鄂温克族用不同的木质神像来象征谢考达热勒神,包括侧身人形神像、正面弓腿人形神像、圆形神偶、椭圆形神、蛇形神偶、头部为三角形的蛇身神偶、头部为圆形的蛇身神偶等

图三 鄂温克族谢考达热勒神设计分析图

鄂温克族舍卧克神

图一　鄂温克族舍卧克神主图

舍卧克神是林区鄂温克族信仰的祖先神，有"萨满所代表的神灵"之意，林区鄂温克族早期的舍卧克神以蛇或类似蛇的造型为主。传说在很早以前，有一个梳辫子的鄂温克族人，发现在列那河附近的山中，有一个叫"拉穆"的大湖，在湖的东南方有河口，此处水非常深，水中有一条身长50米并且长着两只大角的蛇，是从天上下来就住在这片水域中，这条蛇从不和人说话，但可以和萨满交流，这就是舍卧克神。

舍卧克神的形象后来又出现了以一种叫"哈卡尔"的树木刻成的人形造型，形式为一男一女两个木质或铁片的雕像，有手脚，面部绘有五官，还给雕像穿上以鹿皮或犴皮缝制而成的皮袍。由此可以看出，舍卧克由原来的蛇变成了人形，这是一个很典型的图案象征，从视觉符号的角度研究，鄂温克族的萨满信仰已从原始图腾的指示和动物符号崇拜转入以人为主体的始祖崇拜阶段。

舍卧克神也是玛鲁神盒中的主神，舍卧克神喜欢听鹿皮做的鼓声，萨满一敲鼓，它马上就到。它还喜欢驯鹿笼头、鹿皮、犴皮拧制的皮绳，喜欢尾巴尖上有白点的松鼠。林区鄂温克族认为驯鹿是被舍卧克神用驯鹿笼头或皮绳牵回来的，所以林区鄂温克族会在舍卧克神面前始终放着驯鹿笼头或皮绳。

第七章　鄂温克族传统民俗和宗教造像

图片来源

图一　吴佳苑　摄影

图二至图三　刘璐　制图

图二　鄂温克族舍卧克神尺寸图（单位：cm）

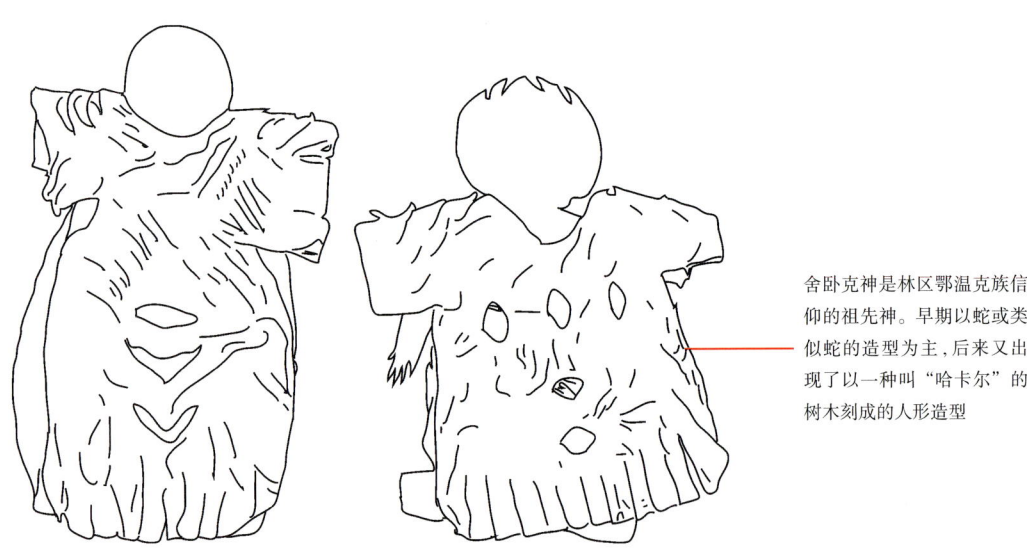

图三　鄂温克族舍卧克神工艺分析图

舍卧克神是林区鄂温克族信仰的祖先神。早期以蛇或类似蛇的造型为主，后来又出现了以一种叫"哈卡尔"的树木刻成的人形造型

声　明

　　本书编写时收入的个别图片，因条件所限，未能同相关著作权人取得联系，获得授权，敬请谅解。请相关著作权人及时与编者联系，以便奉上稿酬。谢谢！